Frank Richter

Caspar David Friedrich

Das Riesengebirge und die böhmischen Berge

Verlag der Kunst

Vorbemerkung

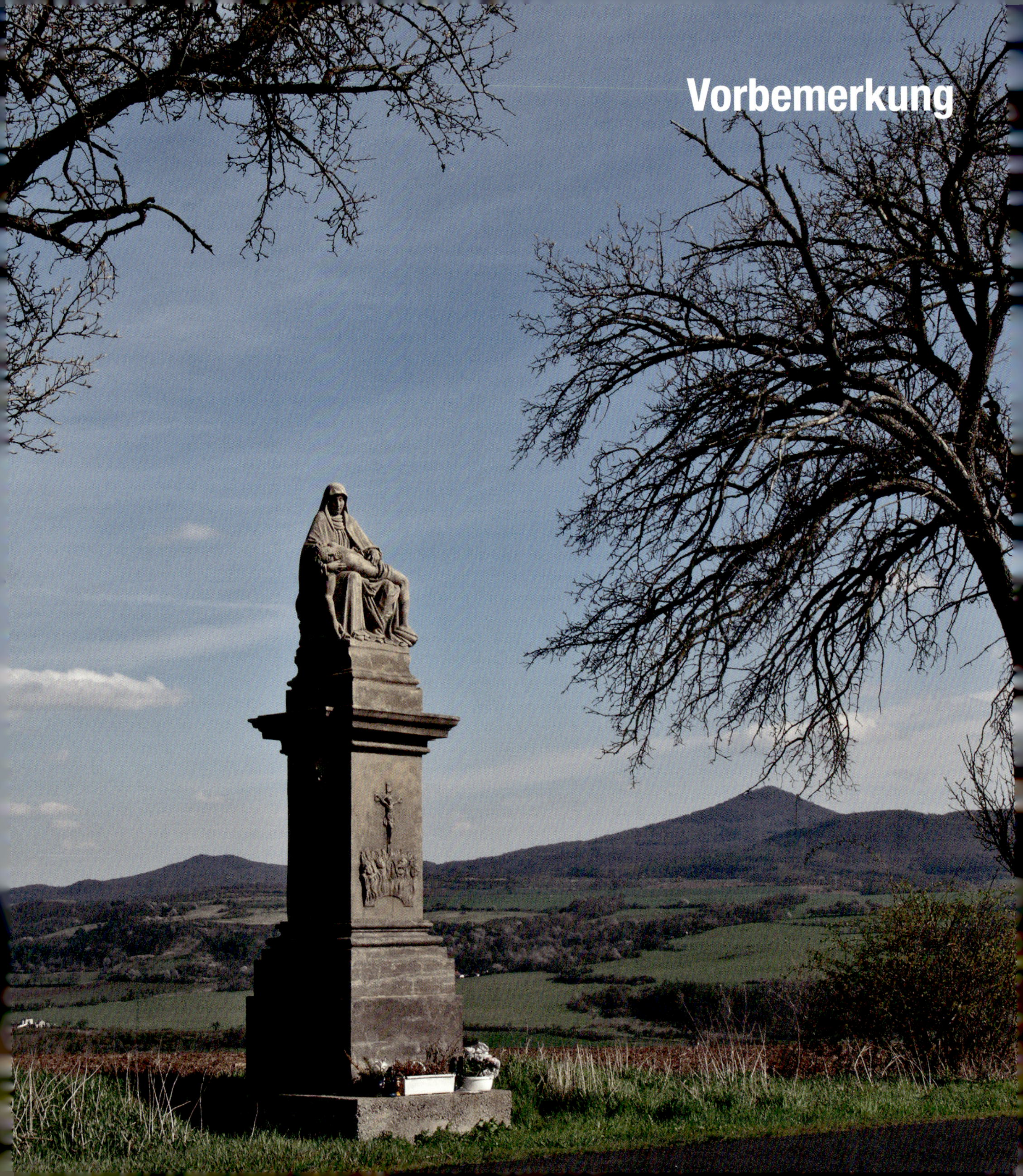

Caspar David Friedrich:

Die Kunst tritt als Mittlerin zwischen die Natur und den Menschen[1]

Der Lebensabschnitt nach meiner aktiven Berufszeit begann mit einer Wanderung auf den Spuren von Caspar David Friedrich ins Riesengebirge. Zu Fuß, in Begleitung von drei Freunden. Es muss mir ähnlich wie Friedrich gegangen sein, dass ich zwar einiges vom Riesengebirge wusste, aber der Anblick von der schlesischen Seite war mir neu. Bei einem sehr lange zurückliegenden Riesengebirgsbesuch (1986) wurde uns der Kammweg, der damals „Weg der Freundschaft" hieß, mit Maschinengewehren verwehrt. Die Riesengebirgswanderung, auf der ich Friedrichs Intentionen seiner Kunstreise von 1810 nachspüren wollte, wurde ein nachhaltiges Erlebnis. Die Faszination, die diese karge Berglandschaft auf mich ausübte, zog mich in den nächsten Jahren viele Male dorthin. Und mir wurde immer klarer, was Caspar David Friedrich an dieser Landschaft beeindruckt hat.

Auch die Berge Nordböhmens spielen in Friedrichs Werk eine besondere Rolle. Berge in solch malerischer Form und eigenartiger Ausprägung, dass man in weitem Umkreis Vergleichbares vergeblich sucht. Friedrich hat das Besondere dieser Vulkankegel-Landschaft sofort erkannt. Er fand hier eine neue Bildsprache. Es war in diesen Landschaften der Widerhall dessen, was in ihm selbst angelegt war. Das spürt man in den Zeichnungen, die vor Ort entstanden und die den unmittelbaren Eindruck des Erlebens widerspiegeln. Das findet man, oft ins Transzendente erhöht, in seinen Gemälden.

Besonders beeindruckt mich dabei Friedrichs Sicht auf die Natur. Wie er das Unscheinbare wahrnimmt, wie er jenseits aller Sehgewohnheiten Dinge sichtbar macht, die ein flüchtiger Blick übersieht. Wahrnehmung von Natur und Landschaft. Eine Eigenschaft, die dem Menschen zwar eingeprägt ist, die aber mehr und mehr verkümmert, weil sie unsere laute, schnelle und erfolgshungrige Zeit überdeckt. In dem Maße, wie dieser Verlust spürbar wird, wächst das Unbehagen, in diesem verhängnisvollen Kreislauf eingespannt zu sein, und auch das Bedürfnis nach Entspannung und Erholung in der Natur. Um aus diesem Kreis herauszukommen, brauchen wir Übungen, die uns zur Ruhe kommen lassen, die uns helfen, wieder sehen zu lernen. Dabei können uns die Maler helfen. Friedrich in besonderem Maße. Die Beschäftigung mit seinen Naturstudien bietet ein probates Mittel, dem Wahrnehmungsverlust von Natur zu begegnen. Wenn wir beginnen, vor Ort die Übereinstimmung zwischen Bild und Naturwirklichkeit zu suchen, merken wir bald, wie sich unsere Sinne wieder schärfen.

Eine Spurensuche in der Natur mit Hilfe der Künstler, vor allem der Romantiker, kann sehr anregend sein. Die Künstlergeneration von Caspar David Friedrich bis hin zu Ludwig Richter und anderen hat uns mit ihren Werken von der sächsischen Felsenwelt und Böhmen einen wunderbaren Schatz hinterlassen.

Wichtige Impulse für dieses Buch erhielt ich von den längst vergriffenen Publikationen Günter Grundmanns und Karl-Ludwig Hochs über dieses Thema. Damit ihre wertvollen Texte nicht vergessen werden, werden wesentliche Passagen aus ihnen zitiert.

Mit dem 2011 erschienenen fundamentalen Werkverzeichnis *„Caspar David Friedrich: Die Zeichnungen"* von Christina Grummt konnten endlich Lücken älterer Veröffentlichungen geschlossen werden, indem eine ganze Reihe bisher nicht bekannter Zeichnungen publiziert wurden. Außerdem ermöglicht die umfassende Kommentierung jeder Zeichnung neue Ein- und Zuordnungen, z. B. zu Friedrichs Kunstwanderungen in Böhmen.

Wir sollten es nicht übersehen: Die böhmische Landschaft ist jahrzehntelang geschunden worden, vor allem durch den Abbau der Braunkohle, und trotzdem – Böhmen fasziniert noch heute.

Caspar David Friedrich – Berge und Gebirge

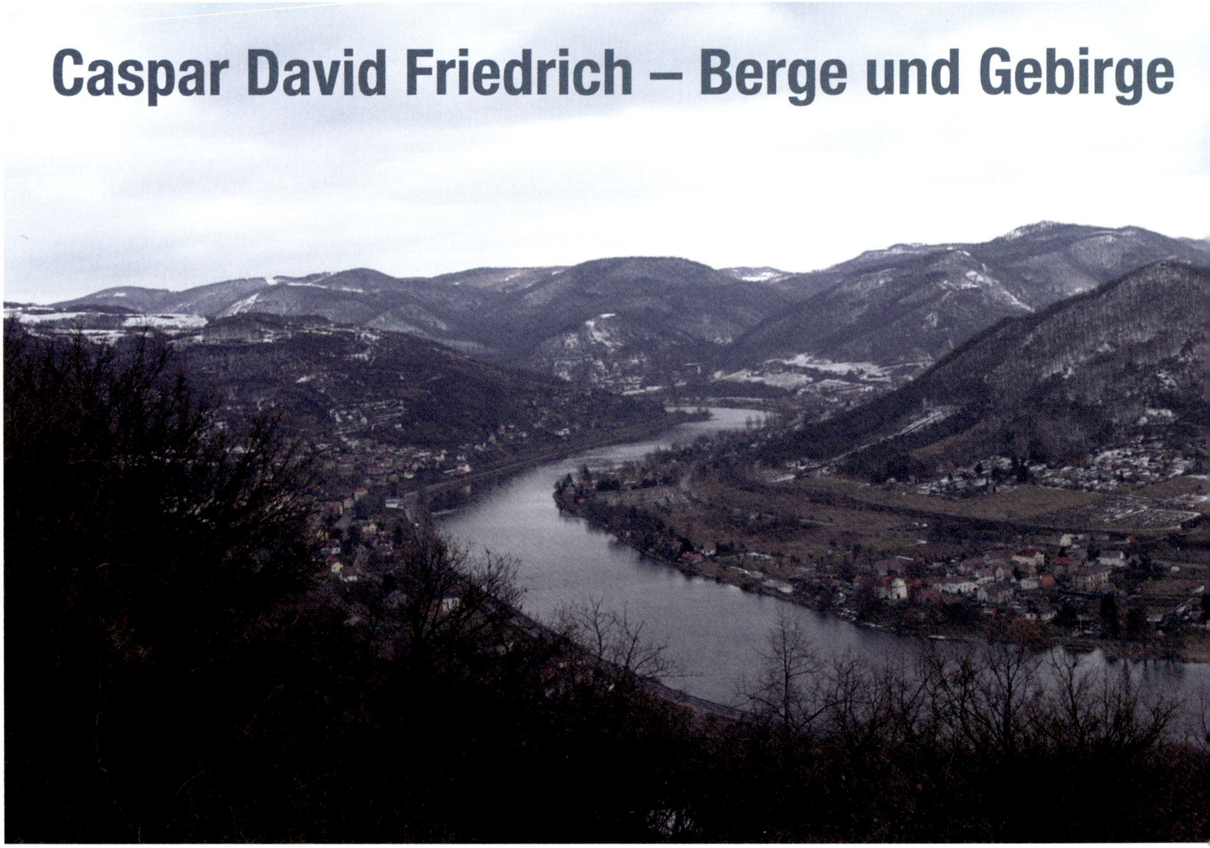

2 Panoramablick von der Aussicht am Dubitzer Kirchlein: Das Elbtal mit dem Deblik

Wir wissen, dass Caspar David Friedrich ein hervorragender Wanderer war. Aber hat er die Berge, die er zeichnete oder malte, auch bestiegen? Oder waren sie für ihn lediglich Symbole des Erhabenen, des Göttlichen: *„Ich hebe meine Augen auf zu den Bergen, von welchen mir Hilfe kommt"*, lesen wir in Luthers Übersetzung von Psalm 121. Oder moderner übersetzt: *„Ich hebe meine Augen auf zu den Bergen, woher kommt mir Hilfe?"* Wenn man die Antwort auf diese Frage kennt, und wir sind überzeugt, dass Friedrich sie kannte, *„meine Hilfe kommt vom Herrn, der Himmel und Erde gemacht hat"*, dann kann man sich den Aufstieg sparen. Wir modernen Menschen sind weitgehend von der Natur entfremdet. Wir suchen das körperliche Bergerlebnis, weil es uns ein wenig innere Befreiung bieten kann, was wir auf endlosen Serpentinen oder auf steilen Pfaden erfahren können. Friedrich brauchte das nicht. Sein intimes Verhältnis zur Natur kommt in dem vielzitierten Satz zum Ausdruck *„Ich muß allein bleiben und wissen, daß ich allein bin, um die Natur vollständig zu schauen und zu fühlen. Ich muß mich dem hingeben, was mich umgibt, mich vereinigen mit meinen Wolken und Felsen, um das zu sein, was ich bin. Die Einsamkeit brauche ich für das Gespräch mit der Natur."* [2]

Fast ausnahmslos finden wir die von Friedrich dargestellten Berge in Böhmen und im Riesengebirge. Da sind der Rosenberg und der Kaltenberg, der Kleis, der Jeschken, der Kalkberg. Milleschauer und Kletschen, aber auch der Deblik. Und natürlich die

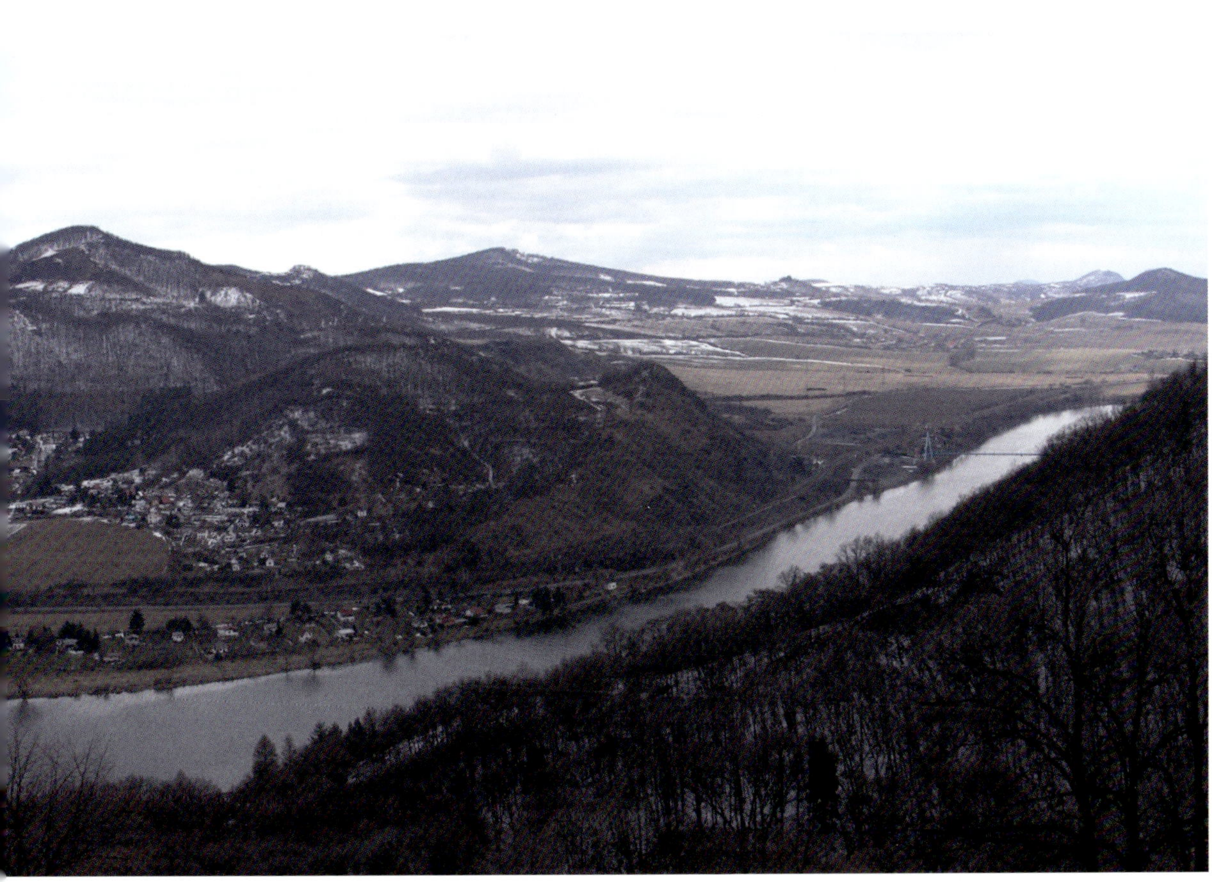

Schneekoppe im Riesengebirge. Dort war es in erster Linie der Gesamteindruck der Gebirgslandschaft, deren gewellte Bergkämme ihn an das heimatliche Meer erinnert haben mochten. Eine Ausnahme stellt hier die Kleine Sturmhaube dar, die er maßlos übersteigerte.

Friedrichs Hochgebirgsbilder sind Singularitäten. Keine der Hochgebirgsregionen, die er malte, hatte er gesehen, obwohl sie ihn anzogen. Der Watzmann *(BS 330)* ist auf Friedrichs Gemälde eine unbesteigbare Eisregion. Das Massiv der Montblancgruppe *(BS 317)* erscheint durch eine wilde Schlucht und den Berg im Mittelgrund des Bildes wie abgeriegelt.

Am Anfang von Friedrichs Beschäftigung mit dem Thema Berge stand die kleine Sächsische Schweiz. Hier fand er den idealen Berg, den er für sein frühes Meisterwerk *Kreuz im Gebirge (BS 167)* suchte. Im unscheinbaren und von der Forschung lange verkannten Honigstein fand er in strenger geometrischer Form den Ort, auf dem er sein Kreuz errichten konnte. Im Sommer 1807, als er an diesem Bild malte, unterbrach er die Arbeit, wanderte durch Böhmen und sah bei Teplitz den Milleschauer und den Kletschen. In einem Gemälde hat er sie als Doppelberg gemalt, mit einem grandiosen Himmel.

Noch dreimal besuchte Friedrich die Milleschauer-Region. 1828 durchwanderte er sie in Begleitung des russischen Künstlerkollegen August Philipp Clara. Am Ende seines Lebens suchte er in Teplitz/Teplice die Linderung seiner Leiden.

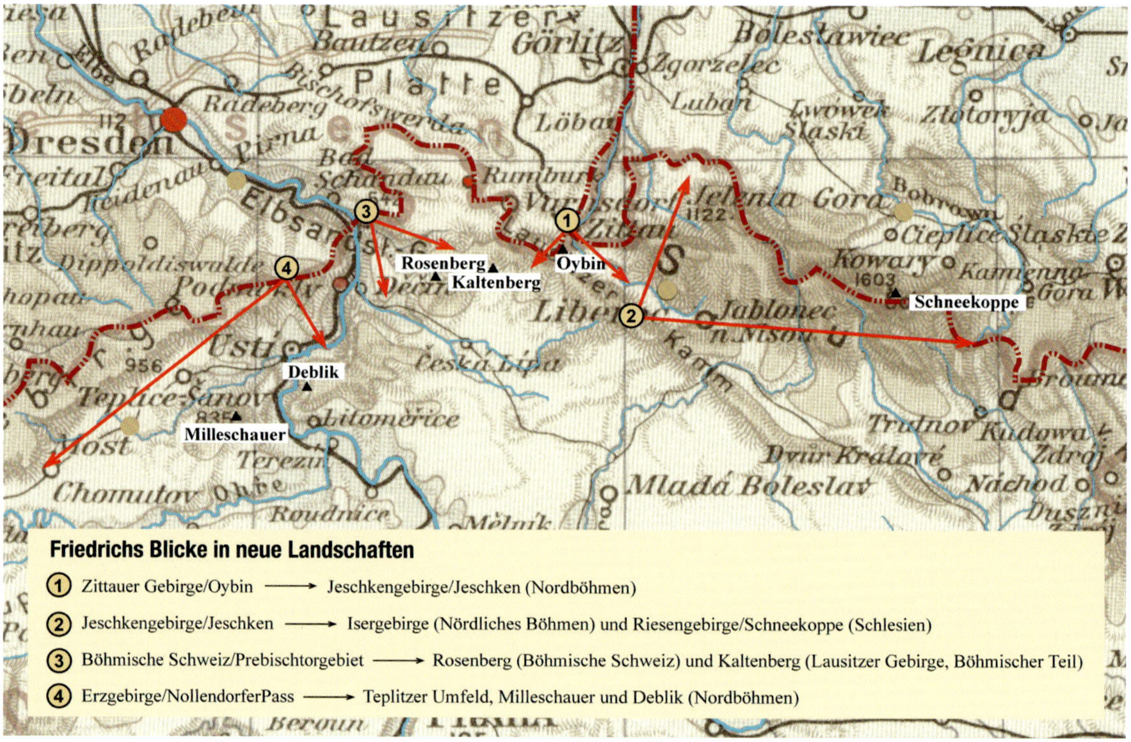

3 ***Karte 1:*** *Die von Caspar David Friedrich dargestellten Bergregionen Nordböhmens*

Caspar David Friedrich erschloss sich seine Landschaften, die er von Dresden aus besuchte, etappenweise. Zuerst die Felsenlandschaft der Sächsischen Schweiz, was sicher durch Adrian Zingg angeregt worden war. Dass sich unmittelbar daran das böhmische Elbtal anschloss, erscheint folgerichtig. Es folgte das Lausitzer und dann das Jeschkengebirge. Man gewinnt den Eindruck, als hätte sich Friedrichs Blick von einer Bergregion zur nächsten entwickelt. Steht man auf den Lausitzer Bergen, dann erblickt man die höheren Berge des Jeschkengebirges. Schaut man von dort ostwärts, blickt man über das Isergebirge zum Riesengebirgskamm.

Ob die erste Wanderung durch die Teplitzer Gegend bewusst als Kunstreise geplant war, ist schwer zu beurteilen. Immerhin gab Friedrich für die Böhmenreise von 1807 Wien mit Bestimmtheit als Ziel und als Reisezweck den Besuch des Bruders Christian an. Der Weg führte üblicherweise vom Erzgebirge kommend über Teplitz und Prag dorthin.

Auffallend ist bei Caspar David Friedrich immer wieder der Blick auf die Berge. Oft ist er ungewöhnlich. Nur zwei hat er so gemalt, wie wir sie gewöhnlicherweise auch sehen, den kegelförmigen Rosenberg und den Kaltenberg, der mit den flankierenden Nachbarbergen als dreigipfliger Berg erscheint. Selbst den Lilienstein in der Sächsischen Schweiz zeigt er nicht von seinen drei Schauseiten, sondern wählt den unüblichen Blick aus dem Prossener Elbtal.

Friedrichs Darstellung des Kleis ist erstaunlich, unspektakulär. Doch welcher Ausdruck. Auch die überragende ebenmäßige Schönheit des Milleschauers zeigt er uns anders, als wir sie zu sehen gewohnt sind. Vielleicht liegt das auch daran, dass er wohl 1802 schon seinen ideal geformten Berg gefunden hatte, den er im *Kreuz im Gebirge* verwendete.

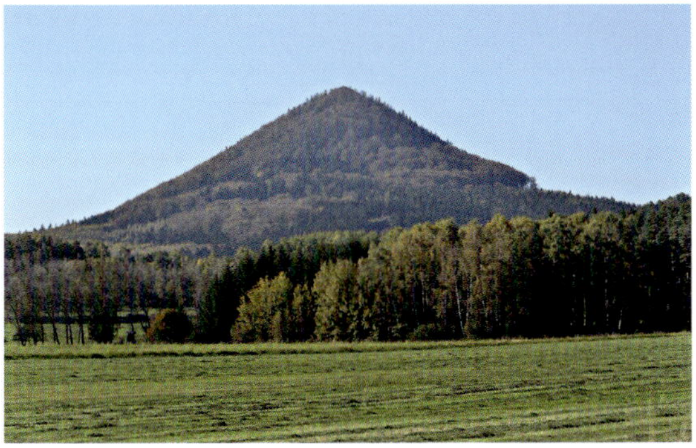

4 Der Kleis bei Haida/Novy Bor

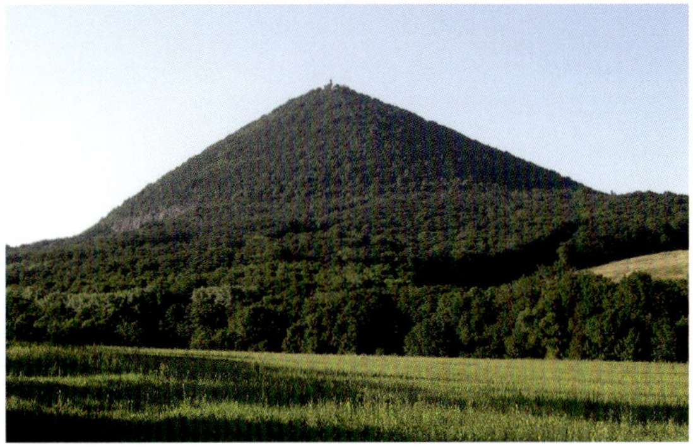

5 Der Milleschauer

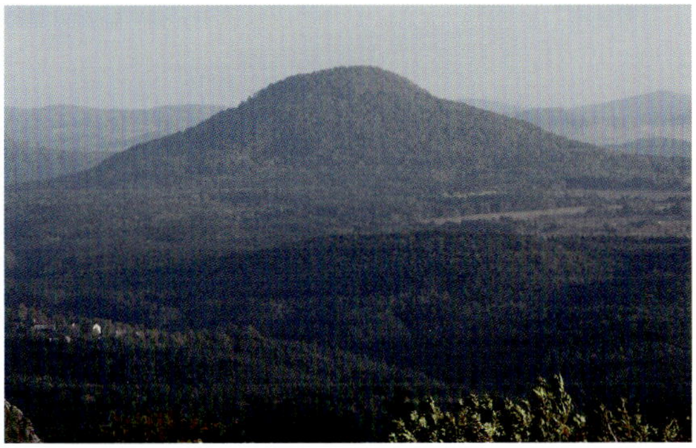

6 Der Rosenberg vom Kanapee beim Prebischtor

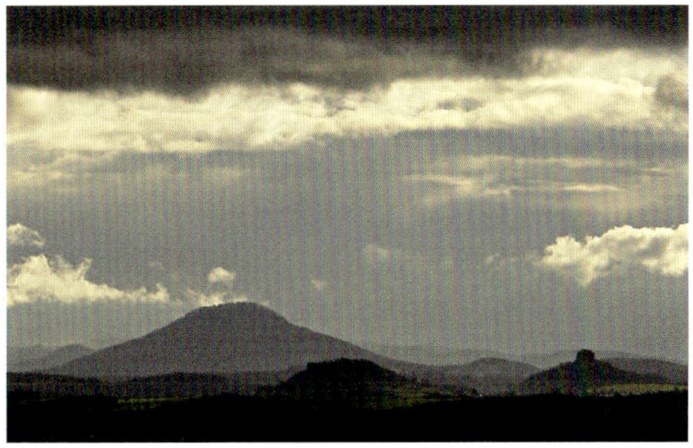

7 Fernblick zum Rosenberg von der Bastei

8 Der Kaltenberg von den Flügelwänden (Prebischtorgebiet) aus gesehen

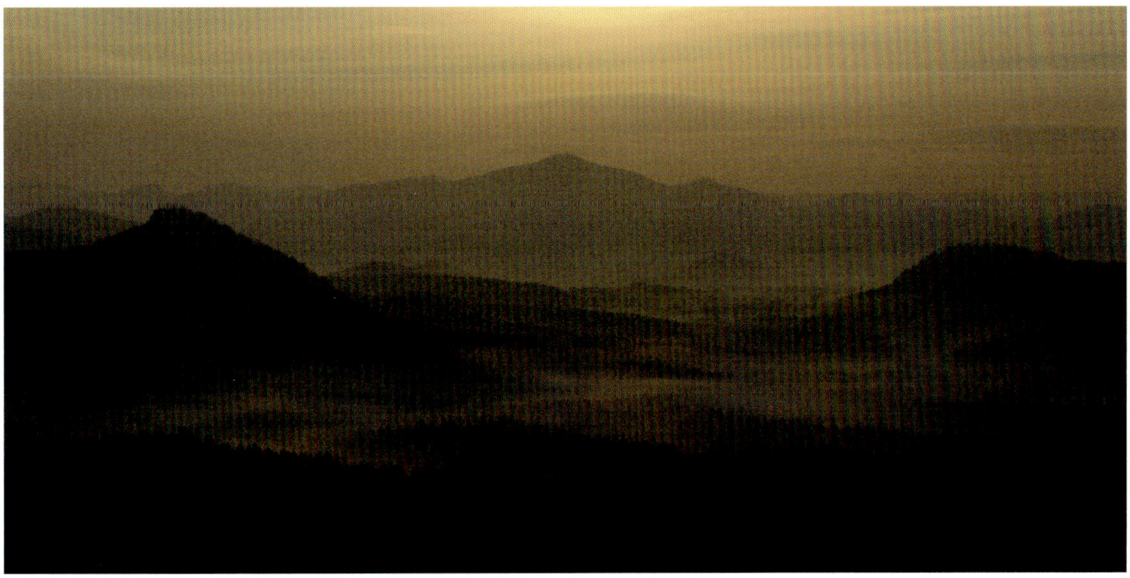

1802
Das böhmische Elbtal

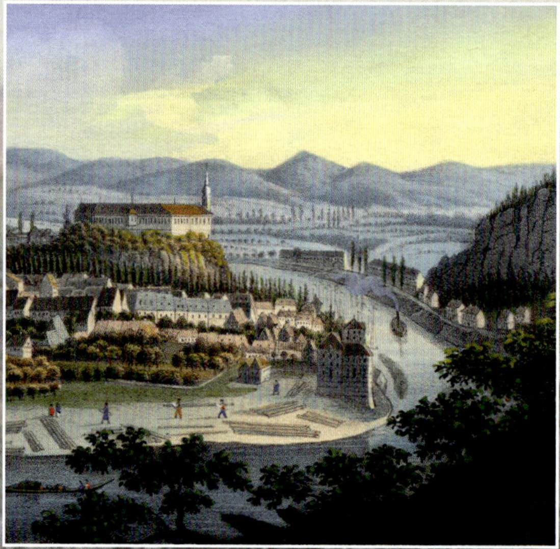

9 Anonym: Ansicht über das Tetschener Schloss ins Elbtal, um 1840

Caspar David Friedrich war mindestens achtmal in Böhmen, das Riesengebirge eingeschlossen.

1802	Elbtal
1803	Jeschkengebirge
1807	Teplitzer Gegend (Prag)
1808	Böhmische Schweiz
1810	Riesengebirge
1828	Teplitzer Gegend
1835	Teplitz/Teplice (Kurreise)
1836	Teplitz/Teplice (Kurreise)

Bis auf die Riesengebirgsreise im Jahr 1810 und die 1828er-Reise in die Teplitzer Gegend ist die Beweislage zu den frühen Wanderungen Friedrichs nach Böhmen sehr schwierig.

Schon das erste für unsere Betrachtung infrage kommende Gemälde Friedrichs, *Ausblick in das Elbtal,* datiert auf 1807, gibt Rätsel auf. 1932 meinte Karl Wilhelm Jähnig, dass es sich bei dem Landschaftshintergrund um das böhmische Elbtal handele.[3] Karl-Ludwig Hoch hat sich 1987 dieser Meinung angeschlossen, wobei auch er feststellte, dass es dafür keinen Beleg gibt. Geht man davon aus, dass Friedrich immer Zeichnungen als Vorlage für seine Gemäldekompositionen verwendete, so müsste die Elbtalzeichnung verschollen sein.

Am 27. September 1802 zeichnete Friedrich einen Elbtalblick von Krippen nach Schandau *(Grummt 352)*. Das war nahe der böhmischen Grenze. Sollte es nicht denkbar sein, dass er von dort elbaufwärts ging, wo in höchstens vier Stunden Tetschen/Děčín und Bodenbach/Podmokly erreichbar waren, dort, wo aus dem engen Elbcañon mit den flankierenden schroffen Felswänden eine weite heitere Tallandschaft wird? Das Sandsteingebiet ist hier zu Ende. Nun bestimmt tertiärer Vulkanismus, der Basalt- und Phonolithberge hervorbrachte, das Landschaftsrelief.

Dass der Gedanke nahe liegt, von Krippen aus nach Böhmen zu gehen, bestätigte später Friedrichs Freund Klinkowström: *„[...] habe ich meinen alten Freund Friedrich besucht und mit ihm für die schönen Tage des Frühlings eine Fußpartie verabredet, worauf wir die hübschen Sächsischen Gegenden besuchen wollen, welche an der böhmischen Grenze liegen und von da den Rückweg über Teplitz nehmen.“* [4] Das war 1814, da lebte Friedrich wieder wie 1813 eine Zeit lang in Krippen.

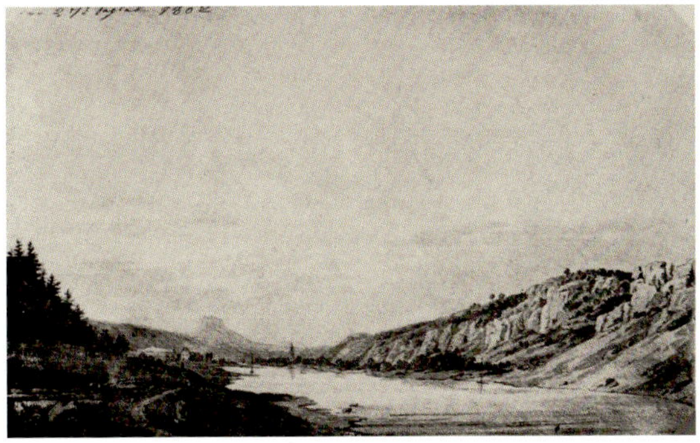

*10 **Caspar David Friedrich:** Elblandschaft mit Lilienstein, Feder, laviert, 27. September 1802 (Grummt 352), Standort unbekannt*

Als Adrian Zingg, der 1766 die Entdeckung der Sächsisch-Böhmischen Schweiz eingeleitet hat, *„den Engpaß der Elbe bei Niedergrund durchwanderte und sich vor ihm angesichts des Tetschener Schlosses die Schönheiten des böhmischen Mittelgebirges offenbarten, da hatte er wieder eine neue Welt für seinen Zeichenstift gefunden.“* [5] Friedrich stand zu Zingg in einem losen Lehrer-Schüler-Verhältnis. Er schrieb im November 1800 dem Freund Klinkowström nach Paris: *„Beim alten Zing bin ich gewesen [...].“* [6] Dass er gerade von ihm, der wie kein anderer die Landschaften um Dresden erforscht hat, gute Empfehlungen für Kunstwanderungen und auch praktische Hinweise erhalten konnte, liegt auf der Hand.

Zwischen 1800 und Sommer 1801 erlebte Friedrich eine Zäsur. Nach einer offensichtlich existenziellen Krise, die in einem Selbstmordversuch gipfelte, ging er für anderthalb Jahre in die Heimat an die Ostsee.

Als er im Juli 1802 wieder nach Dresden zurückkam, war er ein anderer, auch künstlerisch. Der alte Freundeskreis in Dresden hatte sich inzwischen aufgelöst. Friedrich musste sich neu orientieren. Er traf sich in Dresden mit Philipp Otto Runge, lernte Ludwig Tieck, später Gotthilf Heinrich von Schubert und Heinrich Kleist kennen. Auch zur Familie Körner fand er Zugang. Mit Gerhard von Kügelgen verband ihn bald eine enge Freundschaft.

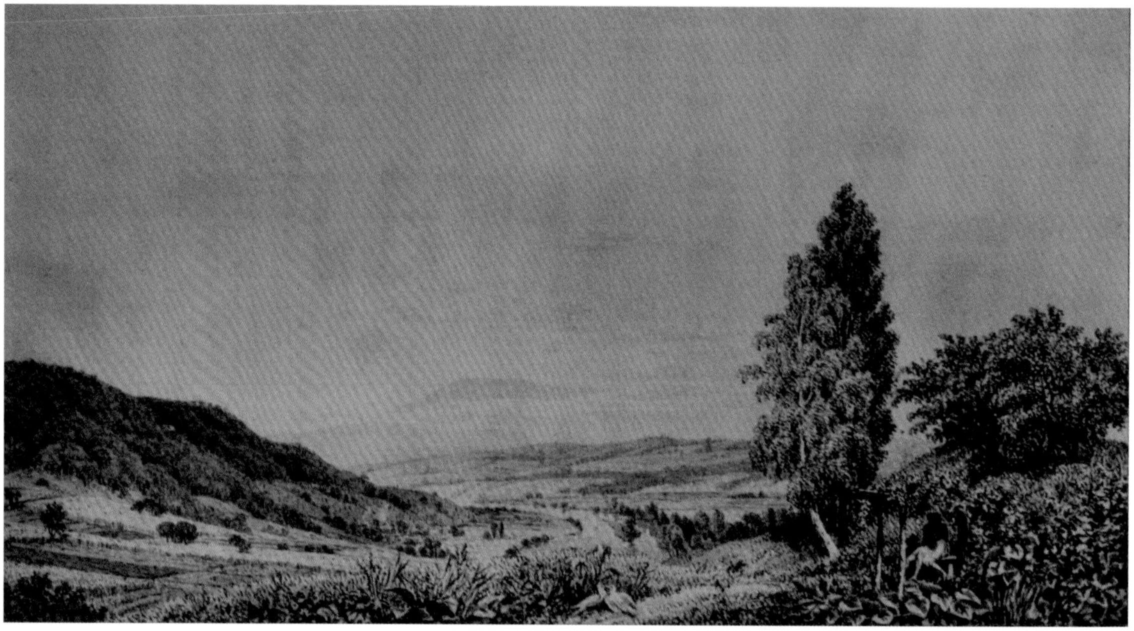

11 ***Caspar David Friedrich:*** *Sommer / Mittag / Jugend, Sepia, 1803 (Grummt 366)*
Standort unbekannt

Im Sommer 1803 wohnte er in dem kleinen Dorf Loschwitz: *„Da bat ich Gott [...] er möge mir eines Glück gewähren, in ruhe mein Leben auf dem Lande zu verleben Vern (!) von dem gesitteten Volke."* [7] Hier arbeitete er unter anderem an dem berühmten vierteiligen Zeitenzyklus. Im Blatt *Sommer* bildet das böhmische Elbtal in erster Linie den landschaftlichen Hintergrund. Die gelassene Heiterkeit, von der Friedrich in dieser Zeit schrieb, findet sich in diesem Bild wieder.

Die Komposition verrät den Einfluss der Landschaftsmalerei des 17. Jahrhunderts. Beim Liebespaar ist die Verwandtschaft zur Figurengruppe von Claude Lorrains *Küstenlandschaft mit Acis und Galatea* unübersehbar. Friedrich hat dieses Bild in der Dresdner Galerie studiert. Ein Beleg für solcherart Studien ist das Berliner Skizzenbuch II von 1799/1800, das eine Reihe Figurenstudien nach Gemälden holländischer Meister aufweist. Friedrich schrieb später in seinem Gesuch um Aufnahme in die Dresdner Akademie *„Ich kam nach Dresden, um hier in der Nähe der trefflichsten Kunstschätze und umgeben von einer schönen Natur meine artistischen Arbeiten fortzusetzen[...]."* [8]

Nebenstehend sind einige Figurenstudien nach niederländischen Meistern sowie ein Landschaftsmotiv nach Berchem ausgewählt, um diesen bisher selten dargestellten Aspekt von Friedrichs Anfangszeit in Dresden zu illustrieren.

Interessant ist in diesem Zusammenhang die Meinung Zinggs zum Studium in der Galerie: *„Richter bei Zingg erzählte mir vor einige (Tage) auf einem Spatschiergange, daß er noch nicht die Gallerie gesehen und auch noch nicht das Kupferstichkabinett, die Ursache war, der alte Zing fand es unnötig."* [9]

Carl August Richter, Schüler und dann Mitarbeiter von Zingg, später Professor für Landschaftsmalerei, war damals immerhin dreißig Jahre alt. Dabei durften die Kunststudenten täglich kostenlos die Galerie besuchen.

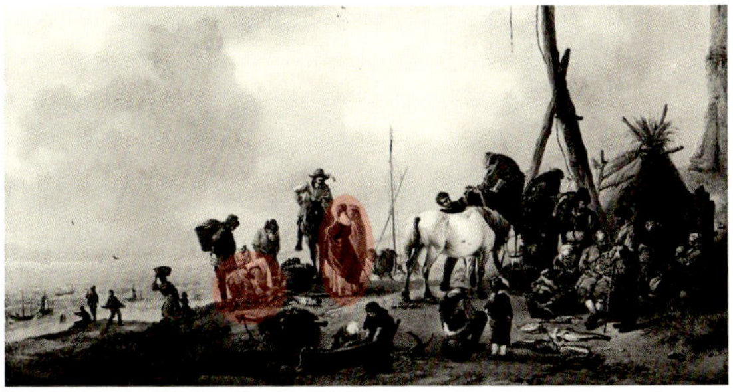

12 **Wowermann:** *Fischer am Strand (Ausschnitt)*

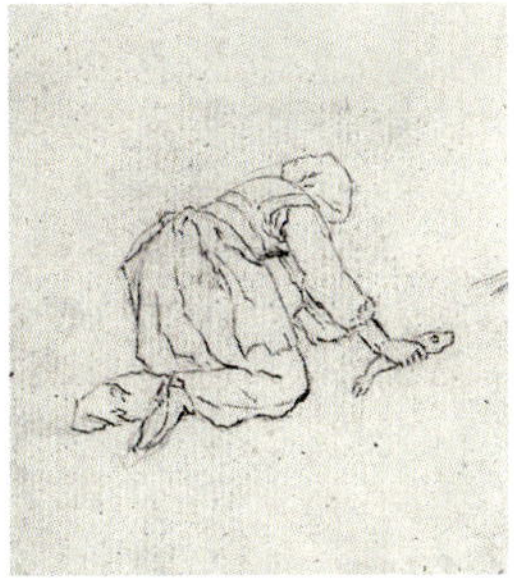

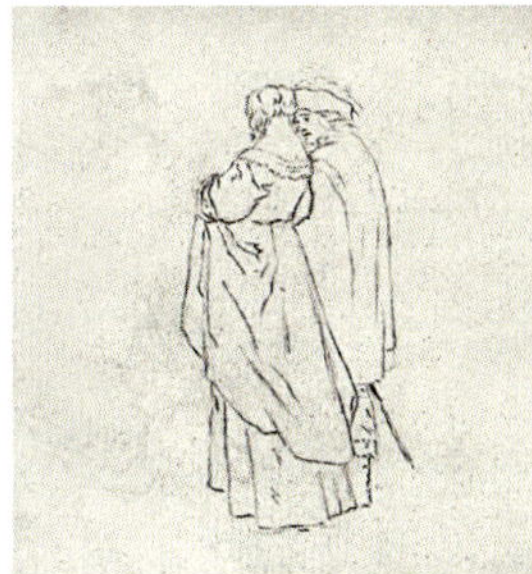

13/14 **C. D. Friedrich:** *Figurenstudien zu 12*

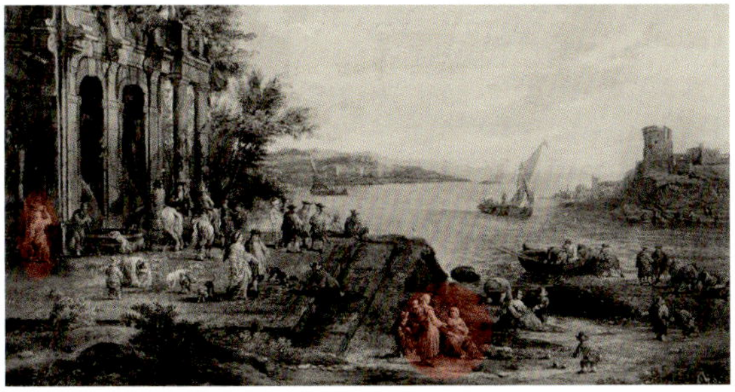

15 **Bouderwijns/Bout:** *Brunnen am See (Ausschnitt)*

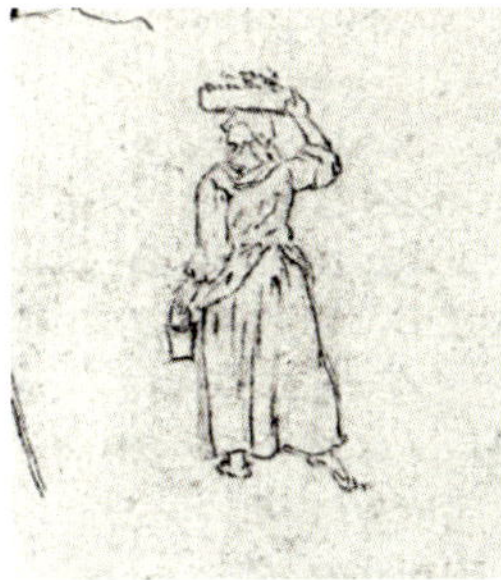

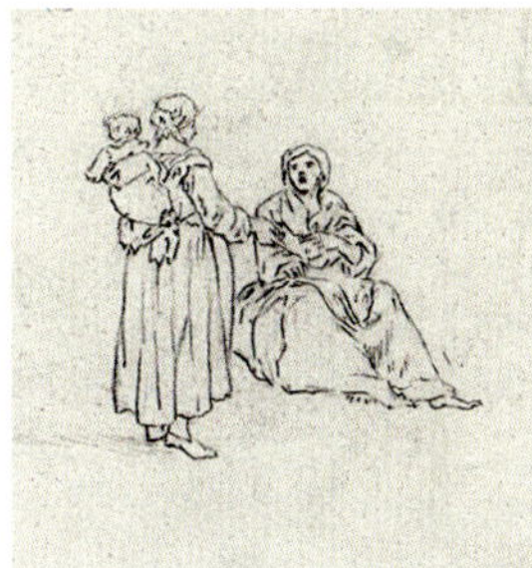

16/17 **C. D. Friedrich:** *Figurenstudien zu 15*

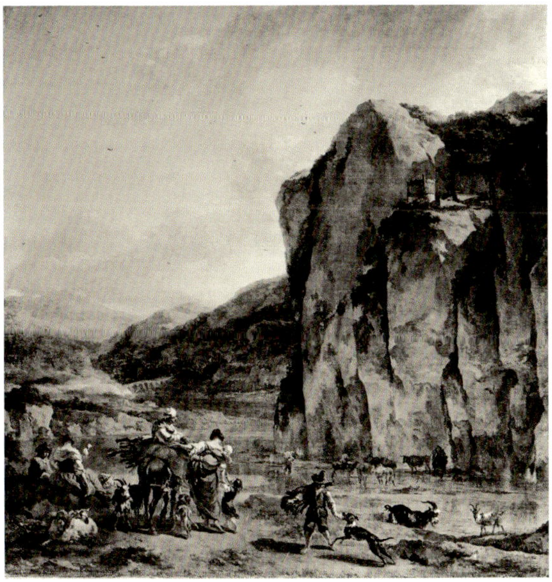

18 **Berchem:** *Hirten unter hoher Felswand (Ausschnitt)*

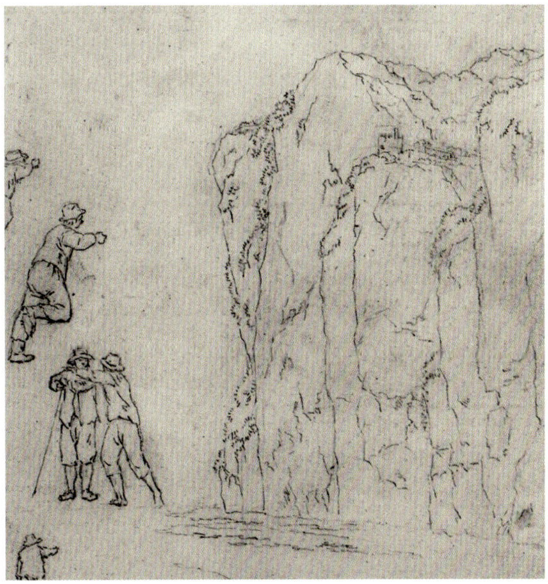

19 **C. D. Friedrich:** *Gebirgsskizze (Grummt 192 recto)*

Caspar David Friedrich: *Figurenstudien nach niederländischen Meistern (Grummt 191)*
und Landschaftsstudie nach Berchem (Grummt 192 recto)
Ph. Wowermann: *Fischer am Strand (Nr. 1434);* ***A. F. Bouderwijns/P. Bout:*** *Brunnen am See (Nr. 1170)*
C. P. Berchem: *Hirten unter hoher Felswand (Nr. 1489, Kriegsverlust)*
Jeweils Ausschnitte, alle Gemälde: Staatliche Kunstsammlungen Dresden, Galerie Alte Meister

Im Jahr 1807 enstehen nebeneinander zwei der ersten Gemälde Friedrichs. Bei *Ausblick ins Elbtal (BS 163)* lässt sich der Standort nur wenig elbaufwärts von Bodenbach finden. Von rechts ziehen sich die „Siebenberge" herunter, die mit einer markanten Koppe auslaufen. Der lange Rücken des Zinkensteins ist auf dem Gemälde links vom großen Felsblock zu sehen. Verfolgen wir die Elbe weiter aufwärts, bis sie die Berge verlässt, so finden wir keine vergleichbare Stelle, die noch infrage kommen könnte. (Über die Felsen im Vordergrund und das Inhaltliche des Bildes siehe Richter 2009.) Weil Caspar David Friedrich bereits hier mit Bildpaaren arbeitete, sei auf das Pendant *Hünengrab im Schnee (BS 162)* verwiesen.

Eine Lokalisierung des zweiten Elbtalgemäldes, des Münchener Bildes *Der Sommer,* ist schwieriger. Wieder ist es eine böhmische Landschaft. Rechts ein Hügel mit einer eigenwillig unnatürlich gemalten Baumgruppe. Dieser Hügel, in dessen Schutz sich das Liebespaar selbstvergessen umfängt, scheint in natura wohl nicht zur Landschaft zu gehören. Untypisch flach weitet sich das Flusstal, wenn wir uns auf die Elbe beziehen, nach rechts hin aus. Markant hingegen sind die Steilhänge auf der linken Bildseite. Dieser böhmische Elbtalblick ist als Variation zum vorigen denkbar und wurde bereits in dem Sepiablatt *Sommer (Grummt 366)* des Zeitenzyklus von 1803 verwendet. Auf den Berg, der im Sepiablatt das Tal abschließt, hat Friedrich im Gemälde zugunsten einer weiten offenen Landschaft verzichtet. Auch zum *Der Sommer* gab es ein Pendant: *Der Winter (BS 165)*. Es ist 1931 in München verbrannt.

Die beiden Elbtallandschaften atmen böhmisches Flair und sind in ihrer Heiterkeit für Friedrich, wenn nicht ungewöhnlich, so doch überraschend.

Interessant erscheint mir ein Hinweis auf Carl Anton Graff (1774–1832) im Zusammenhang mit Friedrichs Wanderungen ins böhmische Elbtal. Es handelt sich um den Sohn des berühmten Porträtmalers Anton Graff, Professor an der Dresdner Akademie, Landsmann und Freund Adrian Zinggs.

Carl Anton Graff zählte zu Friedrichs frühen Gefährten in Dresden. Er wurde ebenfalls Landschaftsmaler und entwickelte eine besondere Vorliebe für Nordböhmen. Er konnte Friedrich sicher einige Anregungen geben. Von Juni 1801 bis Ende 1807 war allerdings Graff in Italien. Er kam also gerade zurück, als Friedrich an seinen Elbtalbildern malte. Einst hingen im Tetschener Schloss Bilder von Carl Anton Graff: *„Im Wohnzimmer der Gräfin befanden sich verschiedene liebliche Ansichten aus der Umgegend von Tetschen, gemalt von Anton Graff, eine Ansicht des Milleschauer Donnersberges [...] Aus dem geräumigen Speisesaale mit fünf Kronleuchtern tritt man in ein kleines allerliebstes Boudoir, das im angebauten Thurme liegt. [...] Acht kleine Ansichten aus den Umgebungen von Tetschen, ebenfalls von Anton Graff gemalt, schmücken die blauen Wände des Cabinetts[...].*" [10]

Dass Graff nach seiner Rückkehr aus Italien wieder Kontakt zu Friedrich hatte, geht aus dem Briefwechsel zwischen Johann Ludvig Lund (1777–1867), einem alten Freund Friedrichs, und Carl Anton Graff hervor. Am 26. Mai 1808 schrieb Graff an Lund: *„Theuerster Freund, Friedrich (der Landschafter) hatte dießmal nichts nach Berlin gegeben sondern ließ seine Werke in seiner Behausung dem Volke sehen. Ich war eben bei ihm, als ein Trupp der hiesigen sein wollenden feinen Kunstkenner, Damen und Herren, zu ihm kamen und das originelle seiner producte bewunderten. Dies besteht darin, daß er zum Beispiel zum Gegenstand eines ganzen Bildes nichts weiter darstellt als den Gipfel der oft genannten großen Gans in unseren Sandsteinbrüchen bei Rathen an der Elbe welches ihnen bekannt sein wird und auf der Spitze den Herrn Christus am Kreuzte oben und unten ist Luft den diese Bergspitze ragt nur so verlegen ins Bild hinein, ist das nicht originell? Oder ein anderes Bild ein Finger breit Land ein Finger breit Meer und 10 Mahl so viel Luft – das heißt doch imponieren. Übrigens fehlt es dem Friedrich gar nicht an Talent.*" [11]

20 ▶
Elblauf zwischen Aussig/Ústí und Herrnskretschen/Hřensko an der

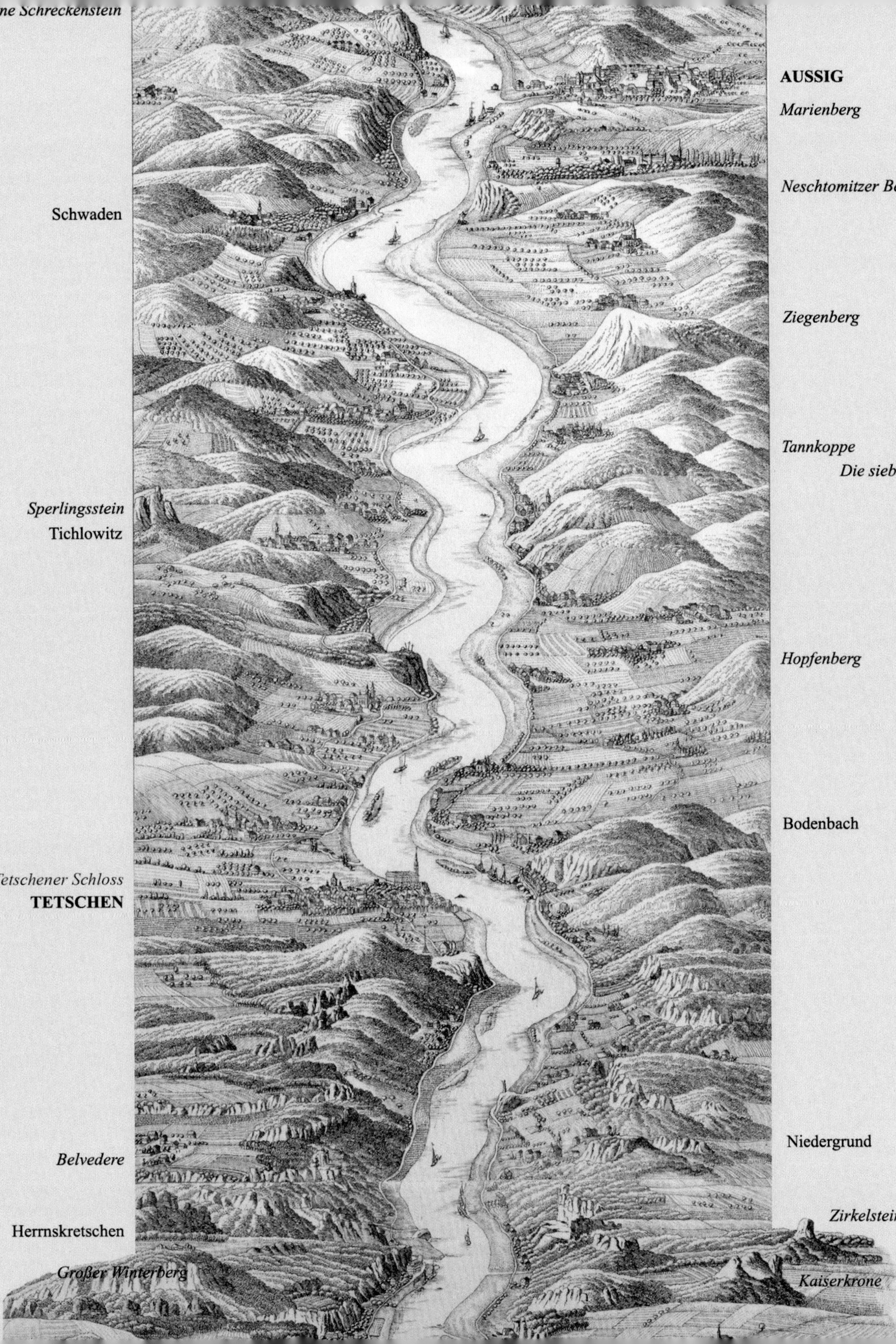
Ruine Schreckenstein
AUSSIG
Marienberg
Neschtomitzer Berg
Schwaden
Ziegenberg
Tannkoppe
Die sieben Berge
Sperlingsstein
Tichlowitz
Hopfenberg
Bodenbach
Tetschener Schloss
TETSCHEN
Niedergrund
Belvedere
Zirkelstein
Herrnskretschen
Großer Winterberg
Kaiserkrone

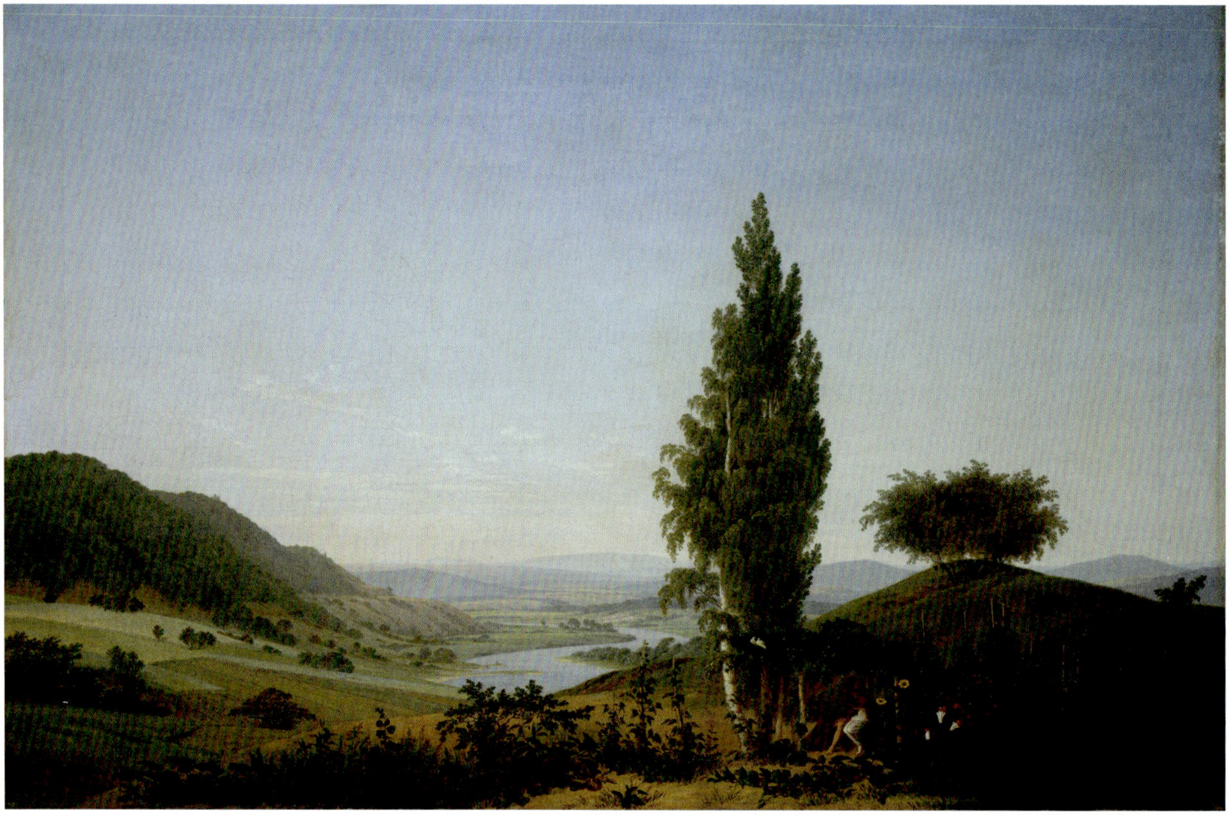

21 ***Caspar David Friedrich:*** *Der Sommer (Böhmische Landschaft), 1808 (BS 164)*
München, Neue Pinakothek

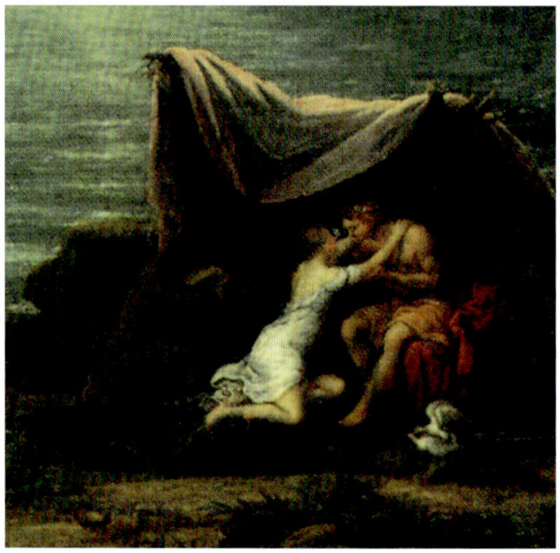

22 ***Claude Lorrain:***
Acis und Galathea (Ausschnitt)
Staatliche Kunstsammlungen Dresden,
Galerie Alte Meister

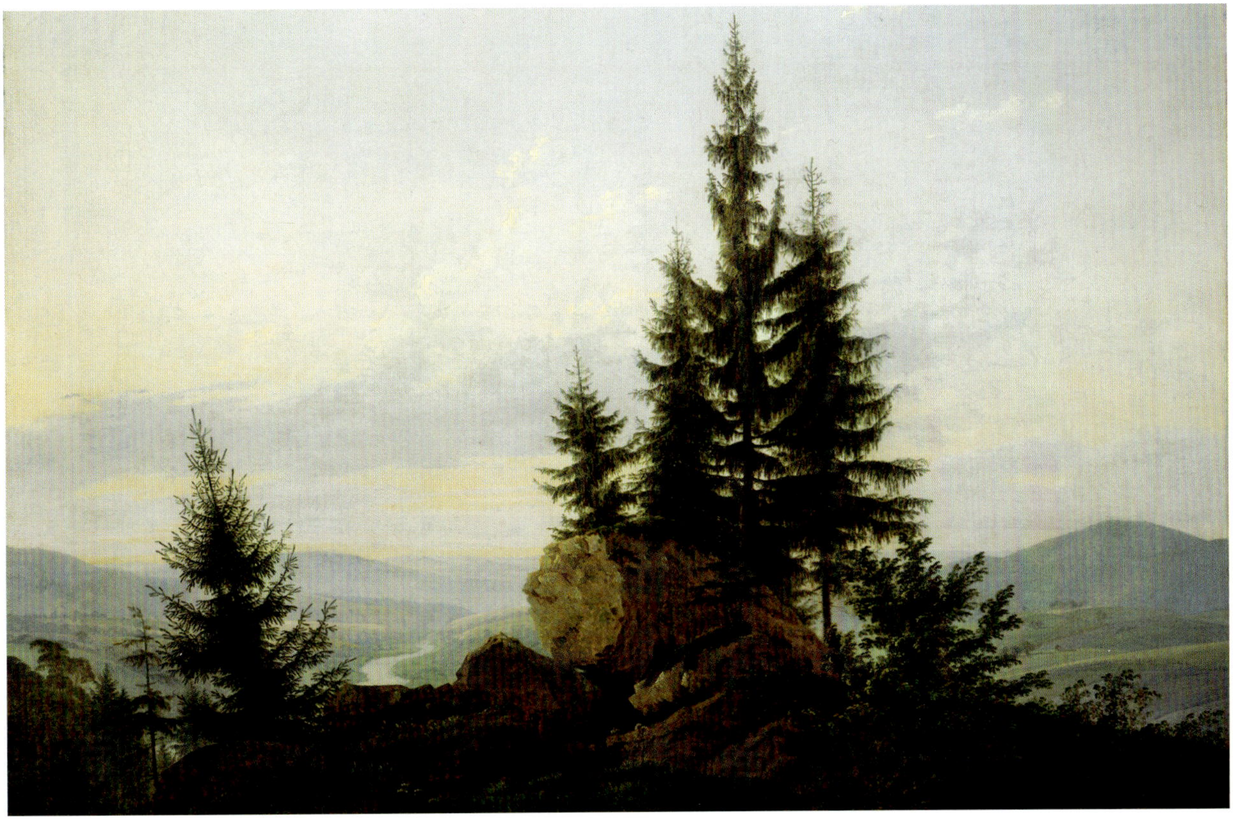

23 **Caspar David Friedrich:** *Ausblick ins Elbtal, 1807 (BS 163)*
Staatliche Kunstsammlungen Dresden, Galerie Neue Meister

24 **Vergleichsfoto:** *Böhmisches Elbtal oberhalb von Tetschen/Děčín bei den Sieben Bergen*

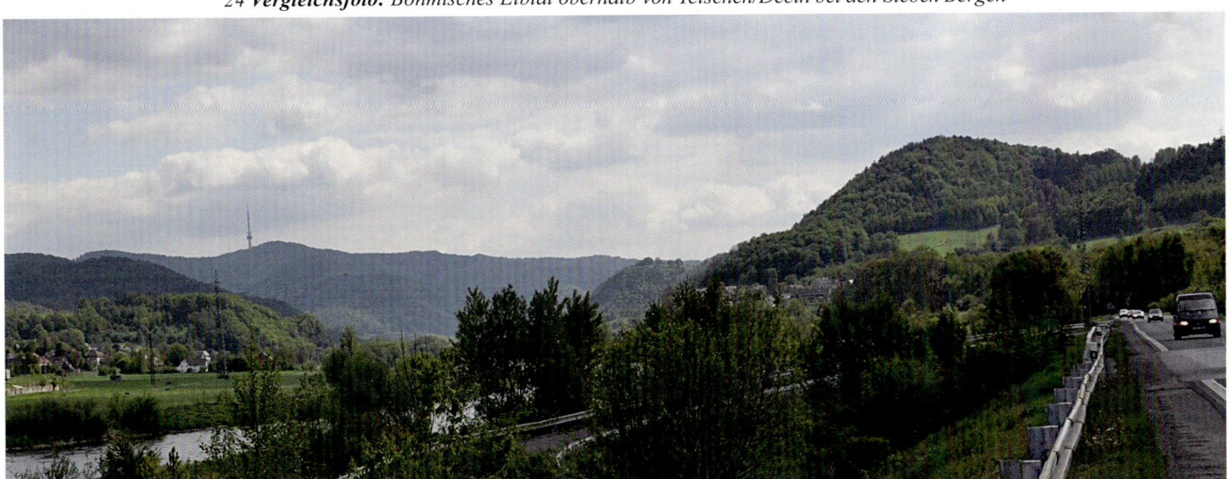

1803
Wanderung ins Jeschkengebirge

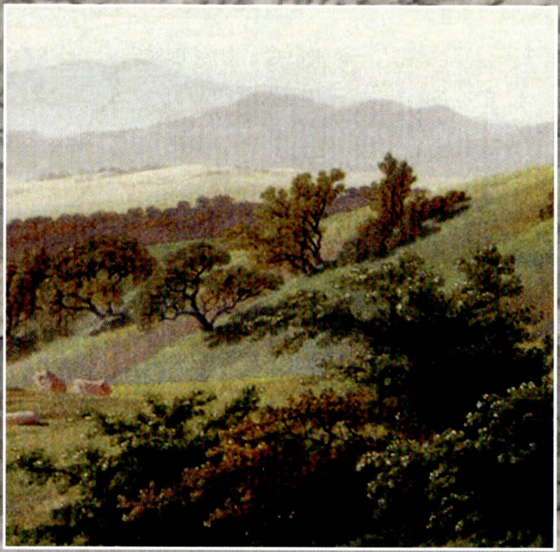

25 Detail von Abbildung 31

Der Friedrich-Forschung ist es bisher nicht gelungen, die eine immer wieder benannte Reise Caspar David Friedrichs ins östliche Nordböhmen sicher zu belegen. Aber es sprechen einige Indizien für eine solche Wanderung. Die nordböhmischen Landschaften waren bei den Dresdner Malern spätestens seit Adrian Zingg präsent. Dabei wäre allerdings zu differenzieren in

- das böhmische Elbtal zwischen Tetschen/Děčín, Aussig/Ústí mit dem Schreckenstein und Lobositz/Lovosice;
- die Gegend bei Teplitz/Teplice mit dem Milleschauer mit den Erzgebirgsübergängen (Nollendorfer Pass, Geiersberg Pass);
- die markante Ruine des Tollensteins, die im Zusammenhang mit dem Lausitzer Gebirge steht.

Das Jeschkengebirge spielte noch keine Rolle. Später, durch Ludwig Richter, kam das rechtselbische Gebiet zwischen Sebusein/Sebuzín und Kamaik/Kamýk nördlich von Leitmeritz/Litoměřice hinzu. Zwischen 1801 und 1807 wurden folgende böhmischen Motive auf den Kunstausstellungen der Dresdner Akademie ausgestellt:

1801 C. A. Richter: *Tollenstein*
1802 C. A. Richter: *Schreckenstein und Friedand*
A. Zingg: *Geiersberg*
1807 K. Teubert: *Prospekt von Skalka* nach Zingg
J. C. A. Richter: *Tollenstein* nach einer Zeichnung von C. A. Richter
A. Zingg: *Gegend zwischen Außig und Lobositz* sowie die *Engelsburg bei Carlsbad*

Dass bereits Johann Sebastian Bach (1748–1778), der Enkel des großen Thomaskantors, böhmische Landschaften malte, sei erwähnt. Bach kam 1773 von Leipzig nach Dresden. Er wurde Schüler von Johann Christian Klengel und erhielt auch Anregungen von Adrian Zingg. Bekannt ist u. a. eine *Überfahrt am Schreckenstein,* die Ludwig Richters großes Bildthema bereits um 1775 vorwegnahm.

Vom Zeitraum 23. April bis 9. Mai 1803 haben sich vier datierte Zeichnungen Friedrichs erhalten, die mit großer Wahrscheinlichkeit in Nordböhmen zwischen Tannenberg und Jeschken entstanden sind.

23. April 1803 – Hügelige Landschaft
(Grummt 334)
Karl-Ludwig Hoch vermutet *„eine erste Wanderung ins östliche Nordböhmen bis zum Jeschken“.*[12] Mein konkreter Lokalisierungsvorschlag zum dargestellten Bergmotiv ist ein Blick zum Tannenberg.

6. Mai 1803 – Landschaft in Böhmen
(Grummt 336), ohne Abbildung
Eva Reitharova erkannte den *„Umriß des Berges, der an die Silhouette des Jeschken von Norden oder Nordosten erinnert, mit der charakteristischen Felsformation rechts unter dem Gipfel, die in Friedrichs Zeichnung gut sichtbar ist. Alles übrige, was den mittleren Plan oder den Vorderprund betrifft, ist der konsequenten Anpassung realer Motive den Absichten des Künstlers [...] zuzuschreiben. Der Maler hat sich entschlossen, die damals übrigens noch nicht große Stadt Reichenberg (Liberec) ganz zu unterdrücken, die sich östlich unterhalb des Berges ausbreitet und an die nur die Kirche in Rochlitz (Rochlice) erinnert.“* [13]

9. Mai 1803 – Mittelgebirgslandschaft mit Brücke und Kapelle *(Grummt 356)*
Eva Reitharova wie auch K.-L. Hoch sahen in Friedrichs Namenszug auf der Zeichnung seine eigenhändige Signierung und leiteten daraus eine Stilwandlung bei Friedrich ab: *„Eine noch gründlichere Umgestaltung und Umwandlung erfuhr das Thema einer zweiten Zeichnung, die drei Tage später, den 9t May 1803 datiert ist. Diese [...] ist doch auch signiert; dies bedeutet einen weiteren oder sogar den höchsten Grad der Herauslösung eines Motivs aus realen Zusammenhängen und dessen Unterordnung den Gesetzen der Kunst.*

Zur Auffassung dieser Komposition als Landschaft, die gewissermaßen ebenfalls durch die Umgebung des Jeschken inspiriert wurde, führte das Motiv des Städtchens mit Turm, das sich auf dem Hügel unterhalb des Berges ausdehnt: es entspricht geradezu auffallend der Ansicht von Langenbruck (Dlouhy Most) von den Hügeln bei Radl (Radlo) ... südöstlich von Reichenberg (Liberec) [...]“.[14]

Christina Grummt hat neuerdings nachgewiesen,

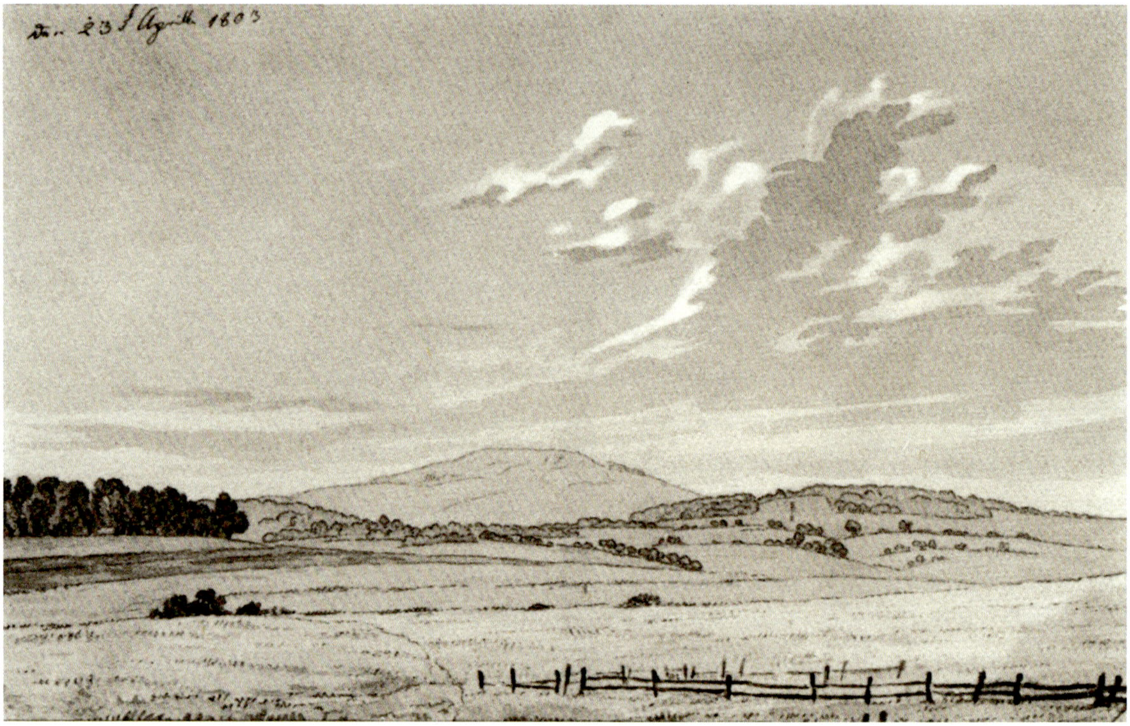

26 **C. D. Friedrich:** *Hügelige Landschaft, 23. April 1803, Feder mit Sepia laviert (Grummt 334) Standort unbekannt*

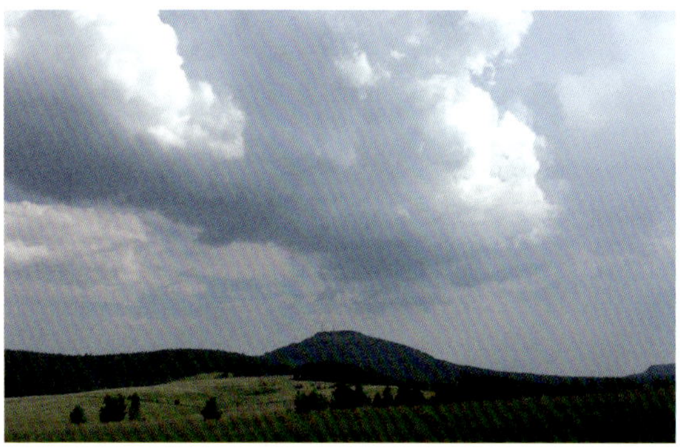

27 **Lokalisierungsvorschlag:** *der Tannenberg 774 m im Kreibitzer Gebirge bei Jiretin/Sankt Georgental*

dass der Namenszug auf der Zeichnung von fremder Hand ist. Somit sind die früheren Deutungsversuche zu revidieren.[15]

Eine Überprüfung vor Ort ergab wohl gewisse Übereinstimmungen, doch wiederum auch gravierende Unterschiede. Obwohl E. Reitharova am Ende selbst unschlüssig war und weitere Doppelberge in Betracht zog, z. B. den Hochwald und auch Hoch, bei aller grundsätzlichen Zustimmung im Konkreten aber zweifelt, würde ich doch für den Jeschken plädieren, ohne allerdings einen konkreten Standort angeben zu können, bei dem auch der Vordergrund stimmt.

Ein wichtiges Argument für den Jeschken sehe ich im großen, weithin sichtbaren Gipfelkreuz, das damals auf dem Gipfel stand und das Friedrich eindeutig in beiden Zeichnungen markiert hat. Heute irritiert die markante Spitze der futuristischen Gaststätte, die die Spitze des Berges maßlos übersteigert.

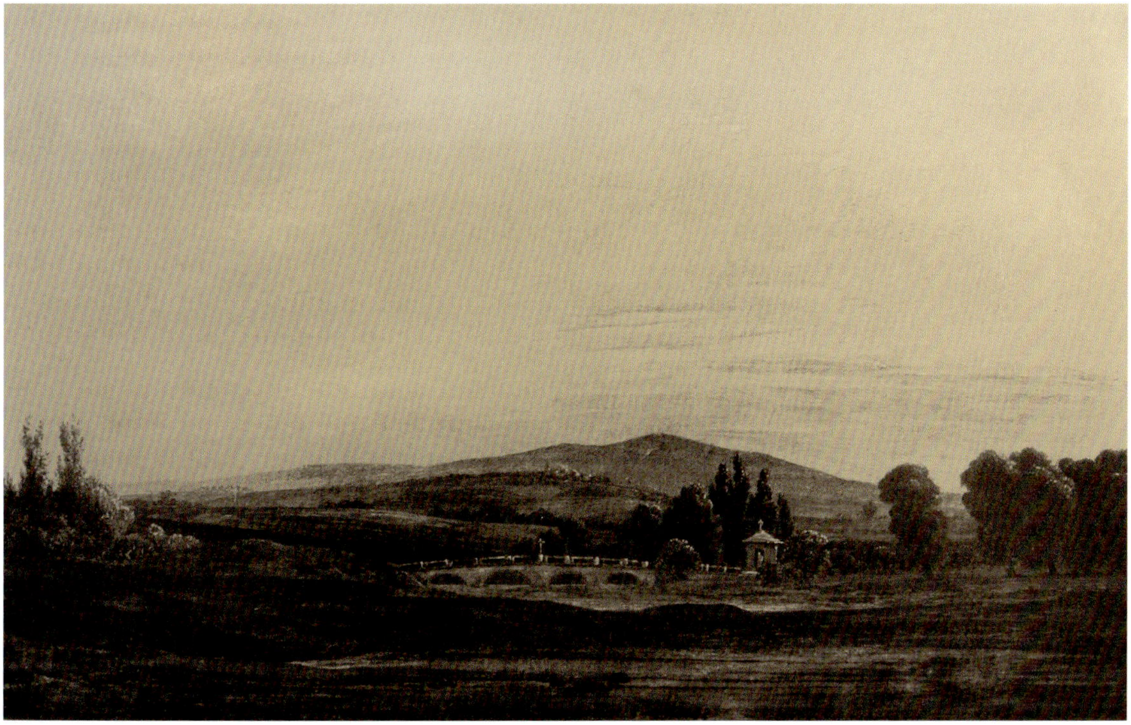

28 ***Caspar David Friedrich:*** *Landschaft mit Brücke, um 1820/25 (BS 306)*
1931 im Münchener Glaspalast verbrannt

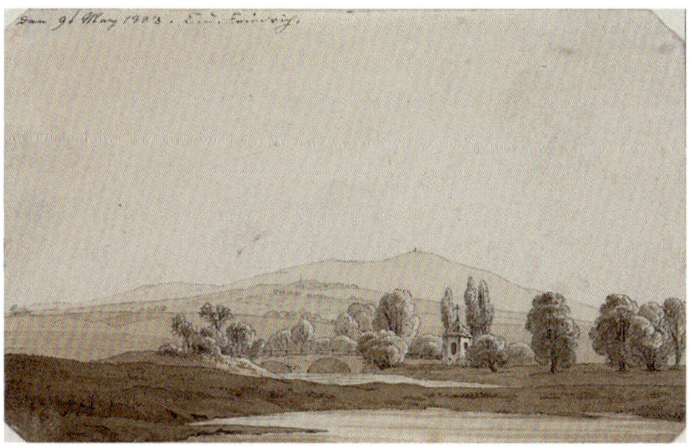

29 ***C. D. Friedrich:*** *Mittelgebirgslandschaft mit Brücke und Kapelle, 9. Mai 1803, Feder in Grau, Pinsel in Braun, laviert (Grummt 356), SKD Kupferstichkabinett*

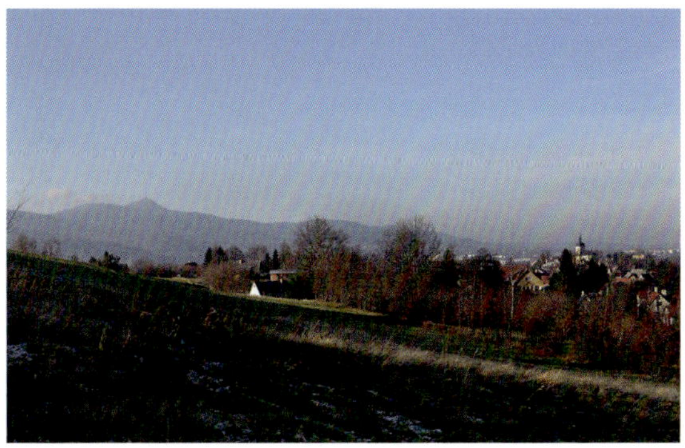

30 ***Lokalisierungsvorschlag:*** *Blick zum Jeschken, 1012 m, rechts Langenbruck/Dlouhy Most*

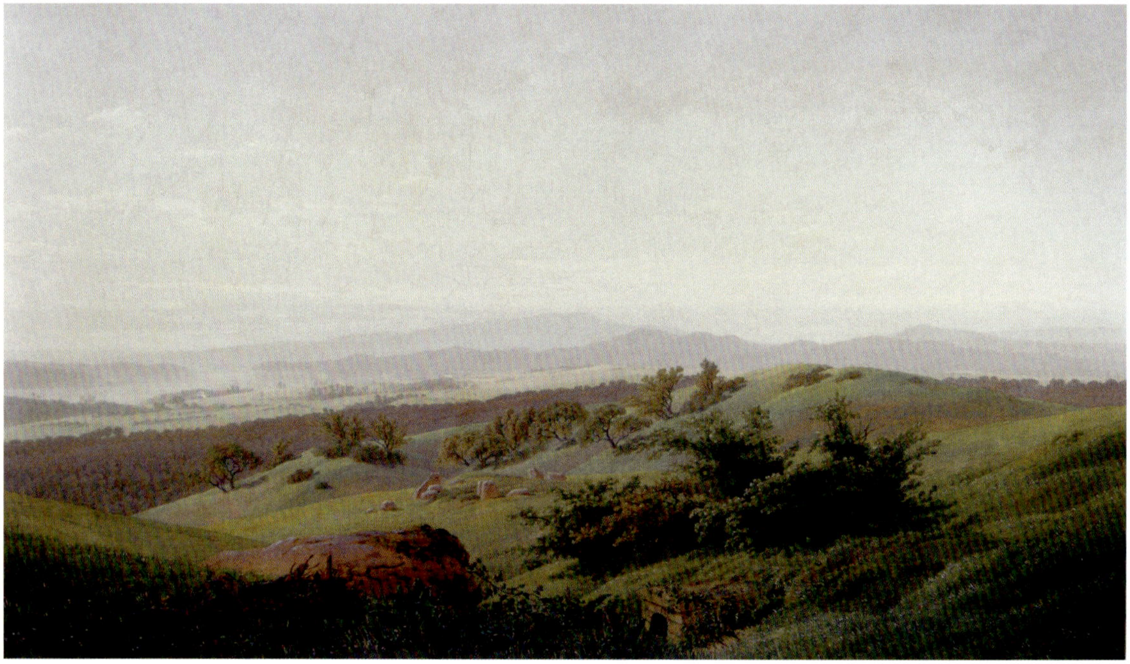

31 ***Caspar David Friedrich:*** *Böhmische Landschaft, um 1810 (BS 184)*
Klassik Stiftung Weimar

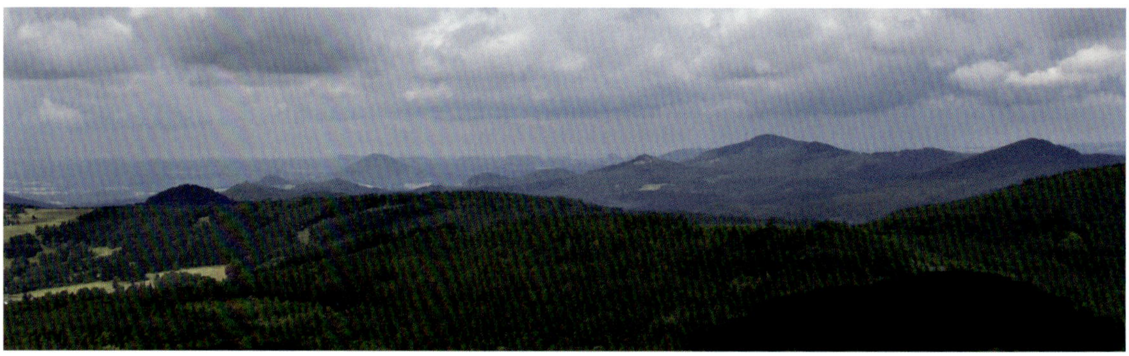

32 Blick vom Kleis nach Süden

Beide hier abgebildeten Gemälde untermauern die Wanderung Friedrichs zum Jeschkengebirge. In *Landschaft mit Brücke* wurde die Zeichnung unverändert übernommen, lediglich horizontal gestreckt. Die *Böhmische Landschaft* lässt sich wiederum nicht eindeutig zuordnen. Die entsprechenden Zeichnungen sind verschollen. Das Gemälde zeigt aber einen typischen Landschaftsausschnitt der unglaublich reich strukturierten Landschaft Nordböhmens. Der fotografierte Blick vom Kleis soll das verdeutlichen, ohne aber einen konkreten Bezug herstellen zu wollen. Friedrichs Auswahl der Motive aus diesem Überangebot an Einzelmotiven zeigt seine Souveränität im Umgang mit dem Motivmaterial.

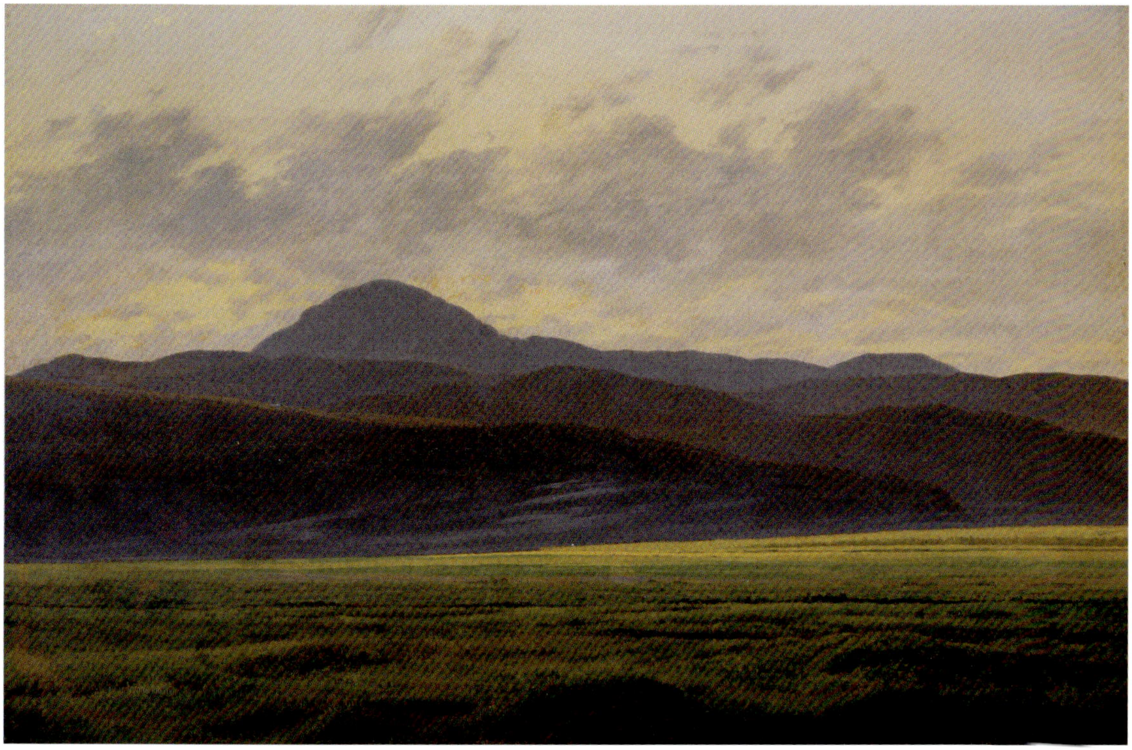

33 ***Caspar David Friedrich:*** *Berglandschaft in Böhmen, um 1830 (BS 304)*
Hamburger Kunsthalle

„Drei Farben und zwei Linien – ist das denn eine Landschaft?“,[16] so fragten sich die ersten Betrachter dieses kleinen Gemäldes. Noch weiter lässt sich kaum eine Landschaft reduzieren. Das Bild suggeriert Unendlichkeit, und zwar nach allen Seiten hin. Es ist ein spätes Bild Caspar David Friedrichs. Es hat etwas von „Überwunden haben“ in sich.

Bemerkenswert ist, wie Friedrich die beiden herausragenden Kegelberge Böhmens darstellt. Beide, sowohl den Milleschauer als auch wie hier den Kleis, nicht von ihrer überwältigenden und edlen „Schauseite“, sondern von ihrer transzendentalen Seite her.

Karl-Ludwig Hoch hat sich entschieden für die Lokalisierung des Kleis ausgesprochen, den Friedrich bei seiner Wanderung ins Jeschkengebirge 1803 so gesehen haben muss. Die entsprechende Zeichnung ist verschollen.

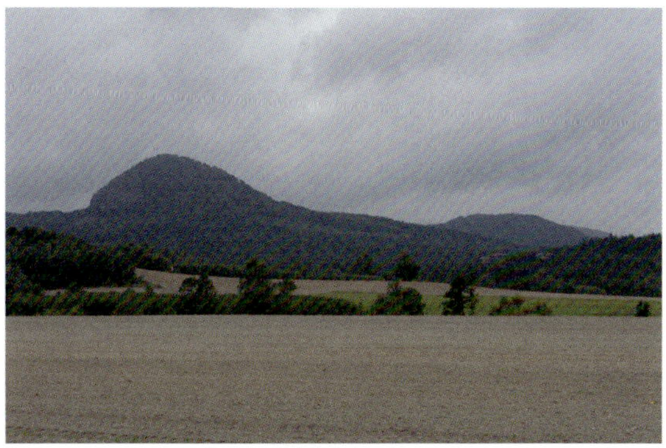

34 ***Vergleichsfoto:*** *Der Kleis bei Haida/Nový Bor am Ortseingang von Radowitz/Radvanec*

Verwirrung um den Tollenstein

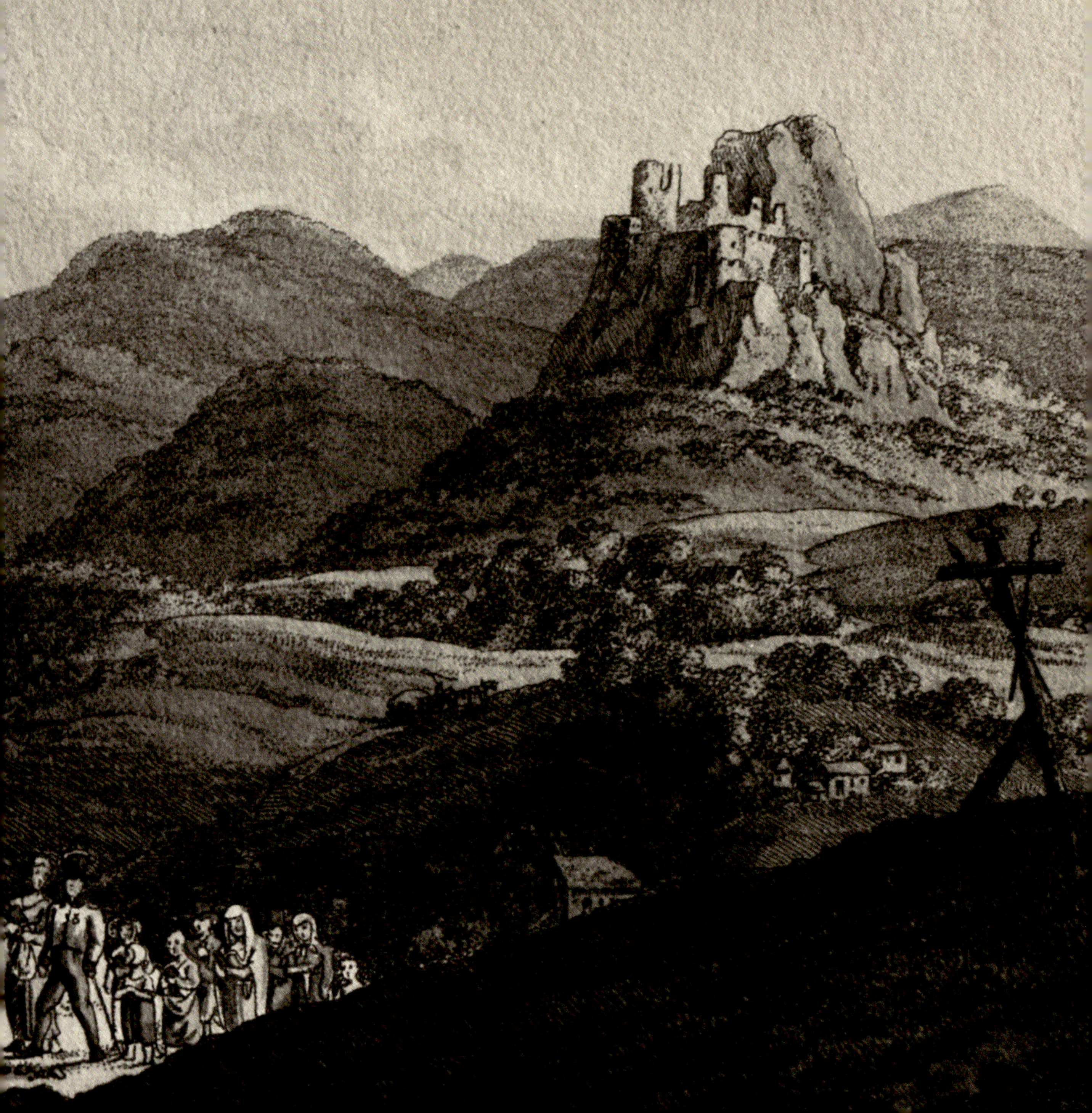

In unmittelbarer Nähe vom Tannenberg, aber auch nicht sehr weit vom Kleis, steht auf einem Bergsporn die malerische Ruine der Burg Tollenstein. Schon Carl August Richter hatte eine Ansicht vom Tollenstein auf der Dresdner Akademieausstellung von 1801 gezeigt. Von seinem Lehrer Adrian Zingg kennen wir ein prachtvolles Tollensteinblatt. Der Tollenstein war also bei den Dresdner Künstlern bekannt.

Karl-Ludwig Hoch hat im Tollenstein das Motiv von mehreren Arbeiten Friedrichs erkannt und daraus geschlossen, dass er ihn auf der Wanderung 1803 zum Jeschken besucht haben muss. Für Hoch ist der Tollenstein damit der aufragende Fels im Herbstblatt des *Zeitenzyklus* von 1803, der pyramidenförmige Berg der Sepiazeichnung *Gebirgslandschaft (mit Kreuz)* von 1805, des Gemäldes *Morgennebel im Gebirge* (1807) sowie einer Zeichnung im Dresdner Kupferstichkabinett *(Blick in eine Felsschlucht)*. Hoch entwickelte sein Thema zum „Einzelberg bei Caspar David Friedrich" am kegelförmigen Tollenstein und hob damit die Wirkung der böhmischen Berge auf Friedrich hervor.[17]

Tina Grütter griff 1986 in ihrem Buch *Melancholie und Abgrund: die Bedeutung des Gesteins bei Caspar David Friedrich* die Lokalisierung Hochs auf, offenbar ohne sie zu überprüfen, und lieferte noch Gesteinsinterpretationen nach. Indem sie den Tollenstein auch mit einem Sandsteinfelsen der Sächsischen Schweiz, den von Friedrich 1810 gezeichneten F(H)eldstein, vermischte, stiftete sie mehr Verwirrung, als Klarheit in den ohnehin schwierigen Prozess der Lokalisierung zu bringen.[18]

Eva Reitharova, als Tschechin besonders mit der böhmischen Landschaft vertraut, schloss sich in einem Artikel von 1990 vorbehaltlos Hochs Meinung an und lieferte eine Begründung für Friedrichs augenscheinliche Abstraktion seines Bildes vom Tollenstein: *„[...] drängte Caspar David Friedrich bei seiner Inspiration durch die Ruine Tollenstein alles Konkrete und Zufällige konsequent zurück. Er entfaltete das Motiv des Berges von bewunderungswürdiger Form, mit hohen steinigen Gebilden, die keine Mauern mehr sind, er schuf also einen Berg, der mit keinem bisher bekannten Motive zu identifizieren ist. Es ist kennzeichnend, daß ein glücklicher Zufall in Form einer alten Fotografie zur Erkenntnis verhalf, derzufolge der Tollenstein wirklich im Grunde der Inspiration des Künstlers jene niedrigen, in Wolken gehüllten Berggipfel des Herbstes war: die Fotografie hält einen Anblick fest, wie wir ihn heute kaum mehr erblicken [...].*

Man kann jedoch darin übereinstimmen, daß die Begegnung mit dem nordböhmischen Burgberg Tollenstein ohne Zweifel zur Entstehung der Studie geführt und Friedrich zur Anwendung des Motivs in der Sepia Herbst aus dem ersten Zyklus aus dem Jahre 1803 inspiriert hat [...]."[19]

Selbst in Wieland Schmieds Buch über Caspar David Friedrich in der Ausgabe von 2002 bei DuMont, das *„im Hinblick auf den neuesten Forschungsstand kritisch durchgesehen und in einzelnen Partien einer grundlegenden Überarbeitung unterzogen worden ist"*, wurde der Tollenstein nach Hoch und Grütter wieder beim *Morgennebel im Gebirge* benannt.[20]

Bereits 1979 hatte die Dresdner Malerin Irmgard Uhlig in einer großen Monografie[21] über das Elbsandsteingebirge den Honigstein als Bergmotiv für das Gemälde *Morgennebel im Gebirge* eindeutig lokalisiert. Karl-Ludwig Hoch bestätigte das schließlich 1996 in seinem folgenden Buch über Friedrich und korrigierte seine Meinung. Damit ist der Tollenstein aus Friedrichs Repertoire zu streichen.[22]

Wie hartnäckig sich eine solch falsche Meinung (wie beim Tollenstein) halten kann, zeigt eine jüngst erschienene Monografie über Adrian Zingg.[23]

Alle grundsätzlichen Überlegungen in der benannten Literatur, die sich mit der Abstraktion und der Idealisierung eines Berges befassen, sind deshalb nicht falsch, wenn auch ein ganz anderer konkreter Berg hinter diesen Überlegungen steht, ein Berg, zu dem man noch heute hingehen und seine Meinung überprüfen kann.

◄ *35* ***C. A. /A. L. Richter:*** *Der Tollenstein in Böhmen aus: 70 Malerische Ansichten 1820*

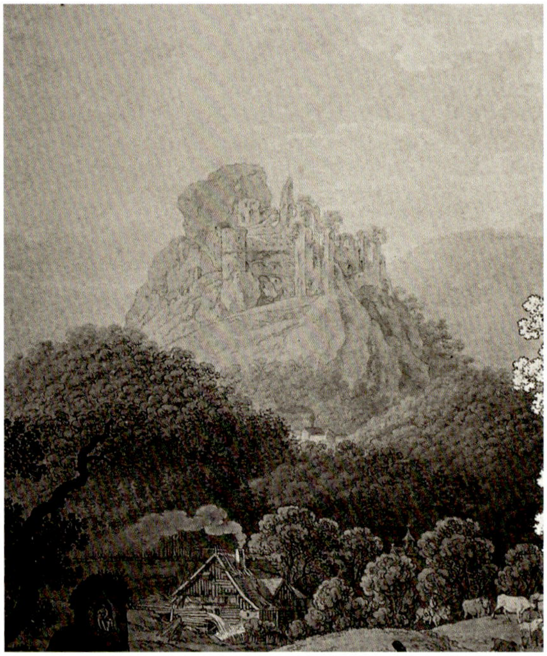

36 ***Adrian Zingg:*** *Tollenstein*

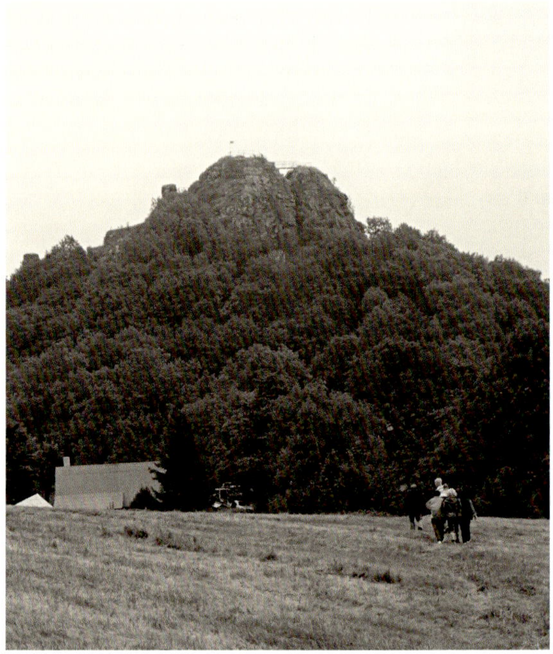

37 ***Vergleichsfoto:*** *Tollenstein*

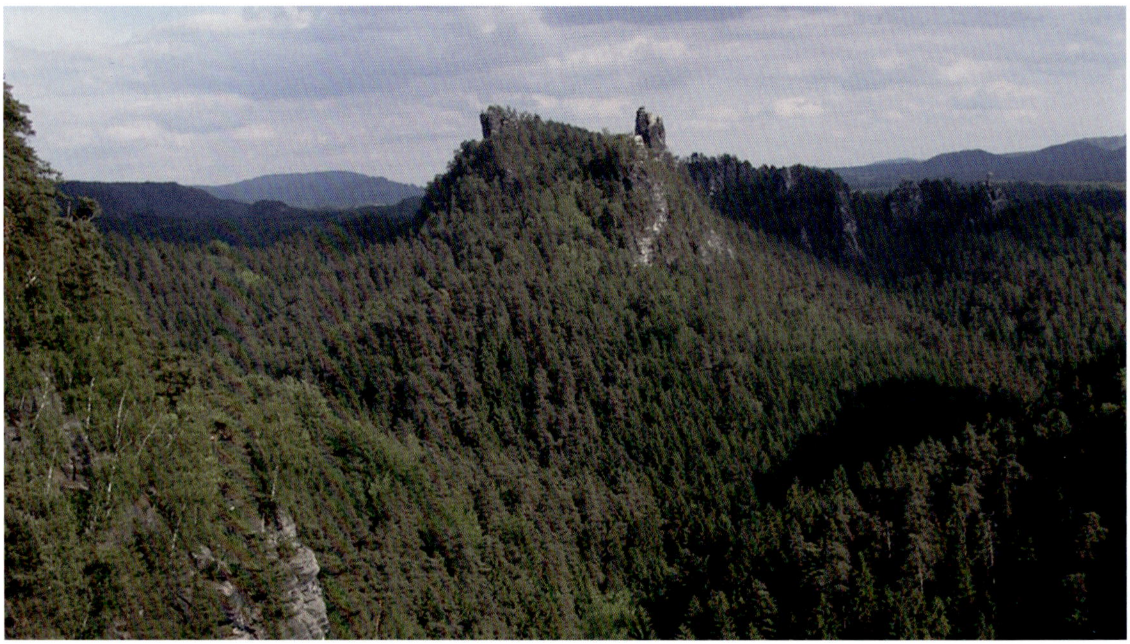

38 ***Vergleichsfoto:*** *Das Honigsteinmassiv mit Honigstein, Bienenkorb und Lokomotive über dem Amselgrund bei Rathen/Sächsische Schweiz*

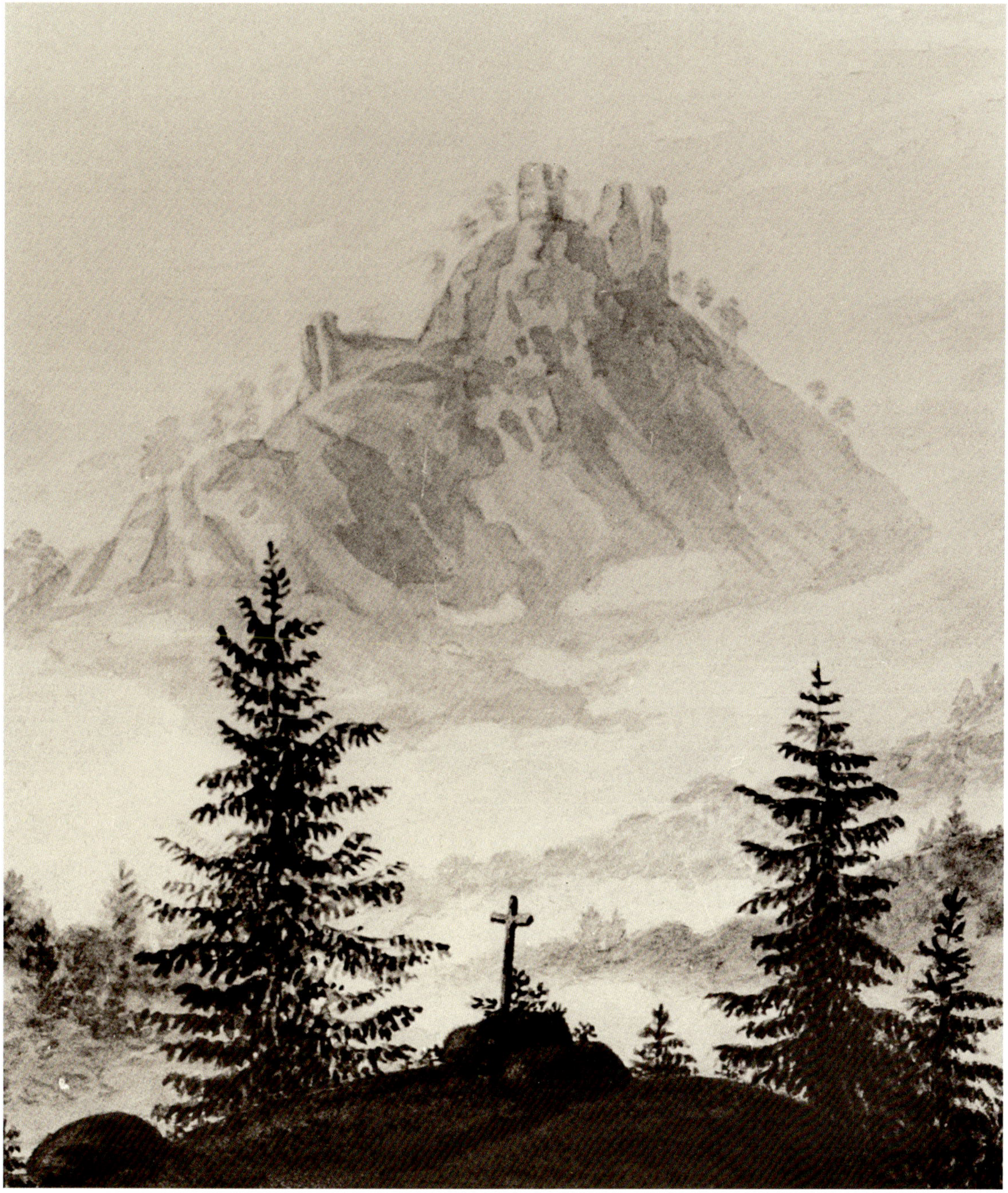

39 ***Caspar David Friedrich:*** *Berglandschaft (Ausschnitt), Pinsel in Braun, 1804/05 (Grummt 381)*
Klassik Stiftung Weimar

1807
Friedrichs Begegnung mit dem Milleschauer

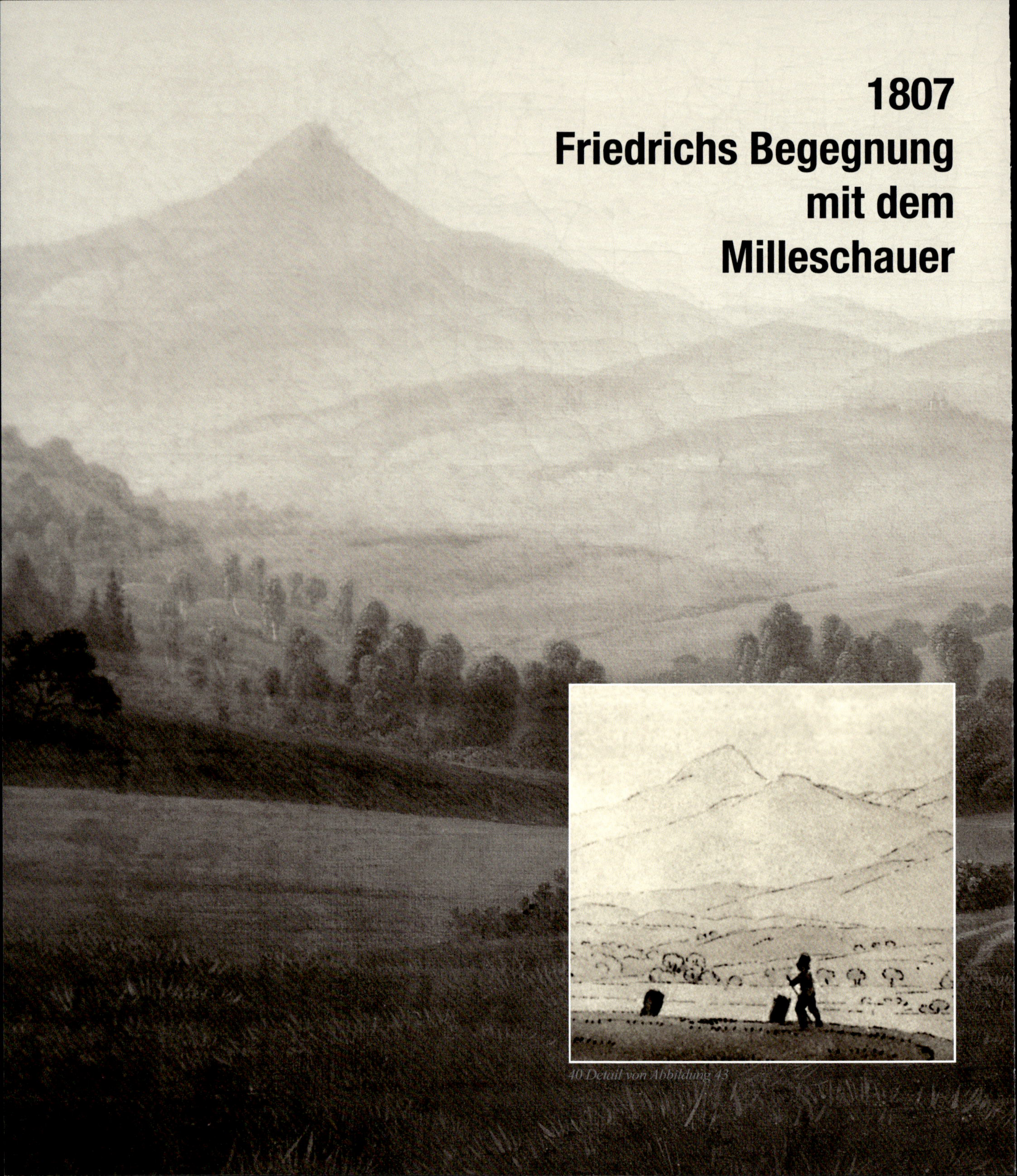

40 Detail von Abbildung 43

Am 19. Juni 1807 schrieb Caspar David Friedrich an den Weimarer Legitimationsrat Friedrich J. Bertuch, er möge ausstehendes Geld vom verstorbenen Leiter der Weimarer Zeichenschule an die Adresse seines Bruders Christian, zu erfragen *„auf der Tischler-Herberge in Wien“* [24], schicken. Er würde sich freuen, das Geld bei seiner eigenen Ankunft dort vorfinden zu können. Diesem Brief verdanken wir den Hinweis, dass Friedrich beabsichtigte, nach Wien zu reisen. Am 8. September 1807 meldete das *Morgenblatt für gebildete Stände* Friedrichs Rückkehr nach Dresden.[25] Es handelte sich offensichtlich um diese Reise. Viel später, 1818, schrieb Friedrich Schleiermacher in einem Brief, dass Friedrich erzählt habe, *„die Dresdner Gegenden seien kleinlich gegen die Prager.“* [26] Dieser Hinweis deutet darauf hin, dass Friedrich Prag kennengelernt haben könnte. Mehr wissen wir nicht von dieser Reise durch Nordböhmen über Prag nach Wien. Wären da nicht noch ein paar Bleistiftzeichnungen, auf denen manchmal 1807 steht und die sich eindeutig lokalisieren ließen, würden wir völlig im Dunkeln tappen.

Einen Zusammenhang mit Napoleon, der von Preußen kommend auf dem Weg nach Paris in Dresden Station machen wollte, und Friedrichs Reise sah Karl-Ludwig Hoch. Napoleons erster Aufenthalt vom 17.–22. Juli 1807 in Dresden war von einer Reihe großer Festlichkeiten begleitet. Die Dresdner feierten Napoleon begeistert. Er brachte Frieden, vorerst, und hatte im Dezember 1806 den sächsischen Kurfürsten zum König erhoben.

Hoch ist ein Datumsfehler unterlaufen. Er schrieb, Napoleon sei am 17. Juni nach Dresden gekommen und dass seit genau diesem Tag *„für Monate alle datierten Zeichnungen Friedrichs fehlen“*.[27] Dass für Friedrich Napoleons Anwesenheit in Dresden ein triftiger Grund für sein Weggehen gewesen sein könnte, ist gut vorstellbar. Er ließ sich nicht blenden wie sogar einige seiner Freunde. Sein Hass auf die Franzosen und den Usurpator ist bekannt und vielfach belegt.

Friedrich unterbrach wegen dieser Reise seine Arbeit an dem großen Gemälde *Das Kreuz im Gebirge, (Tetschener Altar) (BS 167)*, um dessen Gestaltung er jahrelang gerungen hatte. Gerade erst im April und Mai 1807 hatte er eine Reihe neuer Baumstudien für dieses Bild gezeichnet. Er mag vielleicht diesmal gar nicht gern von seiner Arbeit weggegangen sein. Auf jeden Fall erlebte er mit dem Böhmischen Mittelgebirge von Teplitz/Teplice aus eine für ihn völlig neue Landschaft. Selbst mit dem Lausitzer und Jeschkengebirge ist sie nicht vergleichbar.

Schon der Ausblick am Nollendorfer Pass ins Böhmische Becken ist überraschend und überwältigend zugleich. Nach dem stetig ansteigenden Weg von Pirna hinauf zum Erzgebirgskamm, der wenig Überraschendes bot, standen die Reisenden dann mit einem Mal am Steilabbruch des Erzgebirges. Über einem sich auftuenden weiten Becken erhebt sich jenseits der Senke ein Kranz von Bergen. Alles wird dominiert von den beiden Kegelbergen Milleschauer und Kletschen in der Ferne. Sie entfalten schon von hier eine magische Anziehungskraft. Rechter Hand unter dem Steilabbruch des Erzgebirges liegt der seinerzeit berühmte Badeort Teplitz/Teplice mit dem Schlossberg und links dahinter der gewaltige Felskoloss Borschen, auch unter dem Namen Biliner Löwe bekannt, sowie weitere markante Bergkuppen.

Später wird Carl Gustav Carus von dieser Aussicht begeistert sein und er richtete es bei jeder sich bietenden Gelegenheit so ein, dass er seinen Weg über den Nollendorfer Pass wählen konnte. Ludwig Richter zeichnete von dort seine erste Ansicht von der Burgruine Schreckenstein bei Aussig/Ústi. Friedrich Schinkel malte den Kletschen und den Milleschauer als Doppelberg, wie später Friedrich auch. Und lange vorher hatte Johann Alexander Thiele, der sächsische Hofmaler, nicht weit von hier diesen Blick gemalt.

Friedrich betrat also mit der Teplitzer Gegend eine ungewöhnliche und an Eindrücken überaus reiche Landschaft. Ob er damit gerechnet hat, wissen wir nicht. Immerhin hatte er ja ein eindeutiges Reiseziel. Als künstlerisches Ergebnis dieser Reise von 1807 kennen wir die beiden bekannten Milleschauergemälde in Dresden und Stuttgart und sieben Zeichnungen. Von diesen tragen nur zwei die Jahreszahl 1807. Es scheint sicher, dass einige Studienblätter verloren gegangen sind.

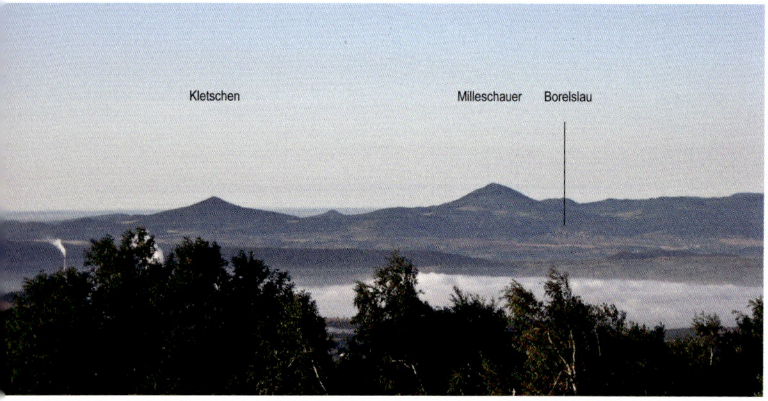

41 Blick vom Nollendorfer Pass auf Milleschauer und Kletschen

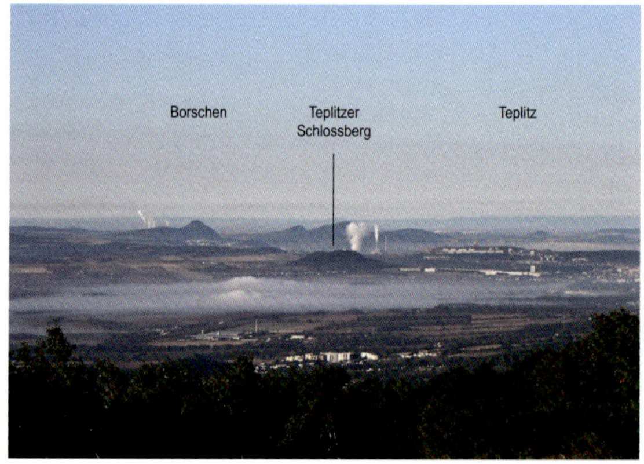

42 Blick vom Nollendorfer Pass über Teplitz/Teplice zum Borschen bei Bilin/Bilina

Zeichnungen und Studienblätter der Böhmenreise von 1807

Es wird für die folgende Betrachtung eine Reihenfolge der Zeichnungen gewählt, die vom Wegverlauf her logisch erscheint.

1 *Grummt 640*
Böhmische Landschaft und Wanderer
Aquarell nach einer möglicherweise verschollenen Zeichnung
Lokalisierung Hoch: Blick von Janneg/Jeníkov oder Osseg/Osek zum Millerschauer

2 *Grummt 528*
Blick zum Schlossberg
Lokalisierung: Blick vom Wacholderberg auf Schlossberg und Teplitz/Teplice gegen das Erzgebirge

3 *Grummt 527*
Böhmische Landschaft mit Wegekreuz und Kirche
Lokalisierung Richter: Milleschauer und Kletschen mit der Kirche von Wisterschan/Bystřany

4 *Grummt 524*
Mittelgebirgslandschaft
Detailstudie zu *Grummt 527*

5 *Grummt 523*
Gebirgslandschaft
Lokalisierung Hoch: Blick zum Kletschen von Auperschin/Úpořiny

6 *Grummt 583 verso und 585 verso*
Spitzer Berg
Lokalisierung Richter: Blick zum Milleschauer von Auperschin/Úpořiny

7 *Grummt 522*
Böhmische Landschaft
nicht lokalisiert

8 *Grummt 525*
Mittelgebirgslandschaft
Lokalisierung Hoch: Kletschen und Milleschauerspitze

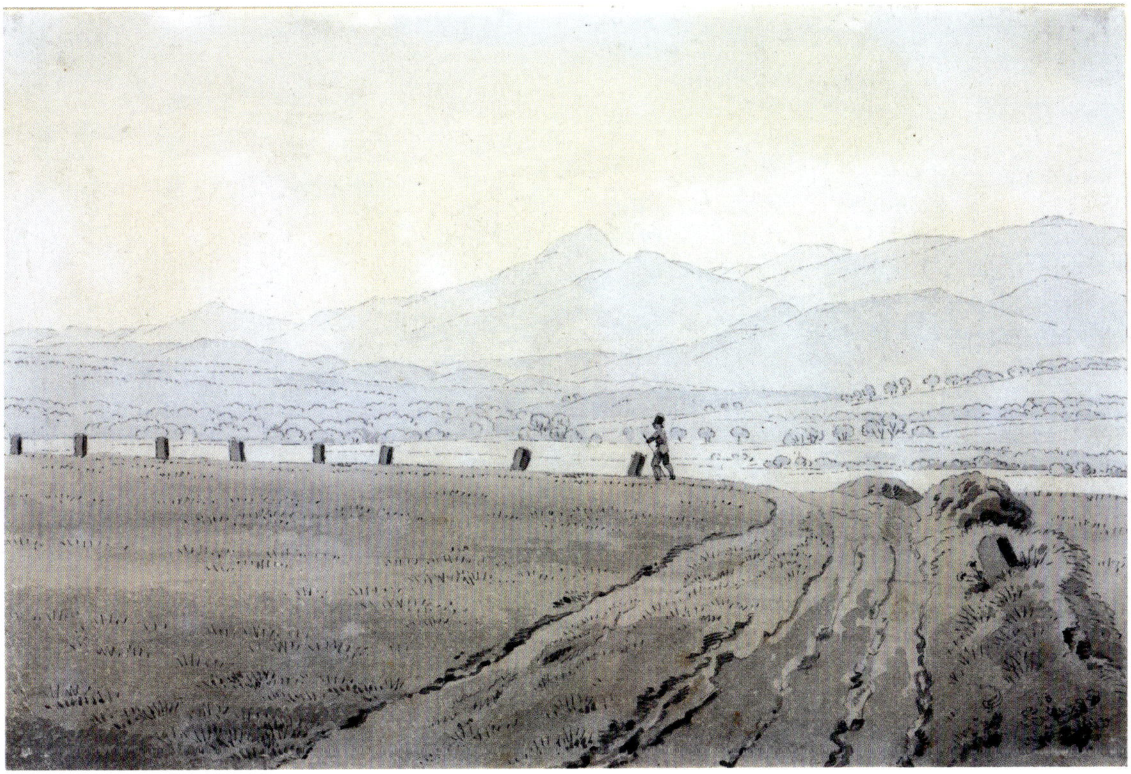

43 **Caspar David Friedrich: (1)** *Böhmische Landschaft und Wanderer, Aquarell, Bleistift, um 1810 (Grummt 640)*
Staatliche Kunstsammlungen Dresden, Kupferstichkabinett

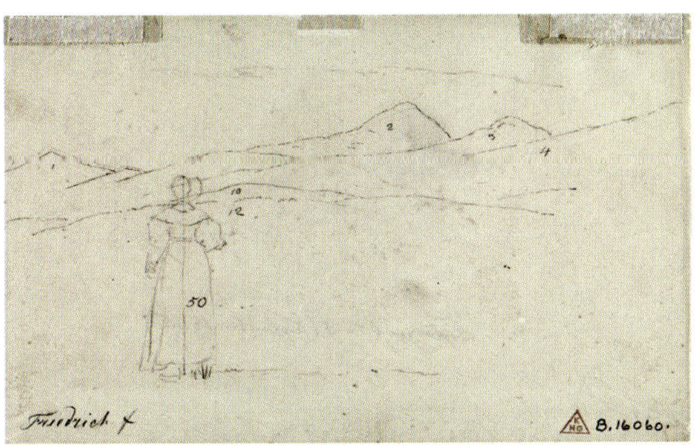

44 ***C. D. Friedrich:*** *Höhenzüge bei Klostergrab, 5. September 1835 (Grummt 962 verso), Oslo, Nationalgalerie*

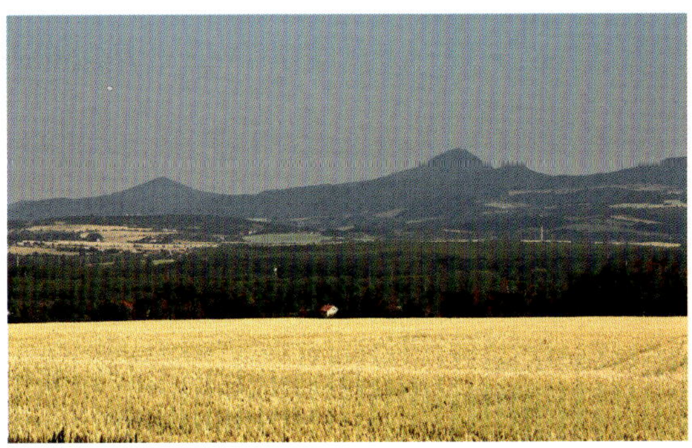

45 ***Vergleichsbild:*** *Blick von Klostergrab/Hrob zu Milleschauer und Kletschen*

Böhmische Landschaft und Wanderer:
Vermutlich lag der aquarellierten Zeichnung mit dem Wanderer vor dem Milleschauer eine verschollene Skizze von Friedrichs Wanderung des Jahres 1807 in dieses Gebiet zu Grunde. Viel später, 1835, bei seinem ersten Kuraufenthalt in Teplitz zeichnete Friedrich auf dem Blatt *Grummt 962 verso* diesen Blick noch einmal.

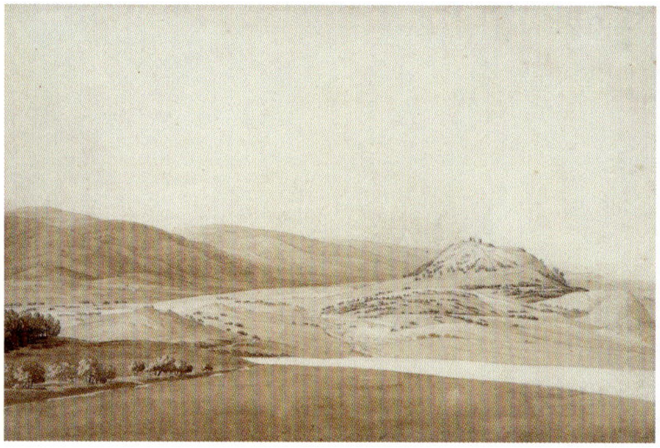

46 ***C. D. Friedrich: (2)*** *Der Schlossberg bei Teplitz, Pinsel in Braun, Bleistift, um 1807 (Grummt 528), Staatliche Museen zu Berlin, Kupferstichkabinett*

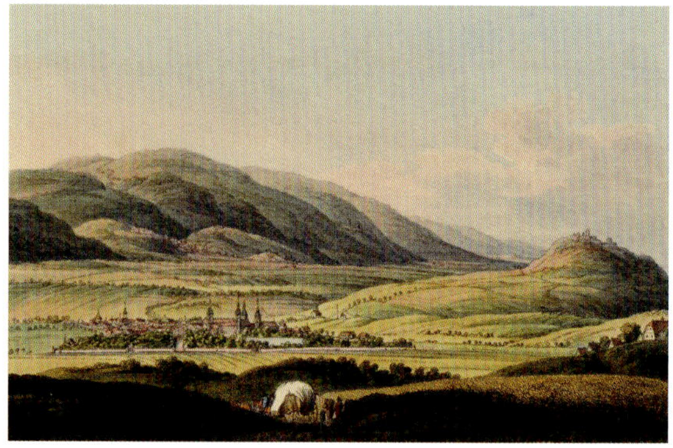

47 ***C. A. /A. L. Richter:*** *Blick auf Teplitz, Radierung, 1820, privat*

Der Schlossberg bei Teplitz:
Diese Studie bewegt sich in der Tradition der Veduten. Deshalb wurde lange Zeit Friedrichs Autorschaft angezweifelt. Der Zeichenstandort war der Wacholderberg bei Teplitz/Teplice. Bereits um 1739 malte Johann Alexander Thiele dieses Motiv. Auch in den 70 Malerischen Ansichten von C. A. /A. L. Richter von 1820 fand der Blick auf Teplitz/Teplice seinen Platz. Bei Friedrich ist die Stadt durch die Königshöhe verdeckt. Am Hügel rechts unterhalb vom Schlossberg entstand der Fernblick zu Milleschauer und Kletschen (Abb. 49).

48 ***Karte 2:*** *Darstellung von Friedrichs Zeichenstandorten und Motiven bei der Kunstreise von 1807 (Nummerierung nach der Übersicht auf Seite 30)*

(1) → Milleschauer
(2) → Schlossberg und Erzgebirge
(3) → Milleschauer und Kletschen
(4) → ein Bergriegel
(5) → Kletschen
(6) → Milleschauer
(7) nicht lokalisiert
(8) → Kletschen

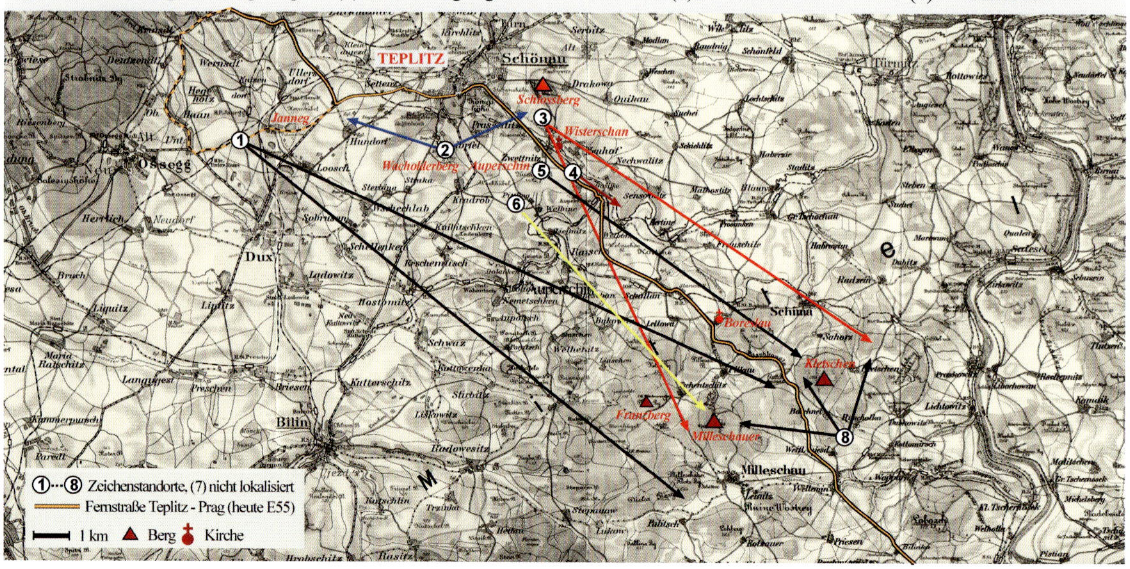

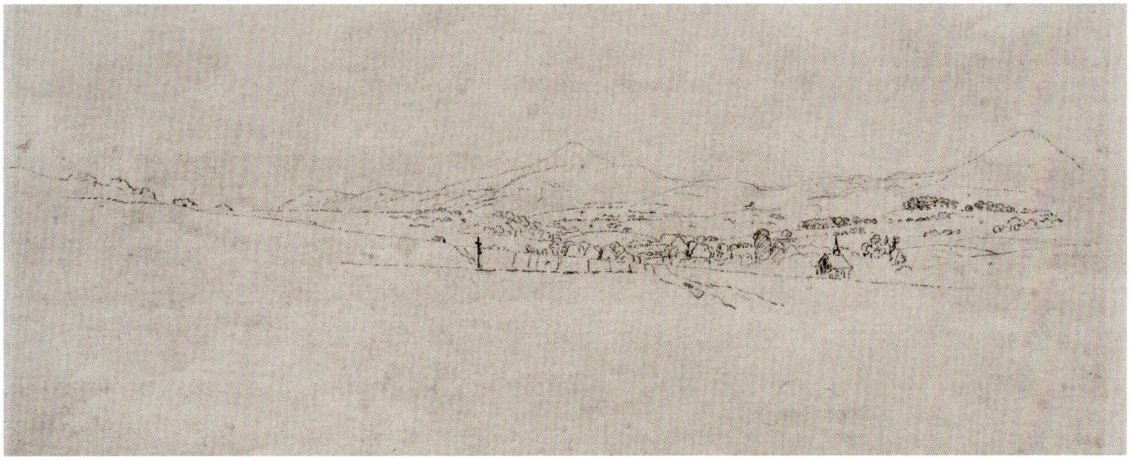

49 ***Caspar David Friedrich:* (3)** *Böhmische Landschaft mit Wegekreuz und Kirche, um 1807, Bleistift (Grummt 527), Standort unbekannt*

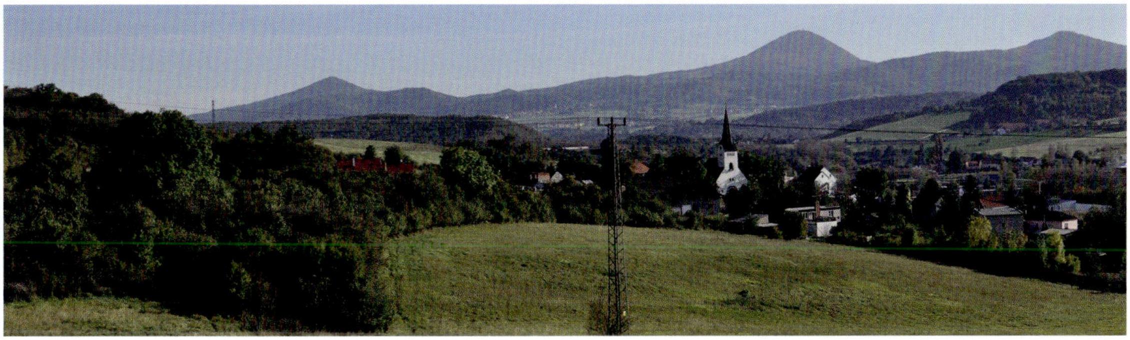

50 ***Lokalisierungsfoto*** *zu Grummt 527, Blick über Wisterschan/Bystřany zu Milleschauer und Kletschen*

Böhmische Landschaft mit Wegekreuz und Kirche: Diese Zeichnung hat die Forschung sehr beschäftigt. Eva Reitharova und Karl-Ludwig Hoch als Spezialisten für Böhmen sind sich nicht einig geworden und schlugen unterschiedliche Standorte vor. Dabei kommt Hoch mit der Stephanshöhe am Rande von Teplitz/Teplice Friedrichs Zeichenort ziemlich nahe. Dass die Kapelle und das Kruzifix nicht zu finden sind, bewerteten beide als kompositorische Zutat. Das allerdings wäre für Friedrichs Naturstudien äußerst ungewöhnlich. Hoch versuchte eine vorsichtige Deutung im Hinblick auf das Gemälde *Böhmische Landschaft mit dem Milleschauer (BS 188)*. Ich schlage eine geringfügig abweichende Stelle gegenüber Hoch für Friedrichs Zeichenstandort vor. Südlich unter dem Teplitzer Schlossberg befindet sich eine markante Kuppe. Ein Weg führt vom Schlossberg über sie hinweg und weiter hinab zum Dorf Wisterschan/Bystřany. Friedrich fand kurz unterhalb dieser Kuppe seinen Milleschauerblick. Die Kapelle ist die Kirche des nahen Dorfes. Allerdings muss sie später verändert worden sein. Auf Hochs Vergleichsfoto verdeckt die beschriebene Kuppe den Vordergrund und das Dorf. Der markante Bergrücken, der sich auf Friedrichs Zeichnung von links geradlinig ins Bild schiebt und dann steil abbricht, ist von meinem Standort deutlich auszumachen. Die weit entfernte Kirche von Borislau/Bořislav befindet sich in der Mitte zwischen den beiden Kegelbergen Milleschauer und Kletschen.

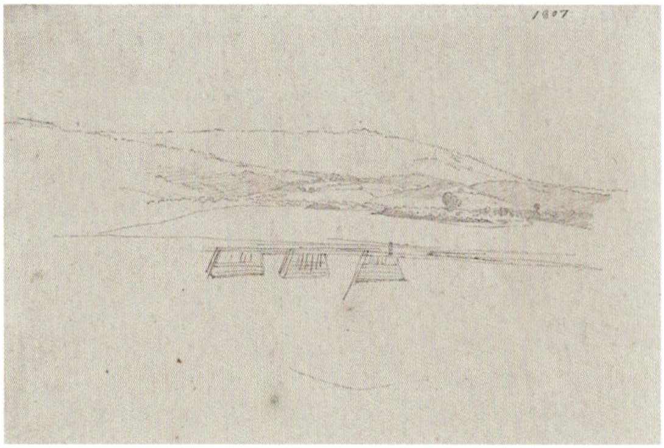

51 ***C. D. Friedrich: (4)*** *Mittelgebirgslandschaft, Bleistift, 1807 (Grummt 524), Staatsgalerie Stuttgart, Graphische Sammlung*

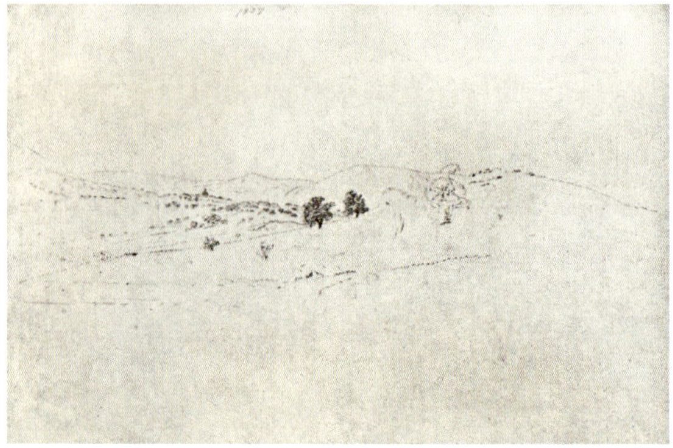

52 ***C. D. Friedrich: (7)*** *Böhmische Landschaft, Bleistift*, 1807 *(Grummt 522), Privatbesitz*

Mittelgebirgslandschaft (Grummt 524):
Die Zeichnung zeigt einen Landschaftsausschnitt von *Böhmische Landschaft mit Wegekreuz und Kirche (Grummt 527),* und zwar den markanten Bergrücken, der sich von links ins Bild schiebt, aus Nahsicht.

Böhmische Landschaft (Grummt 522):
Die Studie konnte bisher noch nicht lokalisiert werden. Sie wird aber im Umfeld der beiden vorher besprochenen Studien entstanden sein. K.-L. Hoch sieht sie im Vordergrund des Dresdner Millerschauergemäldes verwendet.

Gebirgslandschaft (Grummt 523):
Der Hauptweg von Teplitz/Teplice in Richtung Prag, die heutige Europastraße E 55, führt nah am Dorf Auperschin/Úpořiny vorbei. Dort, man muss nur ein wenig auf die Höhe steigen, bietet sich ein interessanter Blick zum Kletschen, den Friedrich zeichnete.

Spitzer Berg (Grummt 583 verso und 585 verso):
Ein offenbar von Friedrich selbst verworfener Blick zum Milleschauer, den schon Hoch erkannt hatte, befindet sich, kaum lesbar, auf der Rückseite zweier auseinandergeschnittener Blätter, die Friedrich 1809 für Neubrandenburger Eichenstudien verwendet hat. Eine vorsichtige Nachzeichnung und Zusammenfügung beider Hälften zeigt den etwas überhöhten Berg von einem Berghang südwestlich von Auperschin/Úpořiny. Es irritiert jedoch die nach links sanft abfallende Linie hinter dem Milleschauer, die in der Natur nicht erkennbar ist.

Mittelgebirgslandschaft (Grummt 525):
Auf dem Blatt (S. 36) ist noch einmal der Kletschen mit einer Häusergruppe des Dorfes Boschnei/Zbožná von einer Anhöhe in der Nähe von Welemin/Velemín in Nahsicht dargestellt. Darunter ist die Gipfelspitze des Milleschauers skizziert.
Auch Welemin/Velemín liegt direkt an der E 55. Sollten dies alle Zeichnungen sein, die Friedrich 1807 auf dem Weg nach Prag anfertigte, dann bedeutet das, dass er kaum vom Hauptweg abgewichen ist und direkt sein (Zwischen-)Ziel Prag ansteuerte.

Ein verschollenes Blatt:
Allerding muss mindestens eine Studie fehlen und zwar die, die als Grundlage für Friedrichs zweites Milleschauergemälde *(Böhmische Landschaft, BS 189)* diente. Das ist ein Blick zum Milleschauer, wobei der Vorberg (Franzberg) dicht am Hauptberg steht. Vom Wacholderberg aus erscheint dieser zu weit weggerückt. Infrage kommen Standorte bei Ossek/Osek oder Klostergrab/Hrob und etwas näher gerückt bei Janneg/Jeníkov. Es wird nicht falsch sein, wenn wir das Aquarell *Böhmische Landschaft mit Wanderer (Grummt 640)*, zu dem es sicher eine Landschaftsskizze gegeben hat, zum Vergleich heranziehen. Es zeigt genau den Blick des Gemäldes (Abbildung auf Seite 31). Auch eine 1835 entstandene Skizze zeigt diesen Blick aus derselben Richtung zum Milleschauer.

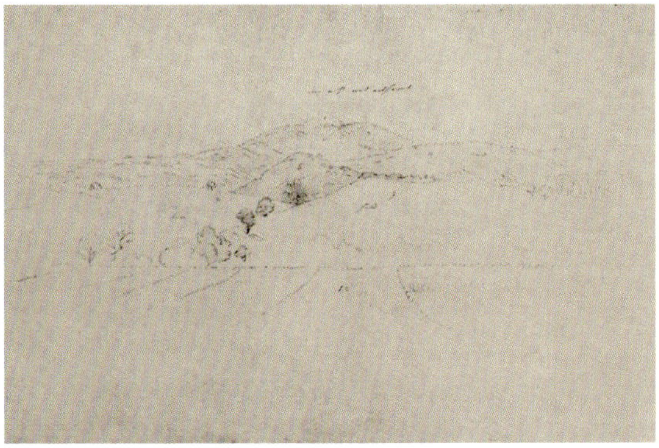

53 ***C. D. Friedrich: (5)*** *Gebirgslandschaft, Bleistift, um 1807 (Grummt 523), Standort unbekannt*

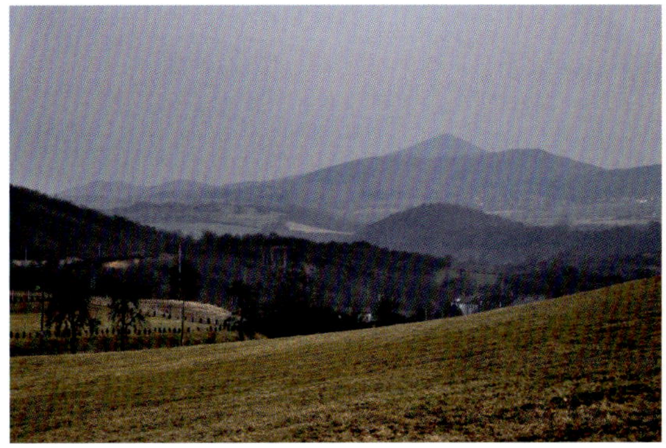

54 ***Lokalisierungsfoto*** *zu Grummt 523 und 583/585; Blick von Auperschin/Úpořiny zum Kletschen*

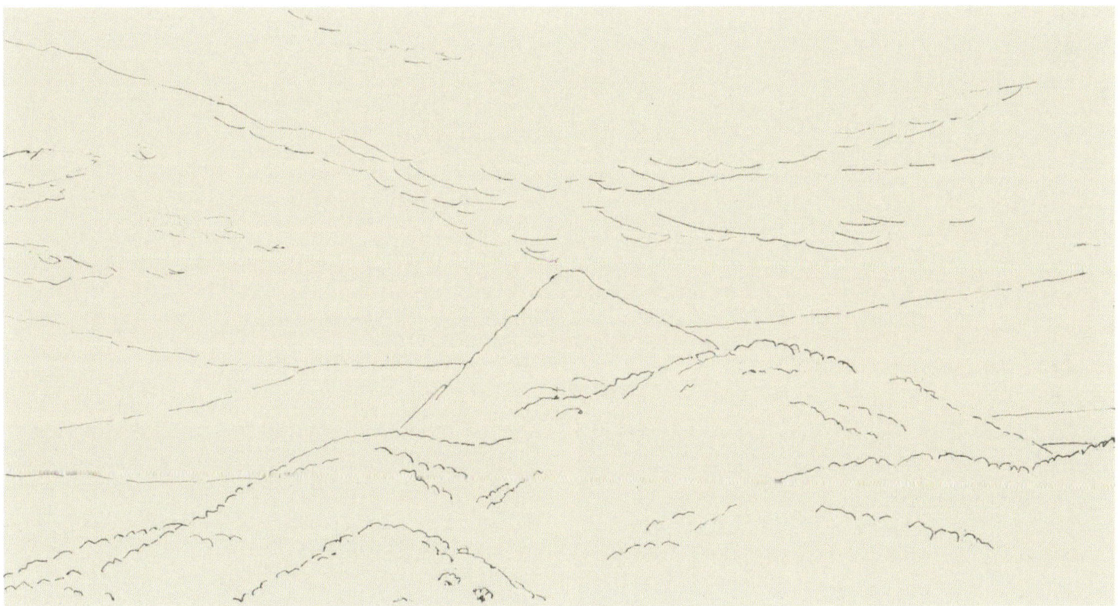

55 ***Caspar David Friedrich: (6)*** *Spitzer Berg, Bleistift, (Grummt 583 verso und 585 verso) Nachzeichnung*

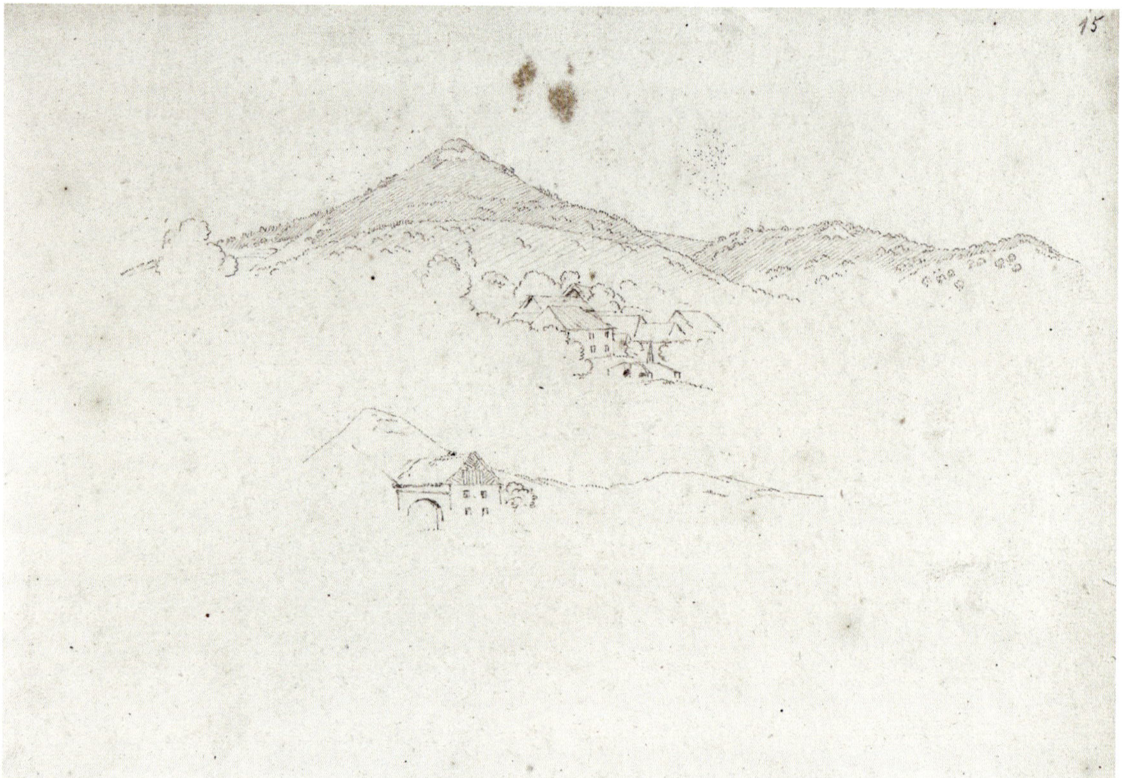

56 **Caspar David Friedrich: (8)** *Mittelgebirgslandschaft, um 1807 Bleistift (Grummt 525)*
Staatsgalerie Stuttgart, Graphische Sammlung

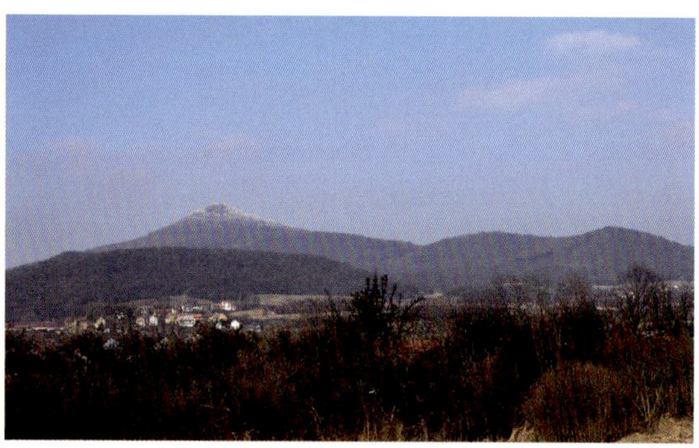

57 **Lokalisierungsfoto** *zu Grummt 525: Blick zum Kletschen mit dem Dorf Boschnei/Zbožná*

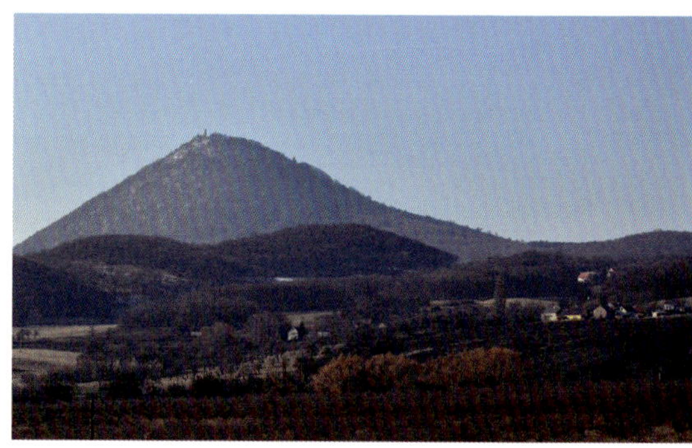

58 **Lokalisierungsfoto** *zu Grummt 525: der Milleschauer aus der Nähe von Wellemin/Velemín*

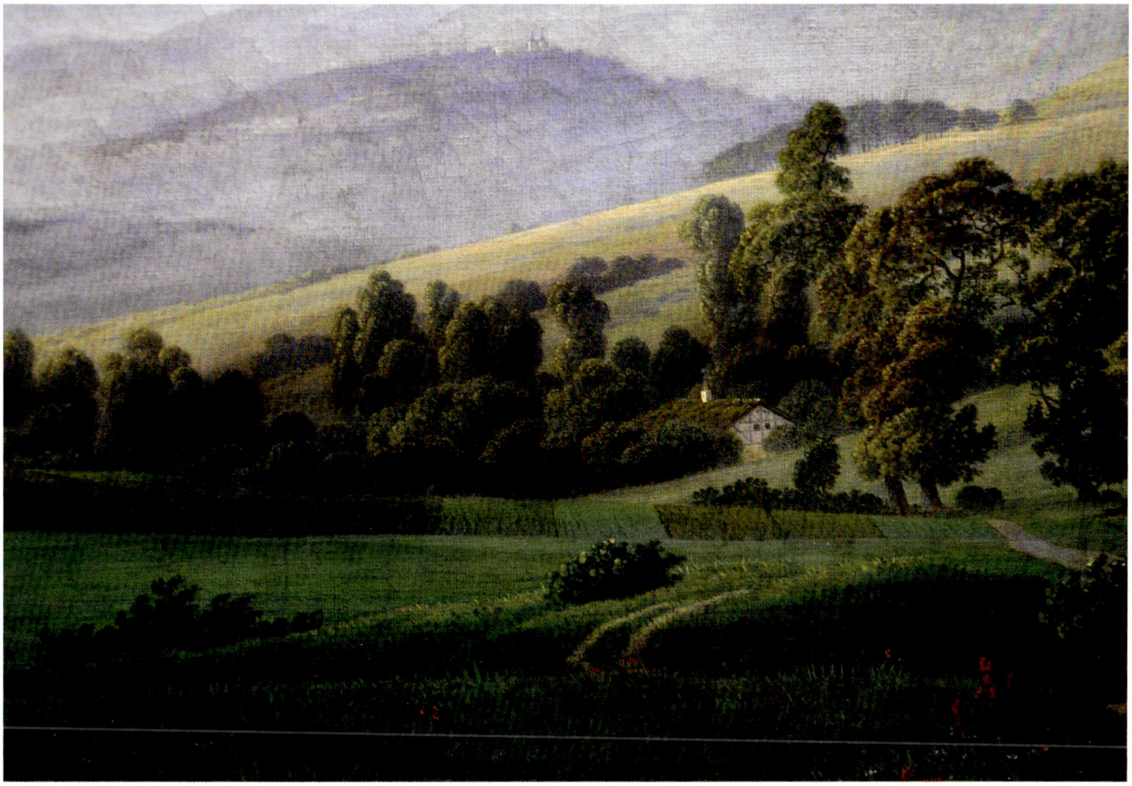

59 ***Caspar David Friedrich:*** *Böhmische Landschaft mit Milleschauer, 1808 (BS 188), Ausschnitt*
Besonderes Augenmerk soll hier auf dem Haus und den Feldern liegen.

Böhmische Landschaft mit Milleschauer: Kein anderes Bild Friedrichs strahlt solch sommerliche Heiterkeit aus wie das Dresdner Milleschauergemälde. Und doch hat auch hier Friedrich nicht auf besondere Zeichen verzichtet. Ein Weg führt ins Bild hinein und zielt auf ein Haus, dessen Schornstein raucht. Das Wegmotiv hat immer eine besondere Bedeutung bei Friedrich. Wir sehen Felder, die schon auf der Studie *Grummt 524* festgehalten sind. Auf das Kruzifix und die Kirche von der Landschaftsstudie *Grummt 527* hat Friedrich zugunsten eines anderen Vordergrundes verzichtet, den er in der Studie *Grummt 522* gezeichnet hat. Am rätselhaftesten aber ist eine winzige Kirche auf einem Vorberg in Bildmitte. Karl-Ludwig Hoch ist überzeugt, dass es sich um die Barock-Kirche von Boreslau handelt, die Friedrich hier mit zwei Türmen versehen hat.[28] Sie ist schon auf der Landschaftsstudie *Grummt 527* notiert, allerdings kaum wahrnehmbar. Andere Forscher halten das winzige Gebäude für ein Schloss.[29] Selbst eine Diskussion vor dem Dresdner Gemälde bringt keine eindeutige Klarheit. Übrigens befindet sich diese Kirche auch auf dem Stuttgarter Bild, auf demselben Hügel, hier allerdings noch weniger wahrnehmbar.

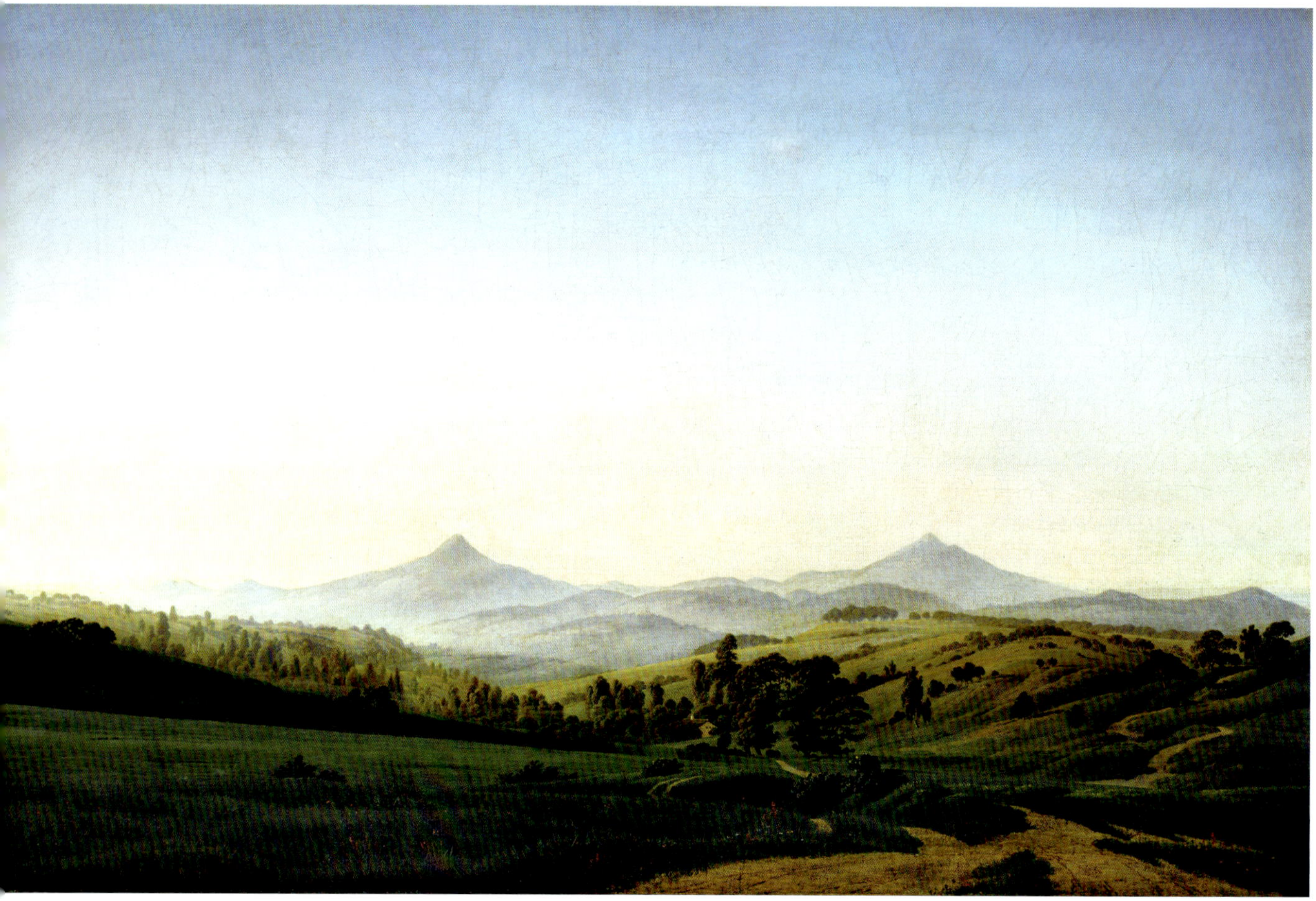

60 ***Caspar David Friedrich:*** *Böhmische Landschaft mit Milleschauer, 1808 (BS 188)*
Staatliche Kunstsammlungen Dresden, Galerie Neue Meister

Das Besondere der Kegelberge Milleschauer und Kletschen ist, dass sie, jeweils aufeinander bezogen, als Doppelberg ihre Wirkung entfalten. Sie dominieren weithin die gesamte Landschaft bei Teplitz/Teplice. Gleich, ob man sie vom Erzgebirgshang bei Graupen/Krupka, von Osseg/Osek oder wie hier vom Wacholderberg aus betrachtet. Caspar David Friedrich hat die Höhe des Kletschen der des Milleschauer angeglichen. In ihrer Symmetrie wirken sie überirdisch.

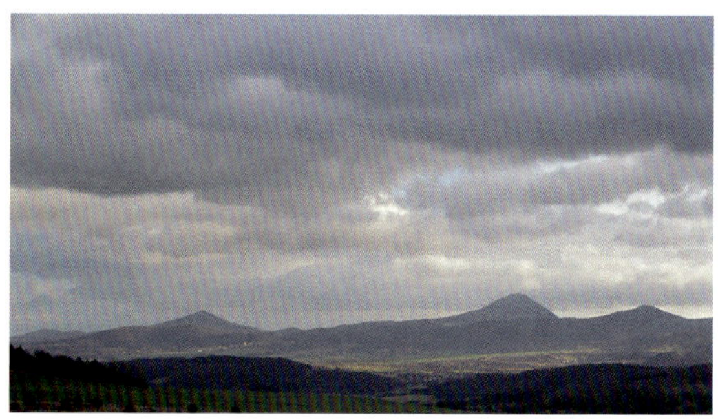

61 ***Vergleichsfoto:*** *Blick vom Wacholderberg bei Teplitz/Teplice zum Kletschen (links) und Milleschauer (rechts)*

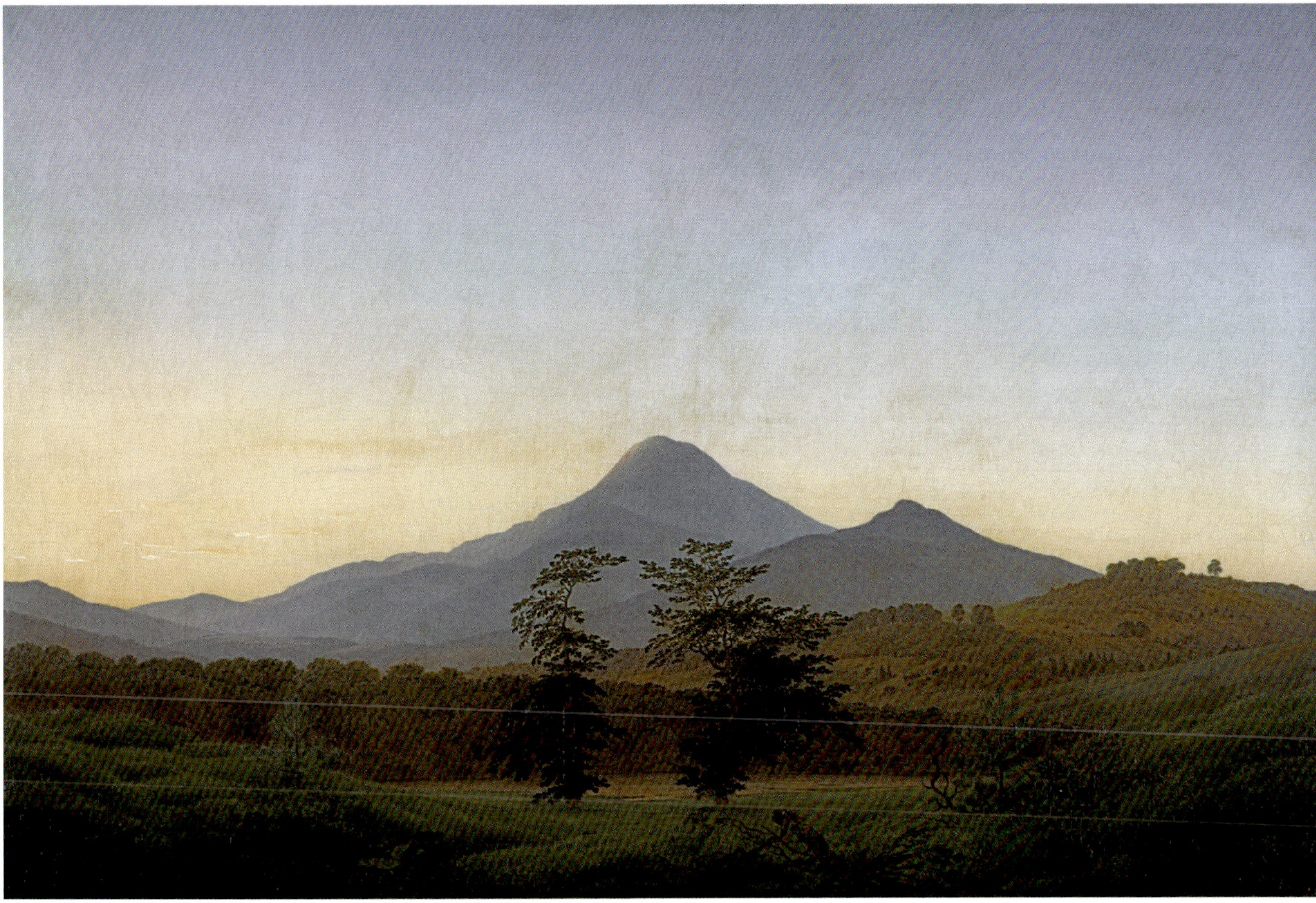

62 **Caspar David Friedrich:** *Böhmische Landschaft, 1808 (BS 189)*
Staatsgalerie Stuttgart

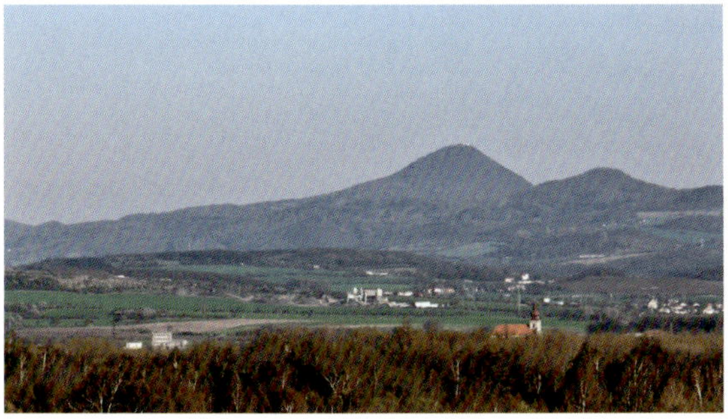

63 **Vergleichsfoto:** *Blick über die Kirche von Janneg/Jeníkov von der Straße nach Osseg/Osek zum Milleschauer mit dem Franzberg*

Umkreist man den Milleschauer in einiger Entfernung, so verschiebt sich, je weiter man sich südlich orientiert, die Perspektive zum Franzberg so, dass er schließlich wie ein Vorberg des Milleschauers erscheint. Friedrich hat die Wirkung des Kegelberges im Zusammenspiel mit den ihn umgebenden Bergen genau beobachtet. Beide Bilder in ihrer jeweils eigenen Stimmung erzeugen einen in Friedrichs Werk einmaligen Zusammenklang.

Karl-Ludwig Hoch:
Friedrichs Milleschauergemälde

(Aus Karl-Ludwig Hoch: Caspar David Friedrich und die böhmischen Berge, 1987, leicht gekürzt)

Karl-Ludwig Hoch untersuchte in seinem 1987 erschienenen Buch über Caspar David Friedrich umfassend als Erster die Beziehungen des Malers zu den böhmischen Bergen. Er leitet von Friedrichs Erlebnis der *„auffälligen vulkanischen Kegelberge eine eigenständige Bildaussage des Künstlers ab"* (Klappentext). Hoch las Friedrichs Bergsymbolik religionsgeschichtlich und eröffnete damit dem Leser einen tiefen Einblick in die Gedankenwelt Friedrichs. Um seine Betrachtungen zu den beiden Milleschauergemälden im Gedächtnis zu erhalten, sollen sie in diesem aktuellen Buch ihren Platz finden. Es sei Karl-Ludwig Hoch ausdrücklich für die Zustimmung zu diesem Abdruck gedankt.

Böhmische Landschaft mit Milleschauer, 1808 (BS 188)

„[...] Das Tetschener Grafenpaar hat sicher in den beiden Böhmischen Landschaften eine Verherrlichung der nordböhmischen Heimat erblickt. Der Erwerb der Bilder geschah kurz vor der Hochzeit, die am 5. September 1808 stattfand. Von der Wallfahrtskirche Mariaschein, in der die Trauung vollzogen wurde, sieht man das Panorama des Mittelgebirges zwar aus größerer Entfernung, aber aus der gleichen Himmelsrichtung, wie auf Friedrichs *Böhmischer Landschaft mit dem Milleschauer.*

Der Chor der Begeisterung über dieses Gemälde Friedrichs setzte im 20. Jahrhundert neu ein: *‚Ein wahrhaft beglückendes Bild mit köstlich durchlichtetem Blau [...] Erst vor solcher Landschaft wird das Vermögen dieser Kunst seinem ganzen Reichtum nach offenbar'* (Willi Wolfradt)[268] *‚Melodie, Duft und Schmelz sind unnachahmlich in dieses Bild eingefangen'* (Lilian Schacherl)[269] *‚Die kostbare Apotheose eines Sonnentages'* (Günther Grundmann)[270] *‚Auf der böhmischen Landschaft mit dem Milleschauer scheint der Abglanz der paradiesischen Schönheit und Seligkeit zu ruhen [...] Ein traumhaftes Bild eines seligen Lebensweges'* (Eva Reitharova)[271]

Beim Betrachten dieses Bildes ist Irma Emmrich die Bedeutung der Landschaft Böhmens für Friedrich aufgegangen: *‚[...] hier ist im authentischen Landschaftsbild das romantische Weltverhältnis Friedrichs integriert.'* [272]

Eine der wenigen Landschaftsbeschreibungen aus dem literarischen Nachlaß Caspar David Friedrichs schildert eine diesem Bild sehr ähnliche Naturstimmung: *‚Kein Stein ist hier zu sehen, kein dürrer Zweig, kein abgefallenes Laub, Friede, Freude und Unschuld und Leben atmet die ganze Natur.'* [273] Auch einer der kaum bekannten Gedichtverse Caspar David Friedrichs könnte unter dem Milleschauergemälde stehen:

Erwacht aus tiefem Schlummer
Die Luft erhellet sich
Der Morgenröte Schimmer
Verkündet das Tageslicht.[274]

Das Wohlgefühl der Romantiker in solcher Morgenlandschaft hat zuerst Ludwig Tieck in seinem ‚Sternbald' beschrieben: *‚Franz sang ein Morgenlied [...] Das betaute Gras duftete und alle Blätter funkelten wie Kristalle. Er ging mit schnellen Schritten über eine schöne Wiese und das Geschmetter der Lerchen zog über ihn hinweg, ihm war fast noch nie so wohl gewesen.'* [275] Philipp Otto Runge erweitert die Gedanken Tiecks zu einer Apotheose: *‚[...] Die Sonne erleuchtet die Welt; das Tal dampft und ich werfe mich im Grase unter funkelnden Tautropfen hin, jedes Blatt und jeder Grashalm wimmelt von Leben, die Erde lebt und regt sich unter mir, alles tönet in einem Akkord zusammen, da jauchzet die Seele laut auf und fliegt umher in den unermeßlichen Raum um* *mich, es ist kein Unten und kein Oben mehr, keine Zeit, kein Anfang und kein Ende, ich höre und fühle den lebendigen Odem Gottes, der die Welt hält und trägt, in dem alles lebt und wirkt, hier ist das Höchste, was wir ahnen – Gott.* ‘ [276]

Das Dresdner Milleschauergemälde gehört zu den ganz wenigen Bildern des Meisters, auf denen kein Vergänglichkeits- oder Todessymbol zu entdecken ist. Auch dadurch bestätigt sich, daß es das böhmische Landschaftserleben war, welches die heitere Seite seines Wesens in unvergleichlicher Weise zum Klingen gebracht hat. Oft ist diese Seite seines Naturells übersehen worden. Aber sein Freund Gotthilf Heinrich von Schubert, der ihm in der Entstehungszeit des Bildes besonders nahe war, bezeugt die heitere Veranlagung Friedrichs: ‚*Überall, wohin er kam, brachte er, wenn ihm der Kreis gefiel, Heiterkeit mit sich und frohes Bezeigen [...] Wer in dem Maler Friedrich nur die eine Seite seines Wesens, den tiefen, schwermütigen Ernst sah, der kannte ihn nur halb. Ich habe wenig Menschen kennengelernt, welche im geselligen Umgang mit anderen, wenn diese ihm nämlich zusagten, eine so heitere Gemütlichkeit, eine solche Gabe zum Scherz hatten, wie er.* ‘ [277]

Sonniger Glanz liegt über den taufrischen Fluren. Es ist das indirekte Leuchten eines frühen Sommermorgens. Die Nebel steigen aus den Seitentälern. Der Sonnenaufgang steht unmittelbar bevor. Manche Bäume der rechten Bildhälfte werfen schon Schatten, der linke Abhang im Mittelgrund liegt noch in der Dämmerung. ‚*Die erwachte Welt begrüßt den zart über sie gewölbten Tag.* ‘ [278]

64 Die „Himmelshyperbel“ bei BS 188 (beschnitten)

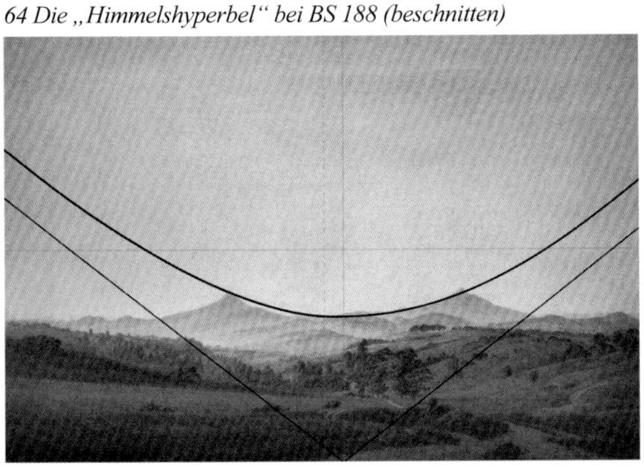

Den Bildaufbau vom Himmel her zu „lesen“ ist ungewöhnlich, aber es entspricht durchaus der außergewöhnlichen Bedeutung des Himmels auf Friedrichs Bildern. Anläßlich eines Atelierbesuches bei ihm schrieb Johanna Schopenhauer: ‚*Die Luft, die er meisterhaft zu behandeln weiß, nimmt bei den meisten seiner Gemälde weit über die Hälfte des Raumes ein.* ‘ [279]

Fast zwei Drittel des Dresdner Milleschauerbildes sind dem Himmel vorbehalten. Carl Gustav Carus lieferte zu solcher Dominanz die theoretische Erklärung: ‚*Der Himmel in voller Klarheit als Inbegriff von Luft und Licht ist das eigentliche Bild der Unendlichkeit.* ‘ [280] Wahrscheinlich gibt es in der Malkunst kein zweites Bild, auf dem die zarten Blautöne des Morgenhimmels in so meisterhafter Vollendung bis zum hellen Blau der Höhe ineinander übergehen. Das ist ‚*absolute Schönheit*‘.[281] Keine Pleinairmalerei der späteren Zeit hat das vermocht, was Friedrich im Atelier (!) fertigbrachte. Dieser Himmel ist nicht nur von ‚*bestürzender Naturrichtigkeit*‘ [282], sondern erweckt auch den ‚*faszinierenden Eindruck des Absoluten und Unendlichen*‘.[283] Man denkt an den programmatischen Ausspruch des Philosophen Friedrich Wilhelm Schelling, die Aufgabe der Kunst sei es, ‚*das Unendliche in der ganzen Begreifbarkeit des Endlichen*‘ darzustellen. Wie eine Vision, durch Nebelschleier vom Mittelgrund zart abgehoben, erscheinen vor diesem hohen Himmel die beiden Bergkegel als zentrales Motiv des Bildes. Am besten beschreibt Oskar Schürer den Hauptgedanken dieses Gemäldes von Caspar David Friedrich: ‚*Man spürt sofort: dieser ganze Vorder- und Mittelgrund ist Vorbereitung auf das große Motiv am Horizont. Und dieses wieder ist die Schale, in der ein hoher, weiter Himmel sich wiegt.* ‘ [284] Dieser Eindruck einer flachen Schale, auf der ein großer Himmel ruht, entsteht durch eine leichte Zusammenziehung[285] der beiden Berge schon auf der Naturzeichnung. Noch deutlicher hat Karl Friedrich Schinkel schon 1803 die geschwungene Senkung zwischen diesen beiden Bruderbergen empfunden und malerisch gestaltet.

Der Gleichklang der beiden Berge wird bei Fried-

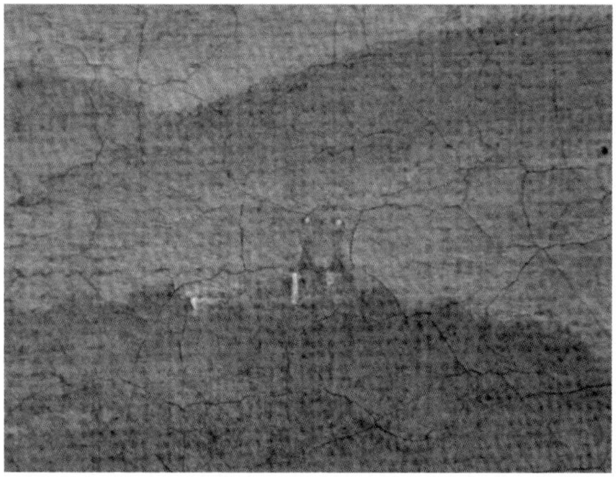

65 Ausschnitt von BS 188: die Kirche mit den Doppeltürmen

rich durch die nicht unerhebliche Veränderung ihrer Konturen[288] verstärkt. Das zeigt besonders gut ein Vergleich mit Friedrichs Aquarell *Ruine auf dem Schloßberg bei Teplitz*. Der linke Berg, der Kletschen, wird erhöht und zugespitzt, der Milleschauer verliert an Volumen durch die zweigipflige Gliederung. Dies ist die auffälligste Veränderung, aber auch die einzig belangreiche. Friedrich will den auch im Naturbild augenfälligen[287] Gleichklang zweier Berge hervorheben. So werden die Bruderberge fast zum Doppelberg: Friedrich konzentriert sich also auf das *‚sehr charakteristische Thema des Doppelberges‘*.[288]

Es ist in diesem Zusammenhang nicht auszuschließen, daß dem religiösen Friedrich etwas von der Bedeutung der Doppelberge im Alten Testament bekannt gewesen sein kann. Johannes Jeremias behandelt in seiner Dissertation die *‚Symbolik des doppelgipfligen Gottesberges‘* in der Religionsgeschichte. Er verweist auf Darstellungen des *‚doppelgipfligen Sonnenberges in der altorientalischen Bilderkunst‘*, auf den *‚doppelgipfligen Weltberg auf babylonisch-hethitischen Denkmälern‘* und auf den doppelgipfligen Parnaß. Vor allem aber behandelt er die alttestamentlichen Vorstellungen: *‚Das ganze Land Kanaan stellt sich nach seiner natürlichen Beschaffenheit als ein zweigipfliger Berg dar [...] Auch der Tempelberg in seiner Eigenschaft als Gottesberg ist als doppelgipflig vorgestellt worden.‘* Interessant im Zusammenhang mit Friedrichs Gemälde ist auch die Vermutung von Johannes Jeremias: *‚Die doppelten Türme der christlichen Kirchen sind vermutlich Abbilder des doppeltürmigen Weltberges.‘* [289] Merkwürdigerweise verdoppelt Friedrich auf seinem Milleschauergemälde in der Bildmitte den barocken Kirchturm der Kirche Boreslau. Es handelt sich also nicht, wie angenommen worden ist, um *‚ein Schloß, mit zwei gleichgebildeten Türmen, das winzig klein, aber doch durch seine präzise Zeichnung herausgehoben auf der Kuppe eines der Berge erscheint‘*.[290] Auf der Naturzeichnung Friedrichs ist die Kirche Boreslau mit einem Turm zu sehen. Sie hatte nie zwei Türme. [...]

Ihr Platz auf dem Gemälde Friedrichs ist naturgetreu von der Zeichnung übertragen. Sie erscheint dem Betrachter etwas näher am Kletschen als am Milleschauer. Aber Friedrich betont sie, indem er ihr die Mitte seines Gemäldes zuweist. Die maßstäblich richtige Kleinheit teilt sie mit den Kirchen anderer böhmischer Bergbilder Friedrichs. Durch die Zweitürmigkeit[294] nimmt auch sie das Hauptthema des Bildes, den Zweiklang, auf. Die spontane Idee, die Friedrich wohl beim Zeichnen dieses Landschaftsbildes kam, eine Kapelle und ein Kruzifix je einem Gipfel zuzuordnen, ist im Gemälde durch die Doppeltürmigkeit der fernen, aber zentralen Kirche ersetzt. *‚Alles Sichtbare wird einer geheimen Symmetrie untergeordnet.‘* [295] Die echohafte Doppelung der Bergkulisse schwingt beiderseitig in je zwei Nebengipfeln aus. Aber auch hier wird eine Naturgegebenheit gestaltet. Zur Linken sind die Gipfel des Kubackaberges ganz exakt aus der Naturzeichnung übernommen. Die Höhen zur Rechten variieren nur wenig den Gipfel des Franzberges [...].

Die strenge Symmetrie ist auf die Bergkulissen des Hintergrundes konzentriert. Sie verleiht dem Bild eine feierliche, fast überirdische Ruhe.[296] Lediglich die Doppelung der Bäume und des Weges im Vordergrund läßt das Hauptmotiv des Bildes auch hier anklingen. Der Weg[297] macht das Bild ‚zugänglich‘. Und doch endet der begehbare Raum im Mittelgrund beim bewohnten Haus, zu dem er durch das Baumportal geleitet wird. Fraglich erscheint also, ob wirklich *‚zu den Berggipfeln, die den Glauben und die geistig höhere Welt symbolisieren, ein gangbarer Weg‘* führt, wie Eva Reitharova[298] schreibt. Vielmehr wird das Auge vom Haus, vor dem der Weg dem Blick entschwindet, zu dem Gotteshaus darüber geleitet. Seine beiden Türme weisen ihrerseits auf die beiden Berge des Hintergrundes hin.

Dieses Sinnbild bedarf keiner Vermittlung durch eine betrachtende Rückenfigur oder gar vordergründiger Staffagegestalten. Die wunderbare Natur spricht für sich selbst. Sie *‚ist mit sich selbst allein, ist ganz sie selbst‘*.[299] In gewissem Sinn empfindet man freilich die beiden Bäume, die einzigen Vertikalen des Vordergrundes, als Ersatz für Figuren. Sie helfen mit, den suchenden Blick zur Mitte und zur Höhe des Bildes zu leiten.[300]

Durch die genaue Lokalisierung der Vorzeichnung Friedrichs, aus der das Gemälde entstand, läßt sich nunmehr der hohe Grad der Naturnähe beweisen. Es stimmt, was schon Oskar Schürer ohne Kenntnis der Vorzeichnung auffiel: *‚Das alles ist bildgetreu die uns vertraute Landschaft vor den beiden Milleschauern mit allen Einzelheiten ihres individuellen Charakters. Vor soviel Naturnähe übersieht man alle Veränderungen zunächst ganz.‘*[301] Der Bildaufbau ist tatsächlich in weit geringerem Maße, als man bisher dachte, eine Komposition Friedrichs. Vielmehr wird man sagen können, daß die wenigen Veränderungen lediglich Betonungen des Naturgegebenen sind. Die Fotografie beweist, daß auch die gleitende Schräge des Vordergrundes mit dem großen Wiesenfeld und die Talrichtung auf den Kletschen zu dem Naturbild entsprechen. Das erstaunliche ist, daß Friedrichs Gemälde trotz weitgehender Bewahrung eines zufälligen Landschaftsausschnittes so universale und überzeitliche Bildaussagen zu vermitteln vermag. Das Abbild ‚erscheint‘ als Sinnbild! *‚Im Hintergrund tönt wie Antwort und Erfüllung für die suchenden Schrägen vorn die weit gespannte Kurve des Bergzuges auf, die alle Weite innerhalb und außerhalb des Bildes, die Weite der ganzen Welt zu sammeln scheint, um sie dem reinsten Blau der Höhe [...] emporzuheben.‘* Hier ist *‚gleichsam die Gesamtnatur eingefangen in ihrer einmaligen Äußerung dieser Landschaft. Caspar David Friedrich lebt über sein Bild hinaus einem Unendlichen zu.‘*[302]

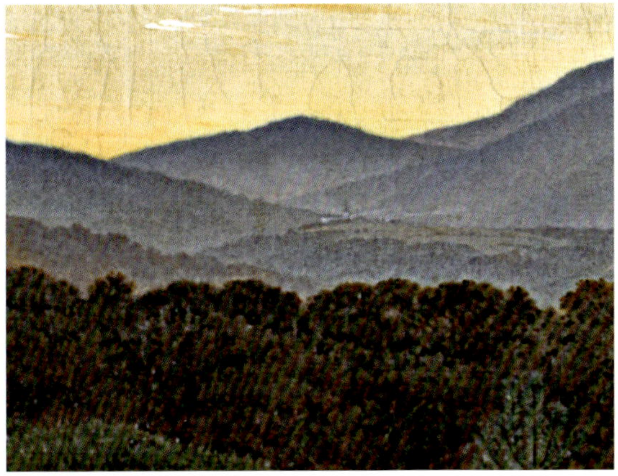

66 Ausschnitt von BS 189: die winzige Kirche auf dem Hügel

Böhmische Landschaft, 1808 (BS 189)

Die Behauptung des Hamburger Friedrich-Kataloges von 1974: *‚Auch das Stuttgarter Bild zeigt im Hintergrund den großen und kleinen Milleschauer südlich von Teplitz‘*[315], geschieht ohne Nachweis, also wohl lediglich in Anknüpfung an Auberts Notiz [...].

Nach einem Stich von Wachsmann erscheint von Janegg her die Stellung des Franzberges zum Milleschauer sehr ähnlich dem Stuttgarter Gemälde. Interessanterweise ist auch auf dem Stuttgarter Bild eine kleine Barockkirche etwa an der Stelle zu sehen, wo die Boreslauer Kirche bei dieser Sicht im Naturbild steht, wahrscheinlich eine beabsichtigte Verbindung zwischen den beiden Pendants. Die Weglassung des fernen Kletschen könnte der Grundidee des Bildes, der Dominanz des zentralen ‚Abendberges‘, zuliebe geschehen sein. Die steile Aufgipfelung des Milleschauers nach rechts zu, anders als im Naturbild, mag kompositionelle Gründe haben, weil der Aufschwung der drei Berge von rechts her dadurch ‚gekrönt‘ wird. Der Abendsonnenschimmer an dieser Stelle erinnert sehr an Friedrichs eigenes Wort aus dieser Zeit über die *‚Berggipfel, die feststehen und Sonne haben‘*.[316] Den Bildaufbau beschreibt Oskar Schürer so: *‚Der Schwerpunkt der Sicht verlagert* *sich sofort nach rechts, wo sich am Bildrand aus der einen Schräge ein Hügel entwickelt. Markanter Baumbestand auf der Kuppe betont ihn als eigenes Motiv, das nach links oben drängt und in zweimal gesteigerter Wiederholung zum hoch gelagerten Gipfel des Milleschauers sich entwickelt. Von hier aus fällt die Linie melodisch nach links ab [...] Am Bildrand wellt sie auf vor dem Gegenzug, der von links her zur Bildmitte zurückführt. Hier binden die beiden Bäume gleichsam Beginn und Ausgang der Sichtentwicklung zusammen und heben sie empor zum beherrschenden Gipfel der ganzen Komposition.'* [317]

Die Betonung des Hauptgipfels geschieht durch *‚Steigerung ins Erhabene'* [318], die ebenso bei Friedrichs Kaltenbergbild zu beobachten ist. Helmut Börsch-Supan betont auch hier wieder *‚die Bedeutung des Berges als Sinnbild Gottes'* und die *‚jenseitige Welt'* des Berghintergrundes.[319] Der Betonung des Hauptgipfels dient weiterhin das hier allerdings etwas konstruiert und fast aufdringlich wirkende Portalmotiv der beiden großen Bäume.[320]

Die Stärke des Stuttgarter Pendants beruht auf der Eindeutigkeit der Bildaussage: Alles weist auf ‚den Berg' hin, der mit dem Lichtsymbol der Abendsonne auf seinem Gipfel überdeutlich als Erhabenheitssymbol gestaltet ist. Dies ist das ‚direkteste' böhmische Bergbild Friedrichs. Der Berg erwächst zwar aus den Hügeln und Höhen der Landschaft, aber Wasser, Wald und Nebel heben ihn doch ‚hintergründig' ab, ja schaffen eine unüberwindliche Barriere. Die Vertikalsteigerung entrückt den Gipfel in lichte Höhen.

Dass die Tageszeit die Bildstimmung der beiden Pendants beherrscht, ist ganz deutlich. Zur Bildaussage der Berge kommt die Thematik ‚Morgen' bzw. ‚Abend' hinzu. Das Verbindende beider Gemälde ist aber die Erhabenheit der Berge. Sie bleibt unabhängig vom Wechsel der Stunden. Gemeinsam ist beiden Bildern auch der versteckte Hinweis auf die Kirche. Die Religionsgeschichte kennt die Verbindung des Bergthemas mit dem Auf- und Untergang der Sonne. *‚Der doppelgipflige Berg des Sonnenaufgangs heißt weißer Berg, semitisch: sad sit sams – Berg des Aufganges der Sonne. Ihm entspricht auf entgegengesetzter Seite des Horizontes der schwarze Berg,*

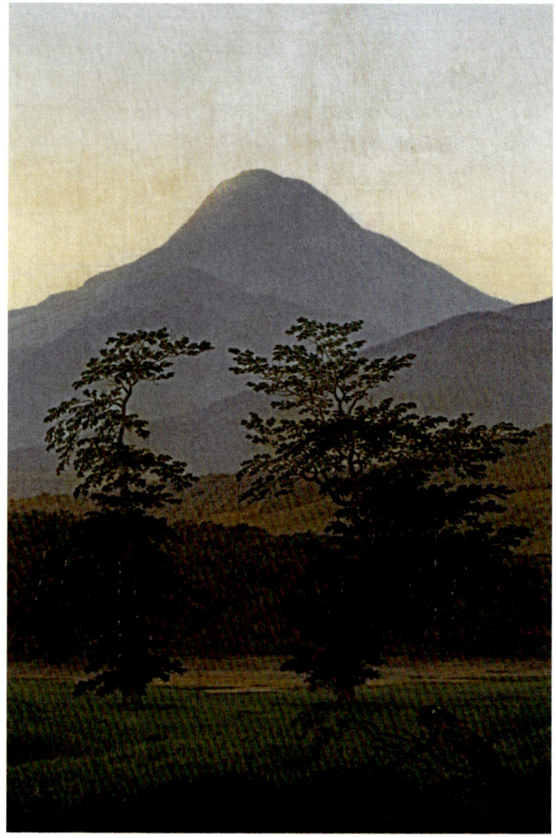

67 Ausschnitt von BS 189: das Baumportal

semitisch: sad ereb samsi – Berg des Untergangs der Sonne.' [321]

Zur Unterschiedlichkeit der böhmischen Landschaften in Dresden und Stuttgart gibt es abweichende Meinungen: Bei Oskar Schürer liegt die Betonung auf dem Dresdner Gemälde, wobei er die Bedeutung des Stuttgarter Bildes wohl unterbewertet: ‚Das Dresdner Gemälde gestaltet das Dauernde einer großen Sicht, das Stuttgarter Pendant eher einen Moment.'[322] Nach Helmut Börsch-Supan stellt der Morgen (Dresden) ‚die diesseitsbezogene Weltanschauung', der Abend (Stuttgart) ‚die jenseitsorientierte Lebenshaltung' dar[323], eine Deutung, der man sich nur zögernd anzuschließen vermag."

Anmerkungen

zu Karl-Ludwig Hoch: Friedrichs Milleschauergemälde
(Die Originalnummerierung wurde beibehalten)

268 W. Wolfradt, 1924, S. 169 und 70.

269 Böhmen, hrsg. von Lilian Schacherl, 2. Aufl., 1971, S. 100.

270 G. Grundmann, 1957, S. 80.

271 E. Reitharova, 1976, S. 393 und 395.

272 I. Emmrich in Kat. Dresden, S. 30.

273 Zit. bei S. Hinz, 1973, S. 81 zu seinem Sepiablatt *Der Frühling*, 1803; vgl. auch W. Sumowski, 1970, S. 142.

274 Zit. bei K. K Eberlein, 1924, S. 59.

275 Zit. bei Matzner, 1971, S. 119.

276 Philipp Otto Runge, Die Begier nach der Möglichkeit neuer Bilder, Briefwechsel, hrsg. von Hannelore Gärtner, Leipzig 1978, S. 92 (Brief vom 9.3.1802 aus Dresden).

277 Zit. bei S. Hinz, 1973, S. 221.

278 W. Wolfradt, 1924, S. 170.

279 Johanna Schopenhauer, in Journal des Luxus und der Moden, Weimar, Nov. 1810, S. 690 f.

280 C. G. Carus, 1955, S. 44.

281 W. Wolfradt, 1924, S. 171: „Die leuchtende, sanftmütige Klarheit seiner Himmel ist Ausdruck heiliger Keuschheit und absoluter Schönheit.“

282 Fritz Nemitz, Caspar David Friedrich, die unendliche Landschaft, München 1938, S. 46: „ ... das Licht ist oft von einer bestürzenden Naturrichtigkeit, besonders in der Behandlung der Himmel.“

283 E. Reitharova, 1976, S. 402; vgl. H. Börsch-Supan, 1976, S. 213: „Für Friedrich ist Himmel stets Himmel im religiösen Sinn.“

284 O. Schürer, 1941, S. 438. Schürer kannte allerdings die Vorzeichnung (H. 562) noch nicht und irrt so bei der Meinung (S. 443): „Diese Sicht kann nicht streng von einem Standpunkt aus konzipiert sein.“

285 Es stimmt also nicht, daß Friedrich „das Motiv majestätisch in die Breite verlegte“ (so E. Reitharova, 1976, S. 392, und 1978, S. 41).

286 Die Veränderung der Gipfel erkannte schon O. Schürer, 1941.

287 Die Doppelberge Milleschauer und Kletschen sind von den Malern der Romantik oft dargestellt worden (vgl. Schinkel, Dahl, Richter, Gruß). Bei der DAK. 1828 war eine Gouache von Johann Theodor Eusebius Faber, Friedrichs Kollegen an der Dresdner Kunstakademie, ausgestellt (Nr. 615 „Ansicht des großen und kleinen Milleschauer“).

288 O. Schürer, 1941, S. 435.

289 J. Jeremias, 1919, S. 49, 38, 62, 1, 2, 47.

290 H. Börsch-Supan, 1960, S. 31. Er erwähnt aber bei BS. 188 (1974) weder dieses „Schloß“ noch auch die Kirche.

291 Aber die verlorene Naturzeichnung zu Abb. 46, BS. 500, könnte auch viel früher entstanden sein.

292 Der Badegast in Teplitz, Prag 1816, S. 319: „Borislau und seine schöne Kirche“.

293 Staatliche Kunstsammlungen Dresden, Kupferstich-Kabinett, Inv. C. 1963-345, bisher nicht lokalisiert.

294 Die Zweitürmigkeit ist typisch für die bedeutenderen Barockkirchen Nordböhmens, z.B. die Wallfahrtskirche Mariaschein.

295 O. Schürer, 1941, S. 441.

296 Vgl. auch I. Emmrich im Rat. Dresd. S. 30: „Die behutsam gemalten Basaltkegel sind in der Ferne gleichsam transparent geworden. Wohl bestehen sie aus dichterem Stoff, als der lichte überaus hohe Himmel, aber ... sie bedeuten ihm der ins Stoffliche, Zeitliche verwandelte Teil der Unendlichkeit.“

297 Gleichartig gestaltet wie auf BS. 415 und 457.

298 E. Reitharova, 1976, S. 393.

299 O. Schürer, 1941, S. 442.

300 Dazu Klaus Leonhardi, Die romantische Landschaftsmalerei Caspar David Friedrichs, Diss., München 1936, S. 34: „Ein Baum verkörpert ein vergängliches Schicksal“; vgl. auch die noch auffälligere Funktion der Bäume auf dem Pendant BS. 189.

301 O. Schürer, 1941, S. 442.

302 O. Schürer, 1941, S. 442 und 443.

315 Kat. Hambg., S. 179.

316 Zit. bei S. Hinz, 1973, S. 222.

317 O. Schürer, 1941, S. 445.

318 Vgl. Grundmann, 1951, S. 82.

319 H. Börsch-Supan zu BS. 189.

320 O. Schürer, 1941, S. 445, empfindet die Baumgruppe „wie eine Spiegelung menschlicher Bewußtheit“. In der Bibel wird der Baum als Gleichnis für den „aufrechten“ Gläubigen verwendet: „Gesegnet aber ist der Mann, der sich auf den Herrn verläßt ... Der ist wie ein Baum, am Wasser gepflanzt.“ (Jeremia 17,7 und 8; vgl. auch Psalm 1, 1–3) Dazu schreibt Jörg Zink, Wie wir beten können, 5. Aufl., Stuttgart-Berlin 1972, S. 32: „Die alten Religionen unseres Kulturkreises haben es alle mit Bäumen zu tun: mit Gottesbäumen, Seelenbäumen, Schicksalsbäumen, mit dem Baum der Erkenntnis oder dem Lebensbaum. Seit Urzeiten hat der Mensch den Baum als verwandt empfunden. Man findet sich, wenn man vor einem Baum steht und ihm begegnet, unversehens bei der Bemühung, ‚wie ein Baum‘ zu sein, zu stehen, sich aufzurichten, Wurzeln zu schlagen, Raum zu gewinnen.“

321 J. Jeremias, 1919, S. 49.

322 O. Schürer, 1941, S. 444.

323 Der Gipfel des Milleschauer dominiert auch auf Friedrichs Zeichnung H. 768 (Graph. S. 772) vom 23. Sept. 1835 und erscheint wohl auch auf BS. 152 a und b.

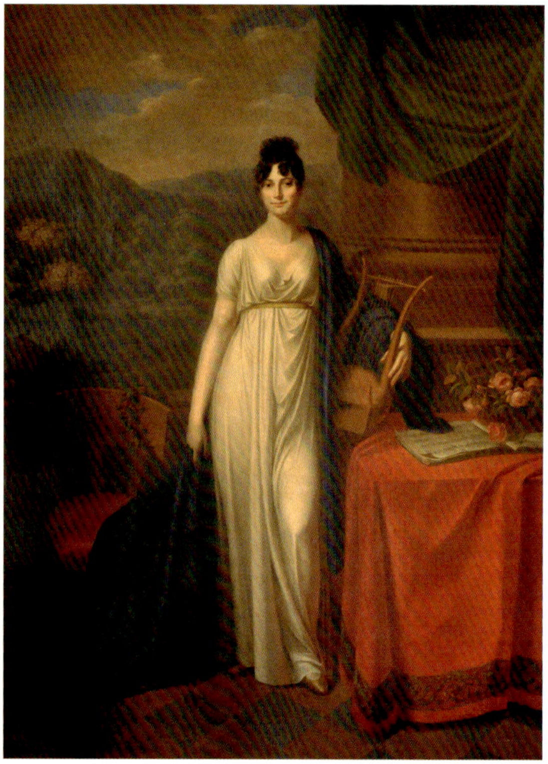

68 Theresia Gräfin Thun-Hohenstein, geb. Brühl (1784–1844), Schloss-Museum Tetschen/Děčín (Ausschnitt)

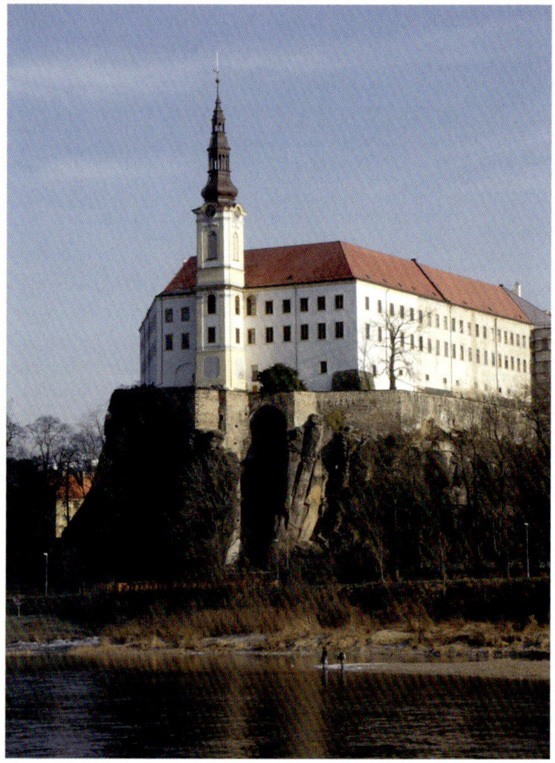

69 Schloss Tetschen/Děčín, 2010

Die Geschichte der Tetschener Bilder

Ende Juli oder Anfang August 1808 besuchten Franz Anton Graf Thun-Hohenstein und seine schöne Braut Theresia Brühl Caspar David Friedrich in seinem Atelier in Dresden. Sie sahen dort *Das Kreuz im Gebirge (BS 167)* sowie eine vollendete und eine halbfertige *Böhmische Landschaft*. Sie waren von den drei Werken begeistert und wollten sie unbedingt erwerben. Theresia Brühl schrieb am 6. August 1808 an ihren Verlobten, dass das schöne Kreuz leider nicht zu haben sei, weil Friedrich es seinem König verehren wolle. *„[...] Die beiden böhmischen Stücken läßt er aber mit großer Freude und will an dem noch nicht ganz vollendeten fleißig arbeiten, damit es recht bald zu Stande kommt. Beide kosten 140 rh; er hat sehr demütig gebeten, wenn es möglich wäre, ihm diese Summe voraus zu zahlen, weil er so arm ist, daß er sich kaum Materialien zum Malen zu verschaffen weiß; er ist ein so verdienstvoller Künstler und ein so ausgezeichnet guter edler Mensch, dass er Unterstützung verdient, und da ich weiß, wie gerne Sie, lieber Freund, Gutes tun, so habe ich ohne Bedenken in Ihrem Namen diese Bitte zugesagt [...]“* [30] Weil sie das Geld nicht *„in Kasse“* hatte, bat sie den guten Freund Baron Carl B. von Miltiz, die Summe vorzustrecken, was dieser auch tat. In seinen privaten Rechnungsbüchern vermerkte Franz Anton Graf Thun eine Summe von 200 Talern für zwei Ölgemälde, von 40 Talern für eine Sepiazeichnung (ein Kreidefels auf Rügen) und von 68 Talern für die dazugehörigen Rahmen.[31]

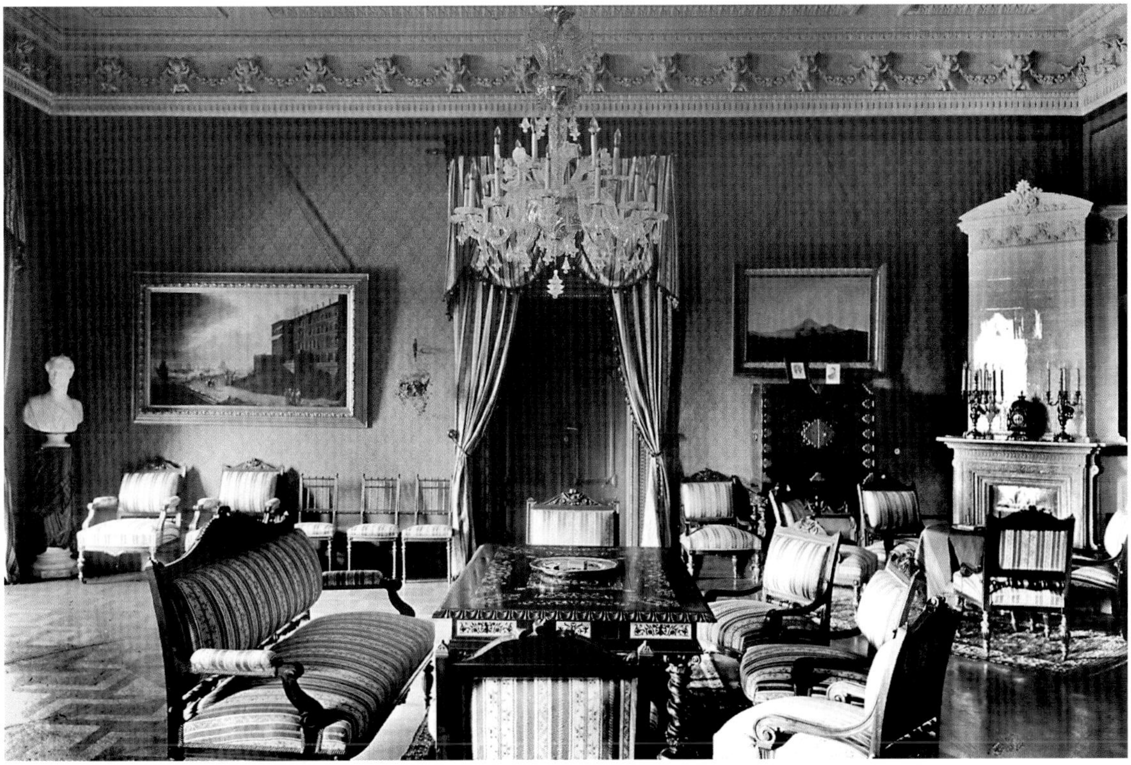

70 Schloss Tetschen, Damensalon im Westflügel, Foto von 1904, Archiv Tetschen
An der Stirnseite links hängt die Böhmische Landschaft mit Milleschauer.

Diese Bilder und das später doch noch erworbene *Kreuz im Gebirge (Tetschener Altar)* hingen bis 1921 im Tetschener Schloss. Über Letzteres, das dann das Schlafzimmer der Gräfin zieren sollte, schrieb ihre Mutter am 6. Februar 1809, dass sie die Kiste mit dem Bild erhalten habe und über deren Größe entsetzt sei. Es gefiel ihr offenbar nicht. Sie hatte sich schon vorher erschrocken über den Preis geäußert.

Anfang des 20. Jahrhunderts hingen die beiden Böhmischen Landschaften im Damensalon des Schlosses. Aus nicht eindeutig geklärten Gründen wurden die drei Gemälde 1921 vom Urenkel Jaroslav von Thun-Hohenstein und dessen Sohn Franz Anton verkauft. Wenn es wohl finanzielle Gründe waren, die zum Verkauf führten, so spielte offenbar auch eine Wandlung im Geschmack der Thun-Hohenstein eine Rolle. Jaroslav von Thun vermerkte in seinem Tagebuch während der Verkaufsverhandlungen: *„Gestern, sehr merkwürdig, war ein Berliner Antiquar Namens Blumenreich hier, um die drei Bilder aus den 20er Jahren des vorigen Jahrhunderts von Caspar David Friedrich abzuhandeln. Gar nicht sehr hübsch, flach und sparsam gemalt, typisch diese Kunstform Zeit – er zahlt dafür 80.000 Mk!“* [32]

Die *Böhmische Landschaft mit Milleschauer* und das *Kreuz im Gebirge* gingen schließlich für einen Geldwert von 275.000 Mark nach Dresden, die andere *Böhmische Landschaft* für 90.000 Mark nach Stuttgart. Die Bezahlung setzte sich aus einem Geldbetrag und anderen Bildern im Tausch zusammen.

1808
Wanderung ins Prebischtorgebiet

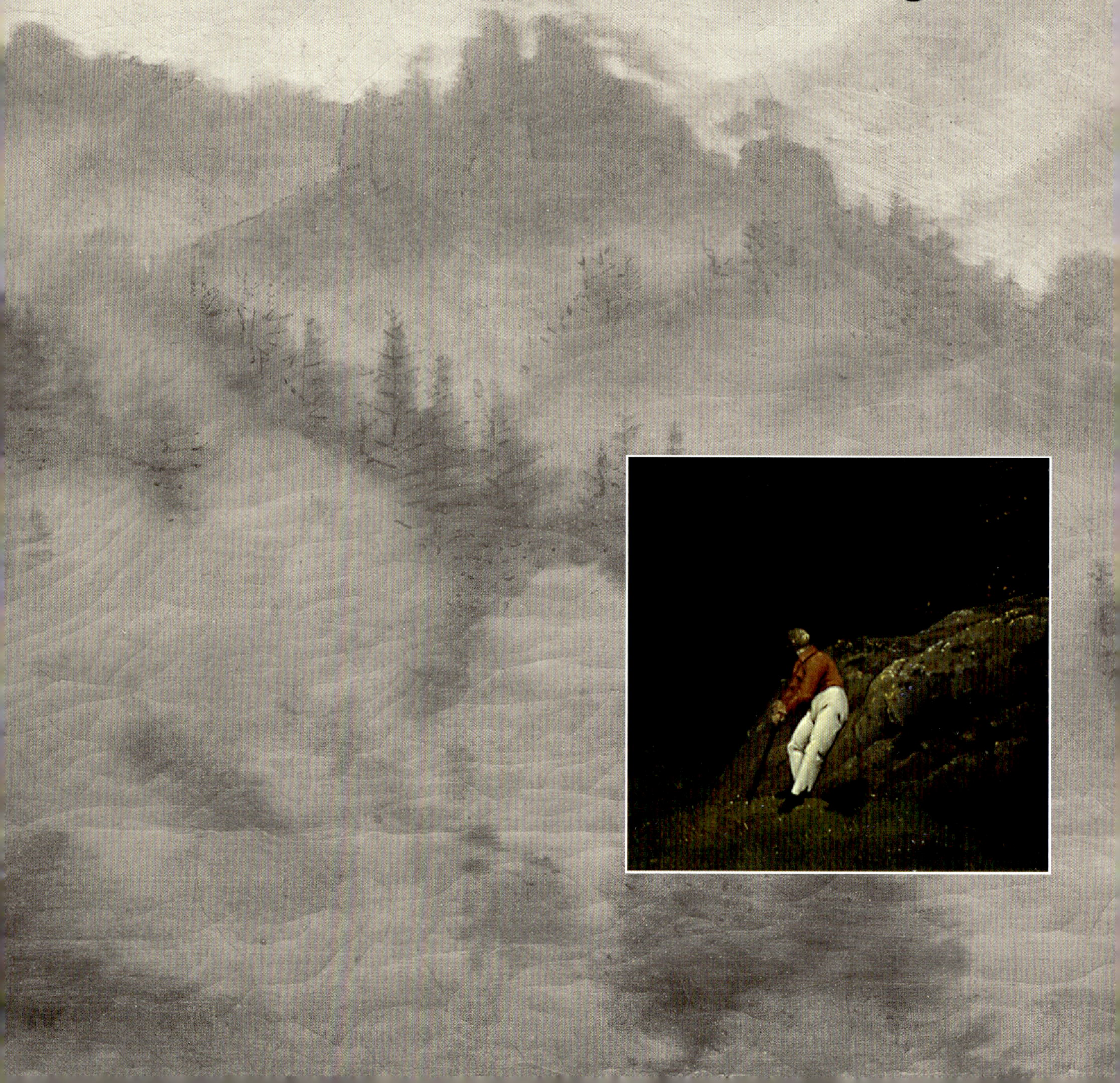

Im Mai 1808 der gewohnte Vorgang: Caspar David Friedrich unterbrach seine Atelierarbeiten, um eine mehrtägige Wanderung zu unternehmen. Die datierten Skizzen benennen die Zeit, 9. bis 14. Mai 1808. Das Ziel war Böhmen, genauer gesagt der Rosenberg am Rande der Böhmischen Schweiz. Auf einem einzigen Blatt zeichnete er diesen charakteristischen Basaltkegel dreimal. Friedrich befand sich auf den Flügelwänden und am Kanapee im Prebischtorgebiet. Die beiden mittleren Studien sind ein unterteiltes Panorama mit dem benachbarten Kaltenberg. Am 12. Mai zeichnete er den Rosenberg noch einmal separat. Dann trat er den Rückweg nach Dresden an. In Rathen (Sächsische Schweiz) unterbrach er, wo er am 13. Mai den Gamrig und den Feldstein zeichnete. Am nächsten Tag noch ein *„sehr großer Sandstein“* [33], dann war die Wanderung zu Ende. Zwischen dem böhmischen Rosenberg, einem nahezu ideal geformten basaltischen Kegelberg, und dem sächsischen Lilienstein, dem Musterbeispiel eines Tafelberges aus Sandstein, breitet sich das gesamte Elbsandsteingebirge aus. Oft, wenn man in der Sächsisch-Böhmischen Schweiz unterwegs ist, kann man beide sehen. Es wundert nicht, dass Friedrich den Rosenberg einmal aus der Nähe betrachten wollte. Zweimal hat er ihn in Gemälden verwendet, in der *Gebirgslandschaft mit Regenbogen (BS 183)* und im *Wanderer über dem Nebelmeer (BS 250)*.

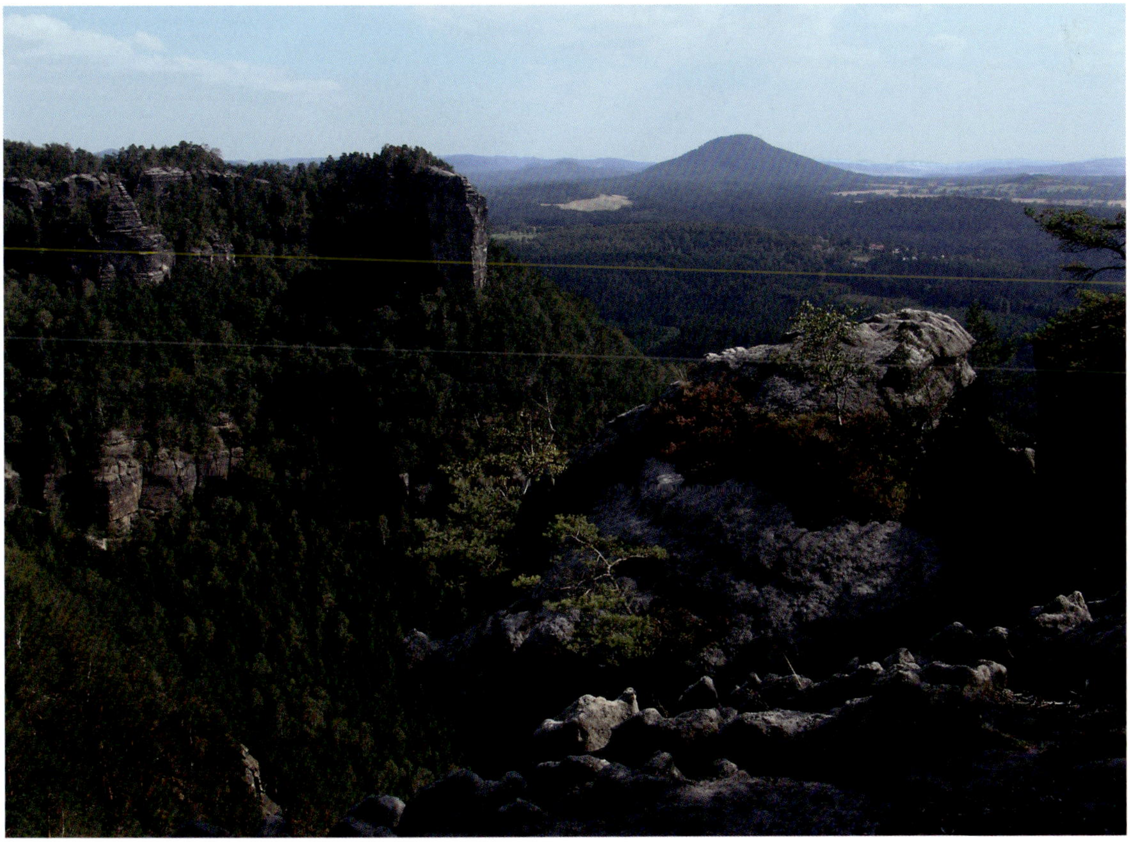

72 Der Blick vom Kanapee über den Prebischgrund zum Rosenberg. Links die Flügelwände

◄ 71 Ein Wanderer im Focus — Caspar David Friedrich im Selbstbildnis
Ausschnitt von Gebirgslandschaft mit Regenbogen 1810 (BS 183)
Detail von Abbildung 75

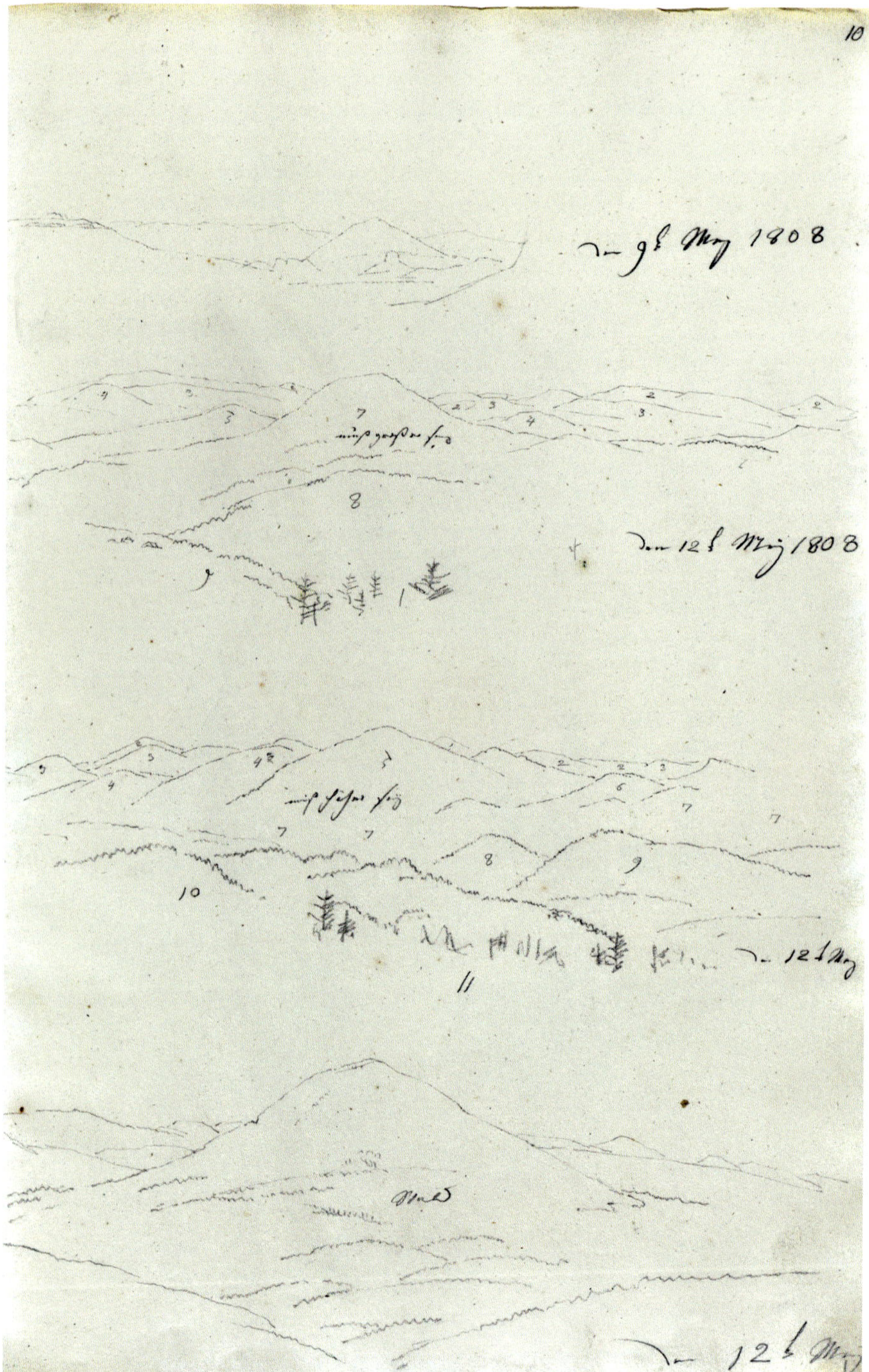

9. Mai 1808
Rosenberg mit Zirkelstein und aufsteigender Hanglinie des Liliensteines, Blick vom Borsberg bei Pillnitz

12. Mai 1808
Rosenberg mit umgebender Bergkette
Blick von den Flügelwänden im Prebischtorgebiet
halbes Panorama zur nächsten Skizze

12. Mai 1808
Kaltenberg mit umgebender Bergkette
Blick von den Flügelwänden im Prebischtorgebiet
halbes Panorama zur vorigen Skizze

12. Mai 1808
Rosenberg
Blick vom Kanapee in unmittelbarer Nähe vom Prebischtor

73 **C. D. Friedrich:** *Landschaftsstudien 9./12. Mai 1808, Bleistift (Grummt 564), Seite 10 des Dresdner Skizzenbuches von 1807–1812 mit Rosenberg und Kaltenberg, SKD, Kupferstichkabinett*

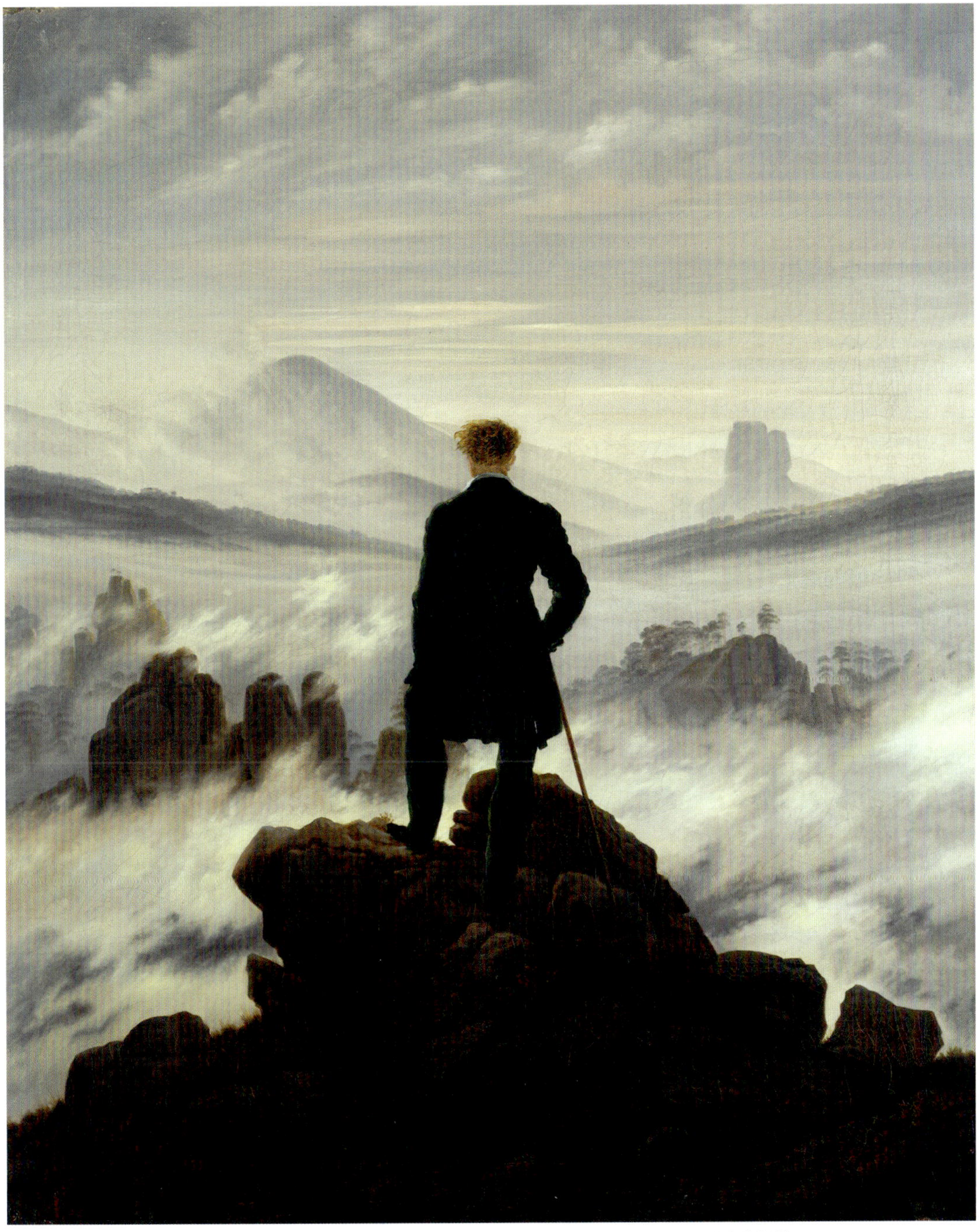

74 ***Caspar David Friedrich:*** *Der Wanderer über dem Nebelmeer 1818 (BS 250)*
Hamburger Kunsthalle

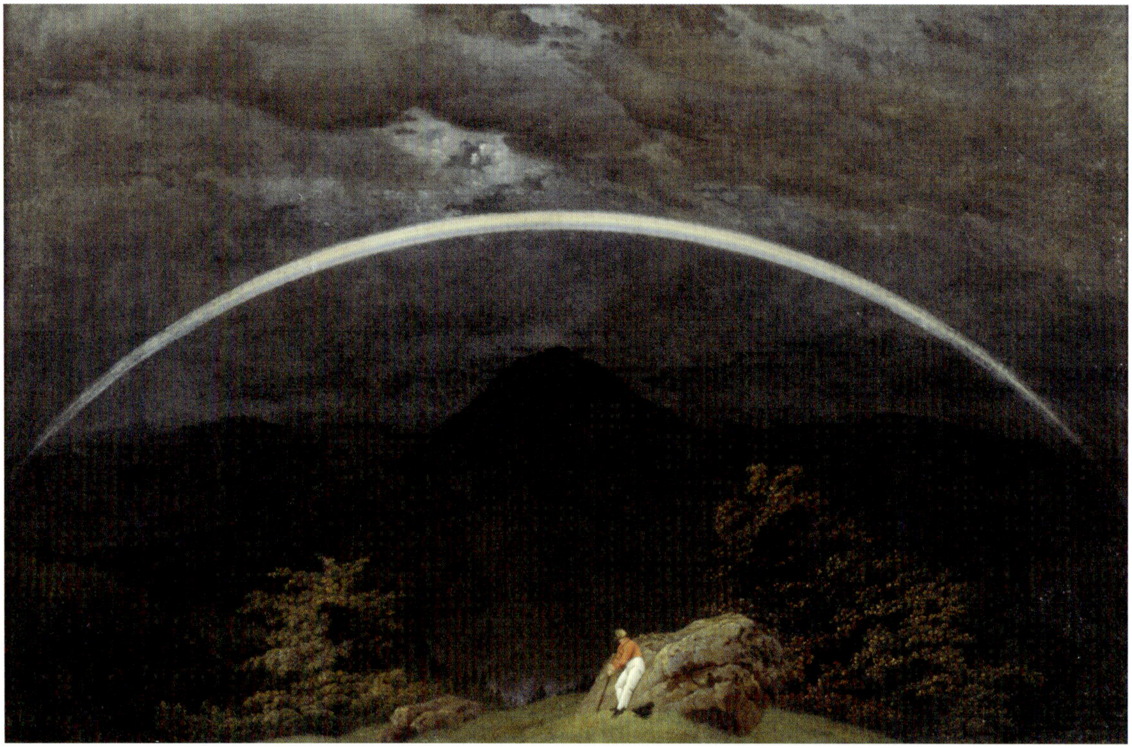

75 ***Caspar David Friedrich:***
Gebirgslandschaft mit Regenbogen 1810 (BS 183)
Museum Folkwang, Essen

Gebirgslandschaft mit Regenbogen:
Bereits im Sommer 1810 war das Bild vollendet und mit anderen Gemälden nach Weimar zu einer Ausstellung gegeben. Im Zentrum des Gemäldes steht der Rosenberg nach der unteren Zeichnung von 1808 *(Grummt 564)*. Das Bild gefiel nicht allen: *„wie überall eine Härte, von der die Natur nichts weiß“* [34].

Friedrich in städtischer Kleidung an einem Fels lehnend, vor einem Abgrund, jenseits der Berg als Gottessymbol. Und dann dieser rätselhafte Regenbogen. Im *Mönch am Meer (BS 168)*, zur gleichen Zeit gemalt, hatte er sich selbst im Mönchsgewand dargestellt.

(Böhmische) Gebirgslandschaft:
Fast am Ende seines Lebens erinnerte sich Caspar David Friedrich an den Kaltenberg von der weit zurückliegenden Böhmenwanderung des Jahres 1808 und begann ein Gemälde, wo er ihn als dreigipfligen Berg darstellte. Diese böhmische *Gebirgslandschaft (BS 420),* mit den Maßen von 34,9 x 48,5 cm ein kleineres Bild, ist unvollendet geblieben. Deutlich ist die Vorzeichnung an den Bäumen zu sehen.

Wieder einmal verblüfft, wie Friedrich aus einem großen Landschaftspanorama, das er am 12. Mai 1808 gezeichnet hatte *(Grummt 564),* seinen Bildgegenstand herausfiltert (siehe Vergleichsfoto Abb. 77).

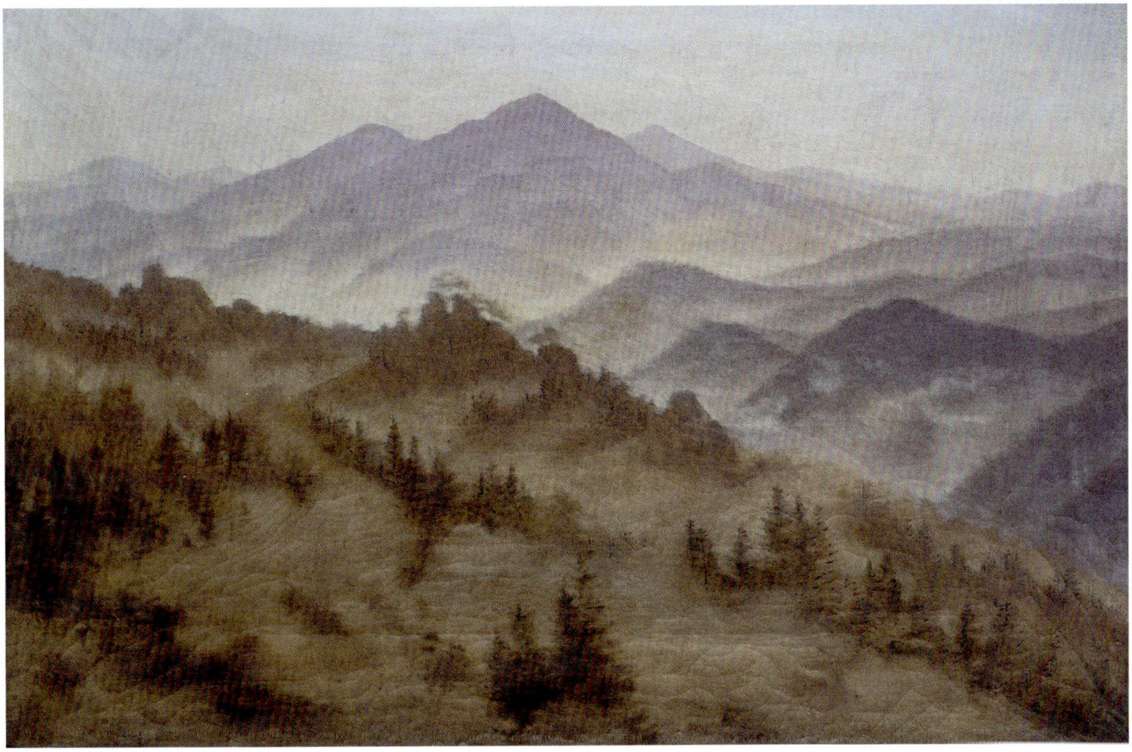

76 ***Caspar David Friedrich:***
(Böhmische) Gebirgslandschaft um 1835 (BS 420)
Städelsches Kunstinstitut Frankfurt am Main

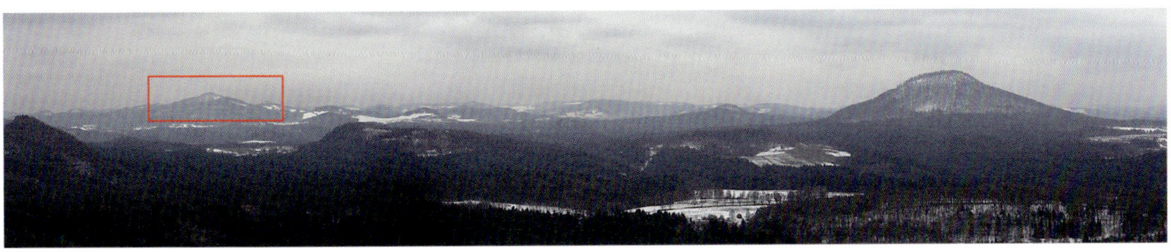

77 Kaltenbergpanorama, Blick von den Flügelwänden in der Böhmischen Schweiz

1810
Die Riesengebirgswanderung mit Georg Friedrich Kersting

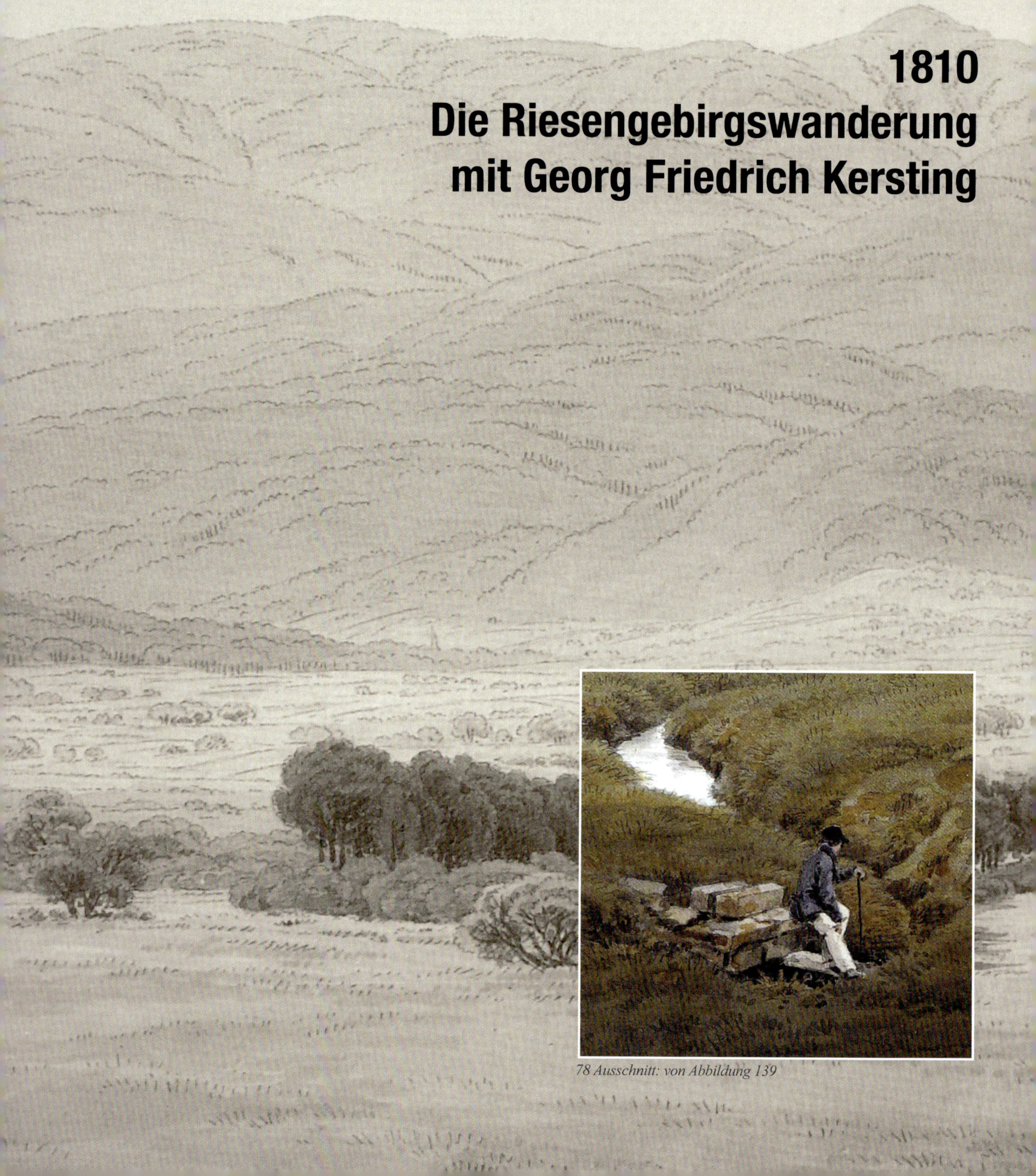

78 Ausschnitt: von Abbildung 139

Im Juli 1810 unternahm Caspar David Friedrich seine berühmte Wanderung ins Riesengebirge. Als Reisebegleiter wählte er den jungen Georg Friedrich Kersting (1785–1847) aus Güstrow. Sie hatten sich höchstwahrscheinlich 1809 in Neubrandenburg kennengelernt. Kersting kam 1810 nach Dresden und schrieb sich im August an der Königlichen Akademie als Student für Porträt- und Historienmalerei ein. Er hatte wie Friedrich an der Akademie in Kopenhagen studiert. Die mit Caspar David Friedrich befreundete Louise Seidler schilderte Kersting als *„überaus drolligen guten Menschen“*.[35]

Auch er, mittellos wie seinerzeit Friedrich, wollte versuchen, als freischaffender Künstler zu leben. Es gelang ihm jedoch nicht. Er beteiligte sich aktiv an den Freiheitskriegen als Lützower Jäger. Die Ausrüstung finanzierten die Freunde Caspar David Friedrich und Gerhard von Kügelgen. Als er 1814 zurück nach Dresden kam, fand er katastrophale wirtschaftliche Verhältnisse vor, sodass er eine Stelle als Zeichenlehrer in Warschau annahm. Im April 1818 kehrte er nach Sachsen zurück, als Malervorsteher der Königlich-Sächsischen Porzellanmanufaktur. Am 1. Juli 1818 begann Kersting seine Tätigkeit in Meißen. Er lud seine Braut ein, mit Caspar David Friedrich nach Meißen zu kommen: *„O Gott, wie freue ich mich auch den Friedrich wieder zu sehen und zu sprechen.“* [36]

Nun wirtschaftlich abgesichert, gründete er eine Familie. Mit Friedrichs Familie, er hatte 1818 geheiratet, hielten die Kerstings eine lange Freundschaft.

Kersting malte drei Atelierbilder von seinem Freund Friedrich (das Hamburger Bild 1811, das Mannheimer 1812 und das Berliner 1819). Später zerbrach die Freundschaft, was wohl zum großen Teil an der krankhaften Veränderung Friedrichs lag.

Auf der Riesengebirgswanderung hat Kersting, soweit wir wissen, keine Landschaftsstudien gemacht, vielleicht aus Respekt vor Friedrich. Wir kennen von dieser Wanderung von seiner Hand nur das Aquarell *Caspar David Friedrich auf der Wanderung ins Riesengebirge*.

Als sich Caspar David Friedrich dem Riesengebirge zuwandte, war er wohlinformiert über das, was

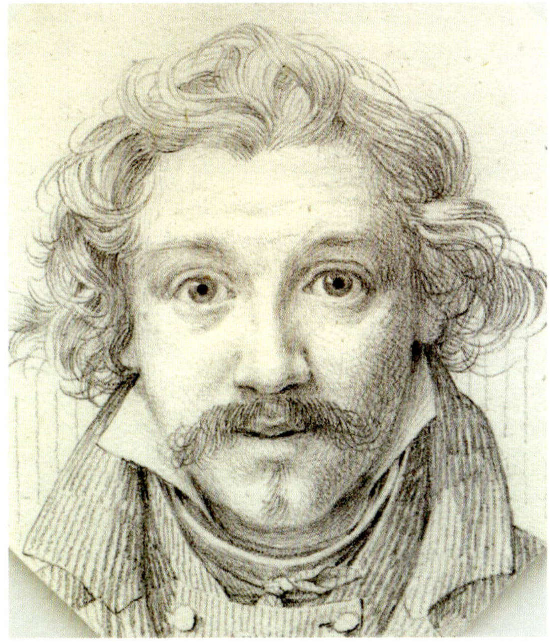

79 ***Georg Friedrich Kersting:*** *Selbstbildnis, Bleistift, 1814*
Aus dem Carus-Album der Städtischen Galerie Dresden

ihn erwartete. Schlesien war in Mode gekommen. Im 1. Schlesischen Krieg war das Gebiet vom Preußenkönig den Österreichern abgerungen worden und gehörte seitdem zu Preußen.

Bereits im 15. Jahrhundert wurde die Schneekoppe bestiegen. Im 17. Jahrhundert ließen die Grafen von Schaffgotsch die Laurentiuskapelle auf dem Gipfel errichten. Goethe bestieg am 15. September 1790 die Riesenkoppe, wie sie auch genannt wurde, um den Sonnenaufgang zu erleben. Theodor Körner war vom Schneekoppenerlebnis 1809 berauscht und ließ seiner Feder freien Lauf:

„Hoch auf dem Gipfel deiner Gebirge
Steh' ich und staun' ich
Glühend begeistert, heilige Koppe
Himmelanstürmerin.
Blühende Fluren, schimmernde Städte,
Dreier Könige Glückliche Länder
Schau ich begeistert,
Schau ich mit hoher inniger Lust!“ [37]

Bereits zehn Jahre früher hatte Heinrich von Kleist auf seiner Riesengebirgswanderung diesen hohen Ton angeschlagen. Eine „Hymne an die Sonne“ schrieb er ins Hüttenbuch der Hampelbaude. Friedrich, der enge Kontakte zu Theodor Körner und Heinrich von Kleist hatte, konnte beide zu seiner geplanten Wanderung befragen.

Im Intelligenzblatt der Allgemeinen Literatur-Zeitung erschien 1804 eine Werbung: *„An die Besteiger der Riesenkoppe und Hampelbaude: Für diese ist bey uns erschienen und durch alle Buchhandlungen zu bekommen: Aussichten von der Riesenkoppe nach Böhmen, Lausitz, Schlesien und den umliegenden Gebieten von A. T. v. Gersdorf auf Meffersdorf, [...] / Aussichten aus Hampelsbaude nach Schlesien und die Lausitz, von Ebendemselben. [...]“* [38]

Auch bildmäßig konnte er sich vorbereiten, denn 1806 erschienen in Weimar Christoph Nathes „Schlesische Ansichten aus dem Riesengebirge in XIV Aquatinta-Blättern“.[39]

Christoph Nathe (1753–1806) gilt als der künstlerische Entdecker des Riesengebirges. Wenn auch vor ihm schon eine Reihe von Künstlern wie Carl Christoph Reinhardt (1738–1827), Friedrich Gottlob Endler (1763– um 1830) oder Anton Balzer (1771–1807) u. a. Riesengebirgsansichten schufen, so traf doch keiner den speziellen Charakter des Gebirges wie Nathe. Er schuf elf Aquarelle für ein Album für die preußische Königin Luise in Erinnerung an deren Schlesienreise im Jahr 1800. Die Königin wollte die neu erworbenen Gebiete kennenlernen und wurde überall begeistert empfangen. Diese Reise brachte dem Hirschberger Tal und dem Riesengebirge eine nicht mehr nachlassende Popularität und beförderte die Entwicklung des Landstriches.

Christoph Nathe war zudem ein universell gebildeter Künstler. Er interessierte sich in besonderem Maße auch für die Geologie des Riesengebirges und zeichnete topografisch genaue Panoramen, nach denen man sich gut orientieren konnte.

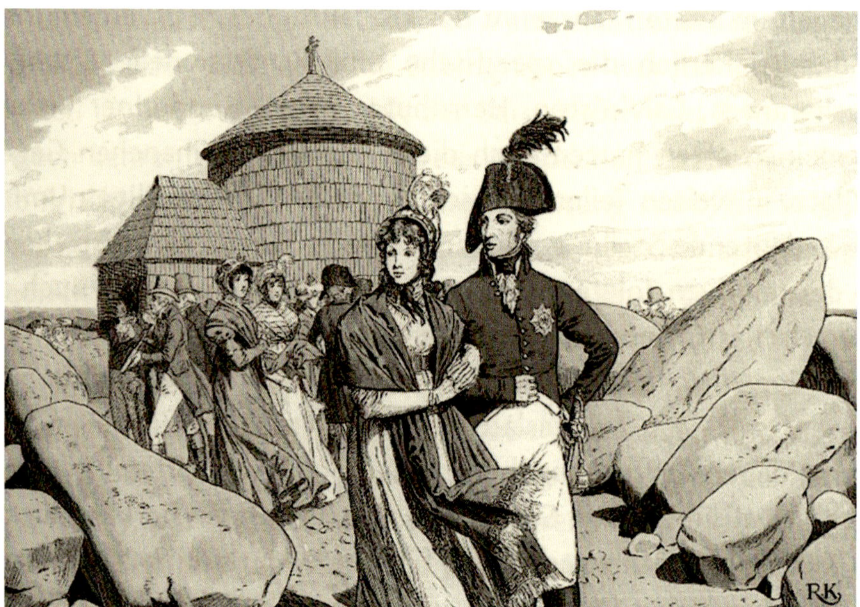

80 Königin Luise und König Friedrich Wilhelm III. (1776–1840) am 18. August 1800 auf der Schneekoppe. (aus: Die Königin Luise in 50 Bildern für Jung und Alt von Röchling/Knötel/Friedrich, Berlin 1896) Auffallend sind die großen Felsblöcke, die damals auf dem Gipfel der Schneekoppe herumlagen.

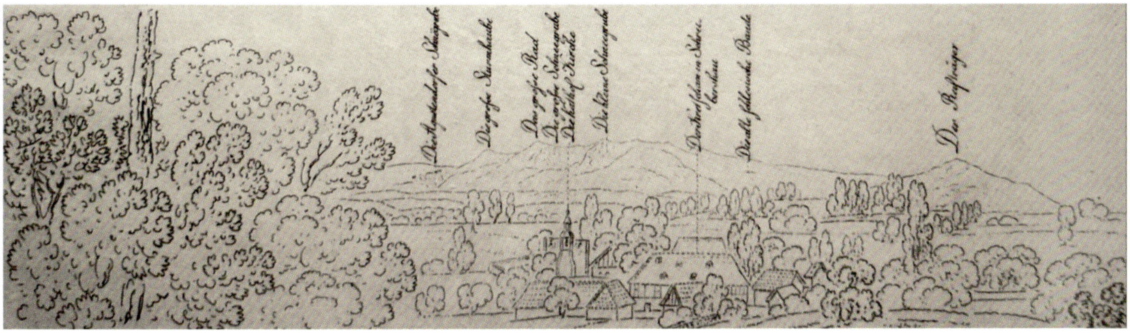

81 ***Christoph Nathe:*** *Horizont der Ansicht der Schneegruben hinter Schreibershau, Kulturhistorisches Museum Görlitz*

Christoph Nathe am 23. März 1801 an Adolph Traugott Freiherr von Gersdorf:
„[...] Ich habe den ganzen vorigen Sommer und Herbst [...] gezeichnet, und zum Anfang des Jahres bestellte der Graf v. Maltzan noch eine Partie Blätter vom Riesengebirge, welche die Plätze bezeichnen sollten, wo die Königin v. Preußen vorgen Sommer gewesen war, weil er der Königin diese Zeichnungen versprochen hatte [...].“ [40]

82 ***Haldenwang*** *nach* ***Christoph Nathe:*** *Schneegruben in Schreibershau, Kulturhistorisches Museum Görlitz*

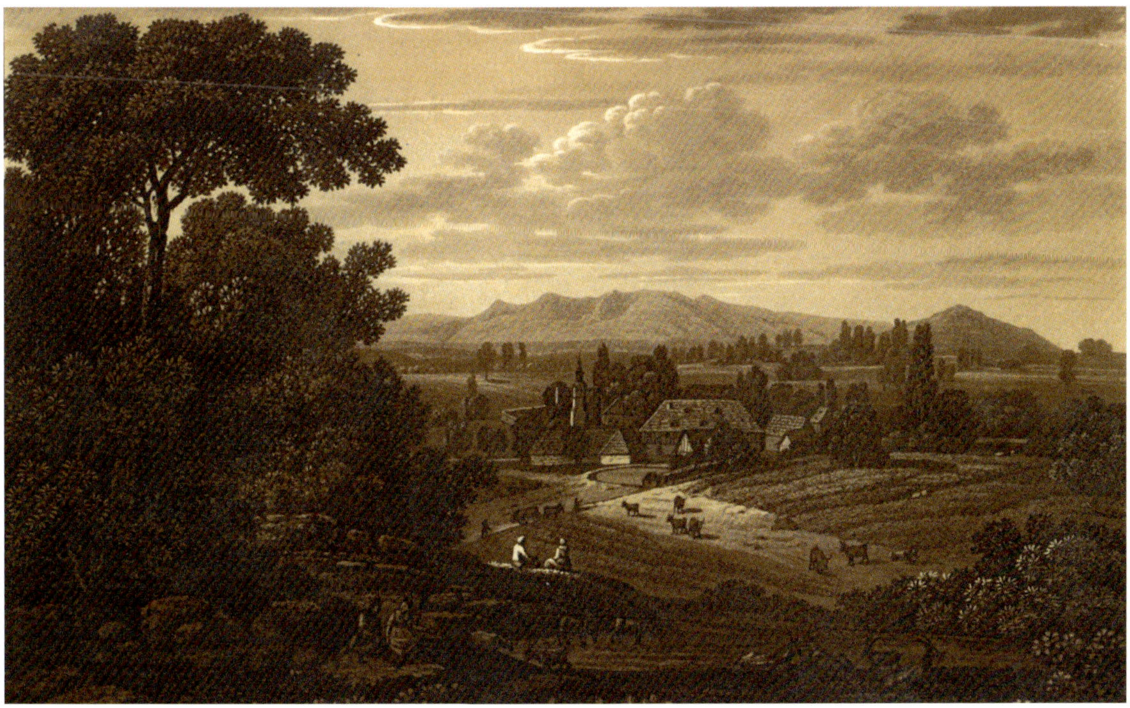

Übersicht der Zeichnungen und Studienblätter der Riesengebirgswanderung

2. Juli 1810 — *Grummt 611 (verschollen)*
(1) **Feldweg**
Friedrich ist in Rumburk nachweisbar[41]

4. Juli 1810 — *Grummt 612*
2 Klosterruine auf dem Oybin
Lokalisierung: Sakristei der Klosterruine des Oybin

5. Juli 1810 — *Grummt 613*
3 Felsmotiv (untere Skizze)
Lokalisierung Hoch: Thomassteine in Oybin,
4 Blick vom Oybin zum Hochwald (obere Skizze)
Lokalisierung Hoch: Hochwald von Oybin

6. Juli 1810 — *Grummt 614*
Zwei Landschaftsskizzen
5 obere Skizze, bez. *„nicht weit entfernt ein Berg"*
Lokalisierung Grundmann/Hinz/Hoch: Blick von Olbersdorf zur Lausche
7 untere Skizze, bez. *„sehr hoher Berg in weiter Entfernung"*
Lokalisierung Grundmann: Blick zum Isergebirgskamm mit Kirchturm und Schloss Reibersdorf

6. Juli 1810 — *Grummt 615*
6 Landschaft mit Mann
obere Skizze: bez. *„nicht sehr weit entfernt große Berge"*
Lokalisierung Grundmann/Hoch: Blick zum Jeschkengebirge (Kalkberg, Jeschken)

---

8. Juli 1810 — *Grummt 617*
8 Landschaft im Riesengebirge
Lokalisierung Grundmann: Blick über die Bergwiesen von Schreiberhau/Szklarska Poręba zu den Schneegruben

um 1830 — *Grummt 938 (ohne Abbildung)*
8a Landschaft im Riesengebirge
Aquarell nach Grummt 617

8. Juli 1810 — *Grummt 616*
9 Landschaft im Riesengebirge
Lokalisierung Richter: unterhalb vom Hochstein, Blick gegen den Riesengebirgskamm

---

9. Juli 1810 — *Grummt 615*
10 Wasser mit Steinen (untere Skizze)
Lokalisierung Grundmann: am Zacken oberhalb des Zackenfalles

10. Juli 1810 — *Grummt 619*
11 Gebirgswiese mit Elbquelle im Riesengebirge
Lokalisierung Grundmann

1810 — *Grummt 636*
(11a) **Blick über Elbquelle und Elbgrund**
Aquarell nach *Grummt 619*

(10.) Juli 1810 — *Grummt 622 verso*
12 Riesengebirgsstudie
Lokalisierung Richter: Blick vom Koppenplan zur Schneekoppe

(10.) Juli 1810 — *Grummt 634*
13 Riesengebirgslandschaft
Lokalisierung Grundmann: Blick vom Koppenplan oberhalb der Wiesenbaude zum Jeschken

11. Juli 1810	*Grummt 620* **14 Landschaft im Riesengebirge** Lokalisierung Richter: morgendlicher Blick vom Gipfel der Schneekoppe nach Osten

---

12. Juli 1810	*Grummt 621* **15 Felsen und Bäume** (untere Skizze, um 180 Grad gedreht) Lokalisierungs-Vorschlag Grundmann: im Umfeld von Hainbergshöh **16 Felsen, Bäume und Figur** (obere Skizze) Lokalisierungs-Vorschlag Grundmann: beim Abstieg nach Warmbrunn/Cieplice
12. Juli. 1810	*Grummt 630* **17 Wiesenhang mit zwei Fichten** Lokalisierungs-Vorschlag Grundmann: beim Abstieg nach Warmbrunn/Cieplice
13. Juli 1810	*Grummt 622* **18 Gebirgslandschaft mit Figur** Lokalisierung Grundmann: Blick auf den Schmiedeberger Kamm aus dem Warmbrunner Landhausgarten (mit Eulengrund und Anfang des Riesenkammes)
1810	*Grummt 623* **18a Gebirgslandschaft mit Figur (Schmiedeberger Kamm)** Aquarell nach *Grummt 622*
14. Juli 1810	*Grummt 624* **19 Blick auf die Schneegruben und den Reifträger und zwei Felsstudien** bez. *„die Linien müssen sich noch mehr in die Länge dehnen"* Lokalisierung Grundmann: Blick vom Predigerstein bei Hainsberghöh, Felsgruppen im Umfeld von Hainbergshöh
1810	*Grummt 625* **19a Blick übers Schneegrubenmassiv** Aquarell nach *Grummt 624*
1810	*Grummt 626* **19b Blick übers Schneegrubenmassiv** Aquarell nach *Grummt 624*
1810	*Grummt 637* **20 Landschaft im Riesengebirge** Aquarell nach einer verschollenen Zeichnung von 13. Juli 1810 Lokalisierung Grundmann: Landhausgarten; Richter: westlich von Warmbrunn/Cieplice
1810 (1830?)	*Grummt 939* **21 Der Kynast im Riesengebirge** Aquarell nach einer verschollenen Zeichnung vom Juli 1810 Lokalisierung Grundmann: Landhausgarten; Richter: westlich von Warmbrunn/Cieplice
1810	*Grummt 627* **22 Studie eines Waldbaches** Lokalisierung bisher nicht erfolgt; Vorschlag: oberhalb vom Hainfall
14. Juli 1810	*Grummt 632* **23 Felsenpyramide im Riesengebirge** Lokalisierungs-Vorschlag Grundmann: im Höllengrund unterhalb vom Kynast
17. Juli 1810	*Grummt 631* **24 Felsblöcke am Kochelfall** Lokalisierung: Felsplatte oberhalb vom Kochelfall

I Annäherung an die böhmischen Berge

Variante 1 – über das Elbsandsteingebirge –

Dresden – Lohmen (23 km) – Schandau – Herrnskretschen/Hřensko (23 km) – Kreibitz/Chřibská – Rumburk (30 km) → **76 km**

Variante 2 – über das Elbsandsteingebirge –

Dresden – Lohmen (23 km) – Sebnitz (24 km) – Nixdorf/Mikulášovice – Rumburk (23 km) → **70 km**

Variante 3 (Postroute)

Dresden – Stolpen – Neustadt – Rumburk → **66 km**

II Zwischen Rumburk und Friedland

2. Juli 1810
Ankunft in Frankenstein bei Rumburk (eine Zeichnung)

3. Juli 1810 (möglicherweise)
Rumburk – Oybin → **23 km**

4. Juli 1810
Aufenthalt in Oybin (eine Zeichnung)

5. Juli 1810
Aufenthalt in Oybin (zwei Zeichnungen)

6. Juli 1810
Oybin – Olbersdorf (eine Zeichnung) – Zittau (drei Zeichnungen) – Friedland/Frýdlant → **27 km**

Der erste Ort, an dem wir Friedrich und Kersting auf ihrer Riesengebirgswanderung treffen, ist Frankenstein bei Rumburk. *2. Juli 1810* steht auf der Landschaftsskizze, die mit *„Feldweg"* betitelt ist *(Grummt 611)*. Das Blatt ist verschollen. Sigrid Hinz und auch Günter Grundmann haben es offenbar gesehen. Die Bergkonturen veranlassten Grundmann zur Lokalisierung: *„Bereits dieses erste Blatt läßt erkennen, daß die Freunde von Dresden aus an den Nordhängen des hügeligen Elbsandsteingebirges entlang über Frankenberg und Rumberg dem Oybin zustrebten."* [42] Offenbar meinte Grundmann Rumburk. Die obere Karte auf Seite 61 zeigt den wahrscheinlichen Weg, wenn sie wirklich vom Elbsandsteingebirge her kamen. Viel logischer erscheint jedoch der direkte, kürzere Postweg von Dresden über Stolpen und Neustadt, sollte Grundmann recht mit Rumburk haben. Sind sie jedoch vom Elbsandsteingebirge her gekommen und nahmen den Weg entlang am Kreibitzer Gebirge, warum sollten sie dann diesen Schwenk nach Norden gemacht haben?

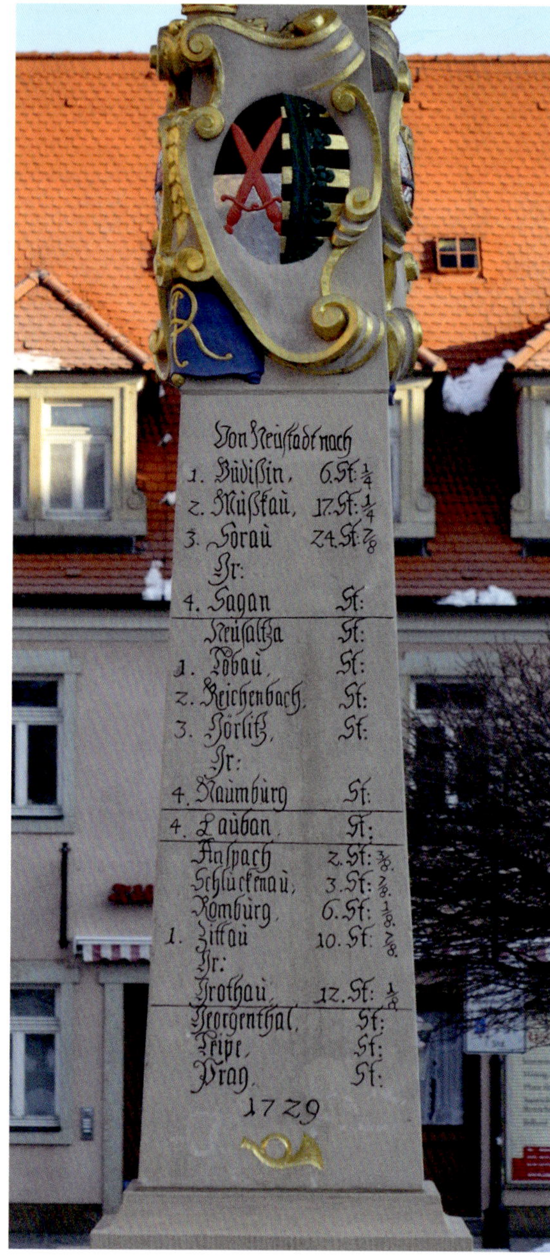

83 Postmeilensäule in Neustadt in Sachsen: Romburg (Rumburk) 6 1/8 Std.

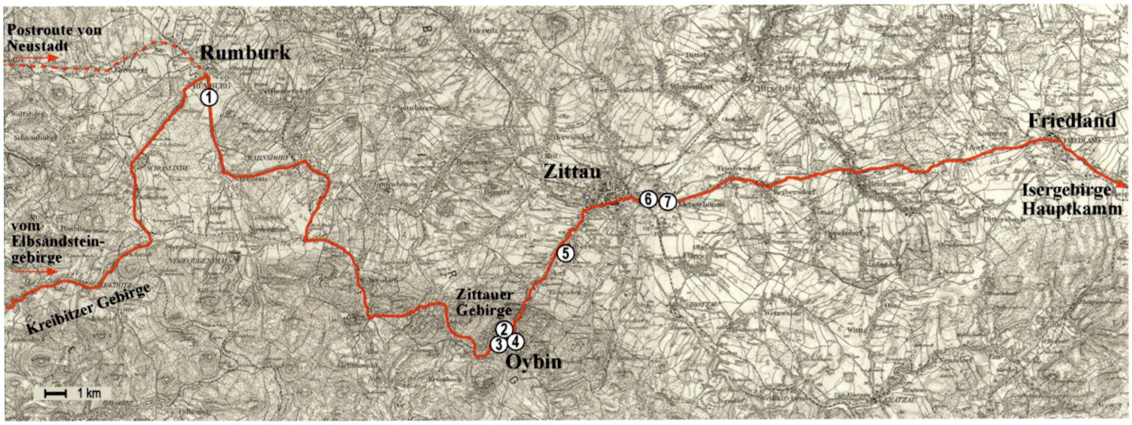

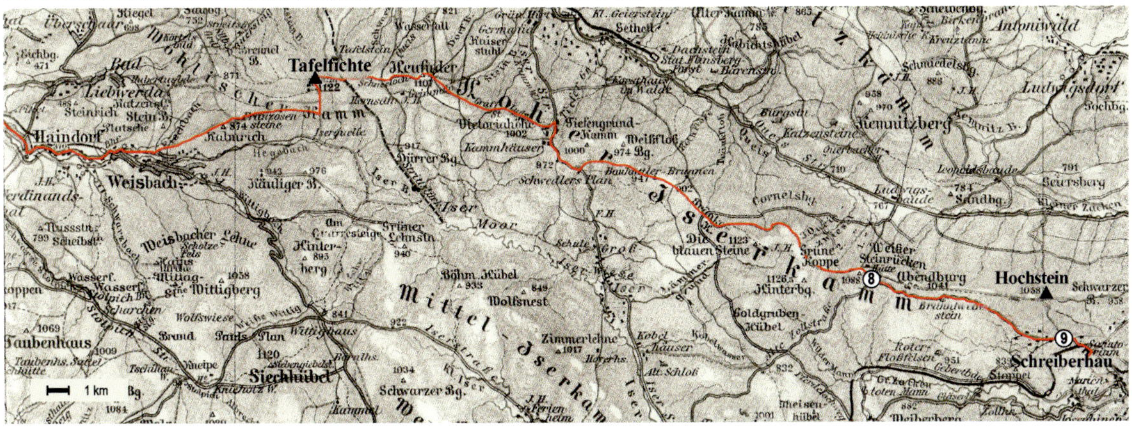

84 ***Karte 3:*** *Friedrichs rekonstruierte Route zwischen Kreibitzer Gebirge und Schreiberhau/Szklarska Poręba am Riesengebirge (Nummerierung der Zeichenstandorte nach der Aufstellung auf S. 58)*

85 Blick südlich vom Rumburk auf das Kreibitzer Gebirge mit dem Tannenberg (Mitte) und der Burgruine Tollenstein (links)

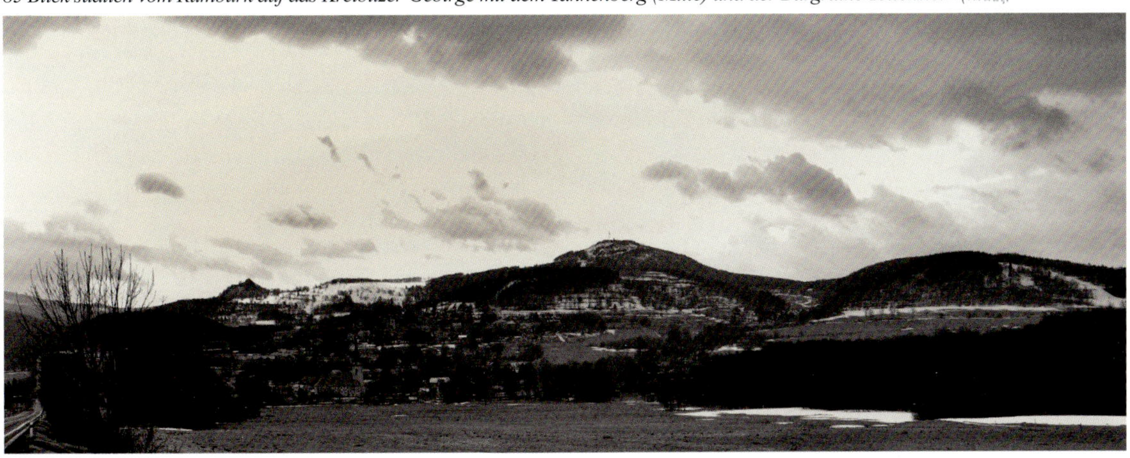

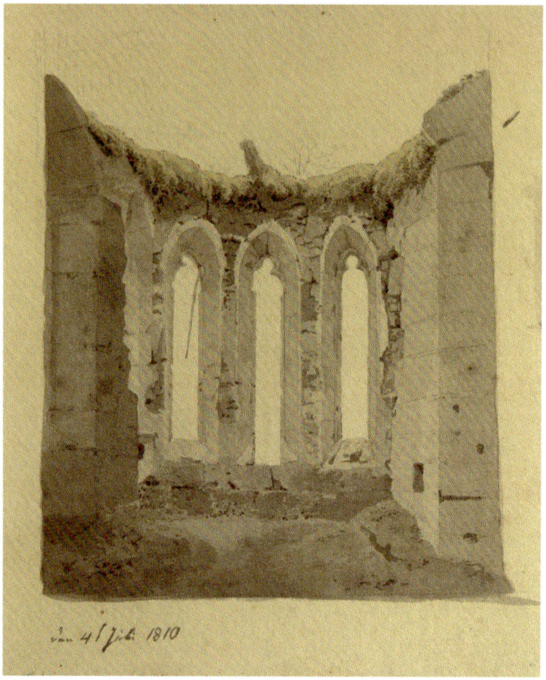

86 ***C. D. Friedrich: (2)*** *Klosterruine auf dem Oybin, 4. Juli 1810, (Grummt 612), Hamburger Kunsthalle, Ausschnitt*

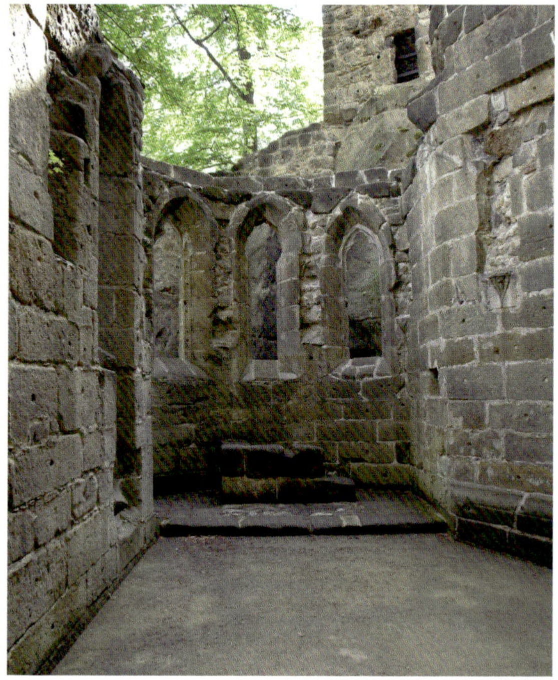

87 ***Vergleichsfoto:*** *Ehemalige Sakristei der Klosterruine Oybin*

Am 4. Juli 1810 hat Caspar David Friedrich in der Ruine der Klosterkirche auf dem Oybin gezeichnet, und zwar die ehemalige Sakristei. Der kleine sakrale Raum zeigt sich noch heute nahezu unverändert so, wie ihn Friedrich sah. Er hat später zwei Ölgemälde nach dieser Studie gemacht: *Ruine Oybin (BS 203)* um 1812 und *Huttens Grab (BS 316)* im Jahr 1823. Außerdem verwendete er sie für das späte Sepiablatt *Eule in gotischem Fenster (Grummt 983).*

Die Studie eines gotischen Fensters zu dem kleinen Bild *Der Träumer (BS 451)* ist verschollen. Wir können davon ausgehen, dass sie bei dem Oybinbesuch von 1810 entstand. Dieses Fenster hat Friedrich auch in *Lauten- und Gitarrenspielerin in einer gotischen Ruine (Allegorie der weltlichen Musik, Grummt 935)* verwendet. Das große Blatt stand im Zusammenhang mit einem Zyklus von Transparentbildern zum Thema Musik.

Carl Gustav Carus besucht zehn Jahre später das Riesengebirge und den Oybin. Er findet in der Klosterruine eine ganze Reihe von Motiven. Den unteren Teil eines „Doppelfensters" verwendet er für sein Ölbild *Fenster am Oybin bei Mondschein.* Es entstand um 1825, wohl zeitnah zu Friedrichs *Der Träumer* (zwischen 1820 und 1830). Friedrich verwendete den oberen Teil dieses Doppelfensters. Man spürt in diesen Bildern förmlich die Anregungen, die von Carus auf Friedrich ausgingen.

88 ►
Das „Doppelfenster" auf dem Oybin, das sowohl Friedrich als auch Carus als Motiv verwendeten

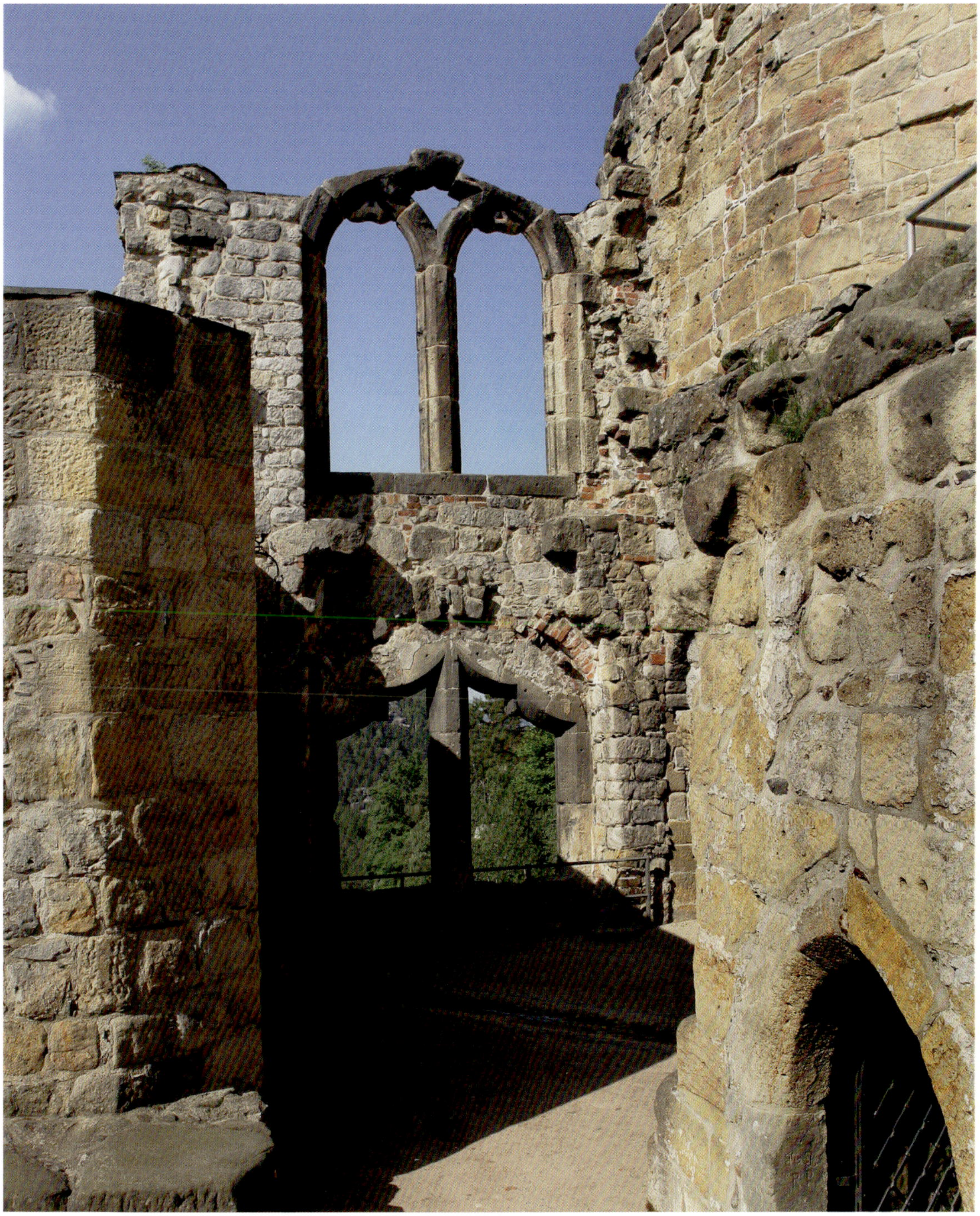

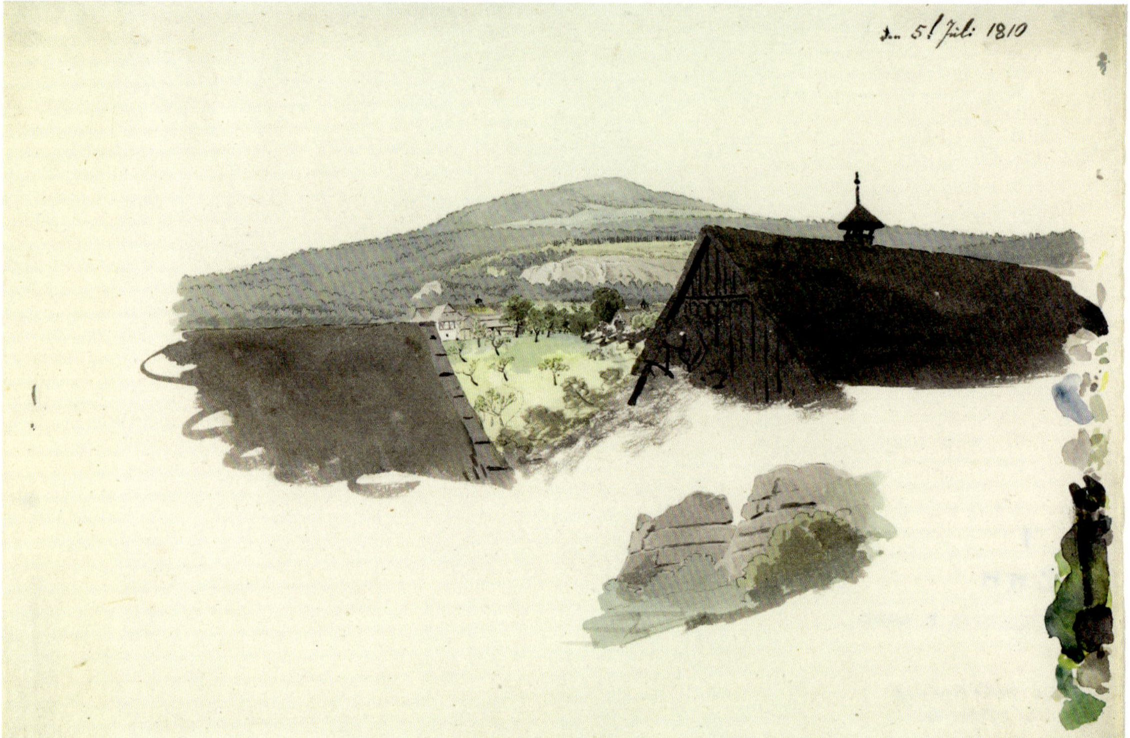

89 **Caspar David Friedrich: (3, 4)** *Blick vom Oybin zum Hochwald und Felsen, 5. Juli 1810, Aquarell, Bleistift (Grummt 613) Oslo, Nationalgalerie*

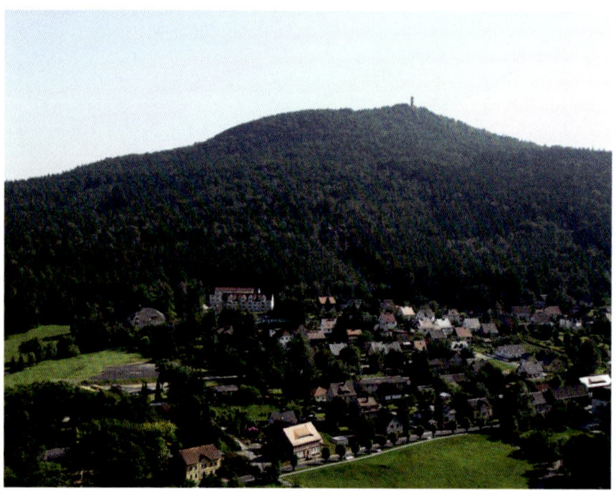

90 **Vergleichsfoto:** *Blick von den Stufen des Bergweges vom Berg Oybin über den gleichnamigen Ort zum Hochwald*

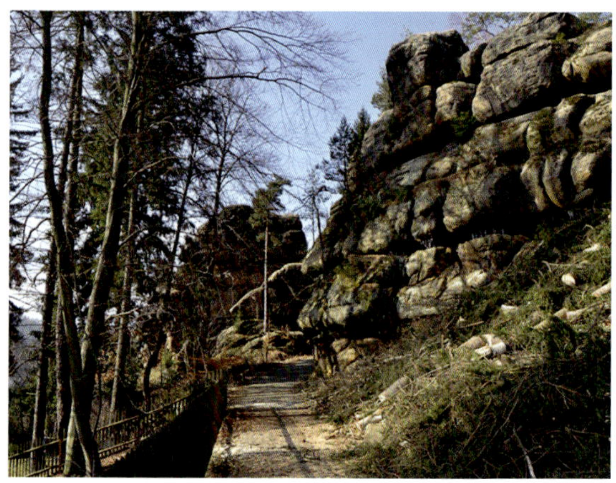

91 **Vergleichsfoto:** *Der Thomasfelsen in Oybin am Thomasweg nach Johnsdorf*

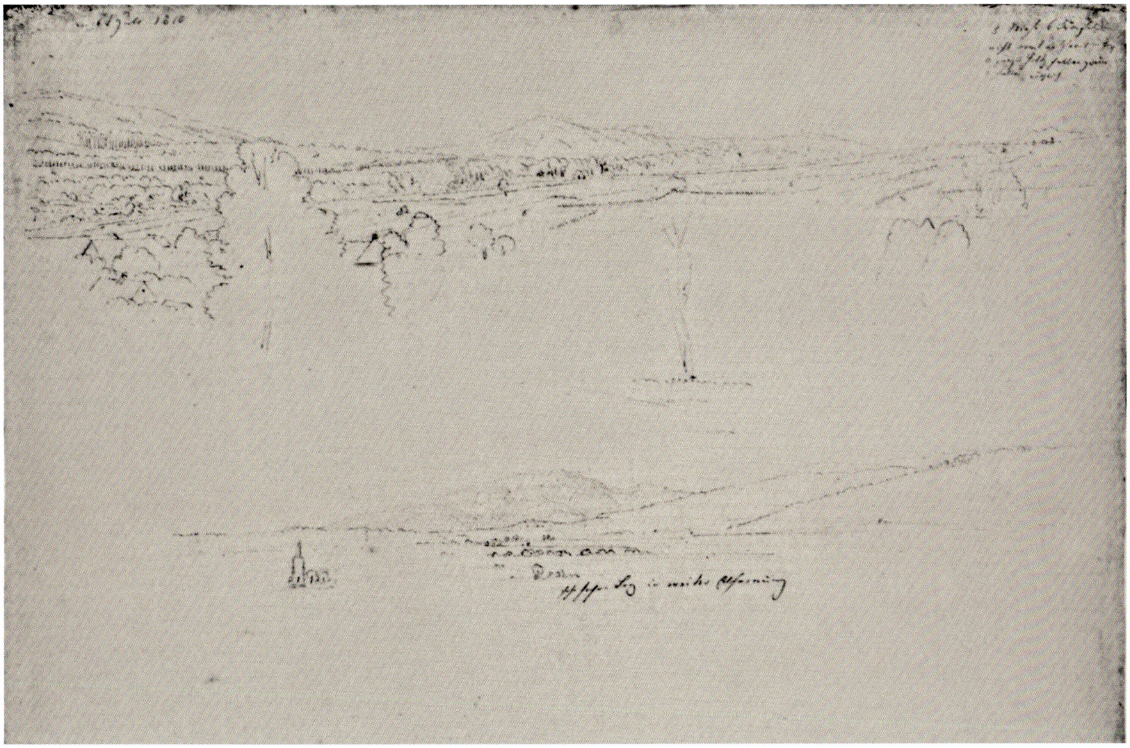

92 ***Caspar David Friedrich:* (5, 7)** *Zwei Landschaftsskizzen, 6. Juli 1810, Bleistift (Grummt 614), Standort unbekannt bezeichnet oben rechts: 5 Wiese / 6 Kornfelder nicht weit entfernt ein Berg / ○ junges Holz helles grün / x Felder bezeichnet untere Zeichnung: sehr hoher Berg in weiter Entfernung*

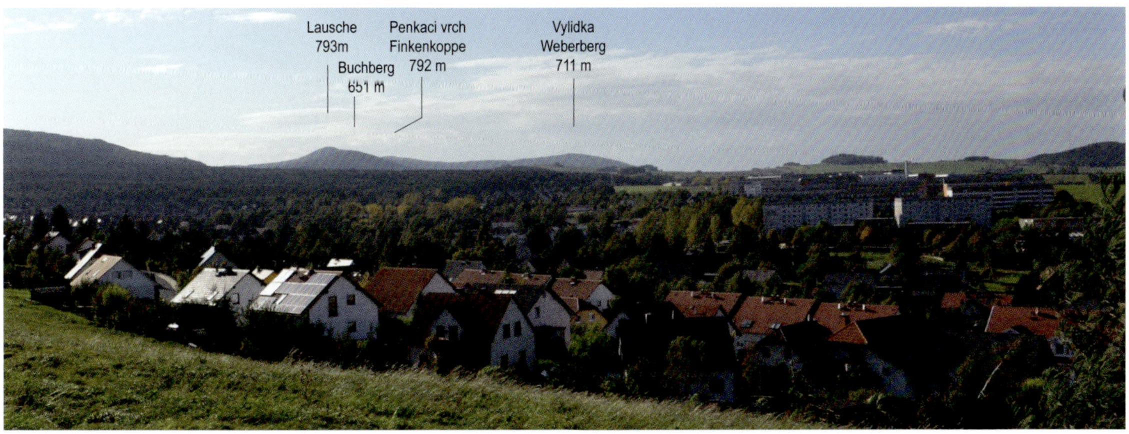

93 ***Vergleichsfoto:*** *Der Blick vom Kaltenstein in Olbersdorf über den Ort hinweg gegen die Bergkette bei der Lausche*

Zur unteren Skizze: Nach Grundmann ist es der Blick von Kleinschönau über die Kirche von Reibersdorf gegen das Isergebirge. Friedrich stand auf einer Anhöhe. Reibersdorf, Ort und Kirche sowie die Anhöhe sind durch den Braunkohlenabbau verschwunden. Der Blick ist durch die jetzt tiefere Lage nicht mehr nachvollziehbar.

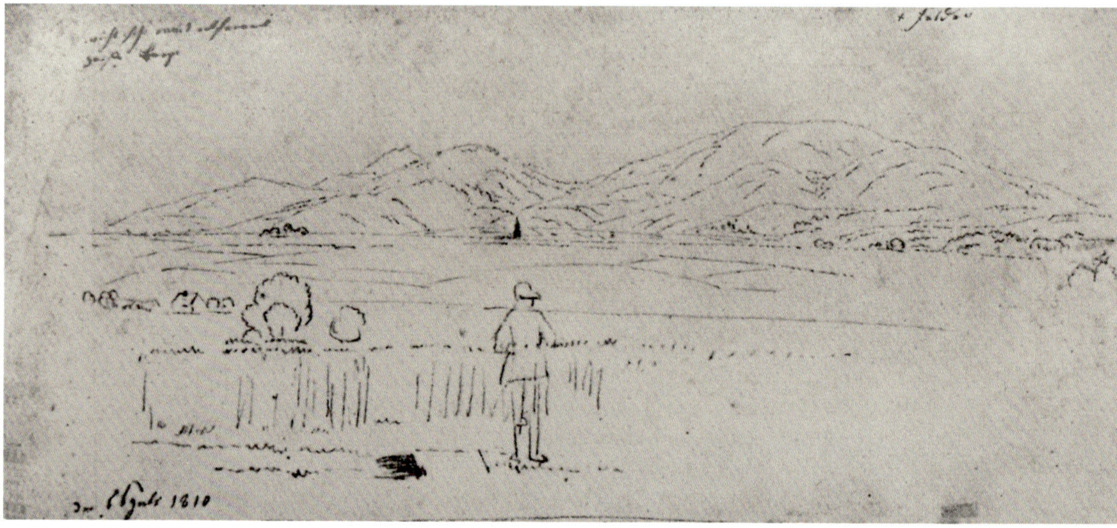

94 ***Caspar David Friedrich: (6)*** *Landschaft mit Mann, 6. Juli 1810, Bleistift, halbes Blatt (Grummt 615), Standort unbekannt bezeichnet oben links: nicht sehr weit entfernt große Berge / oben rechts: x Felder*

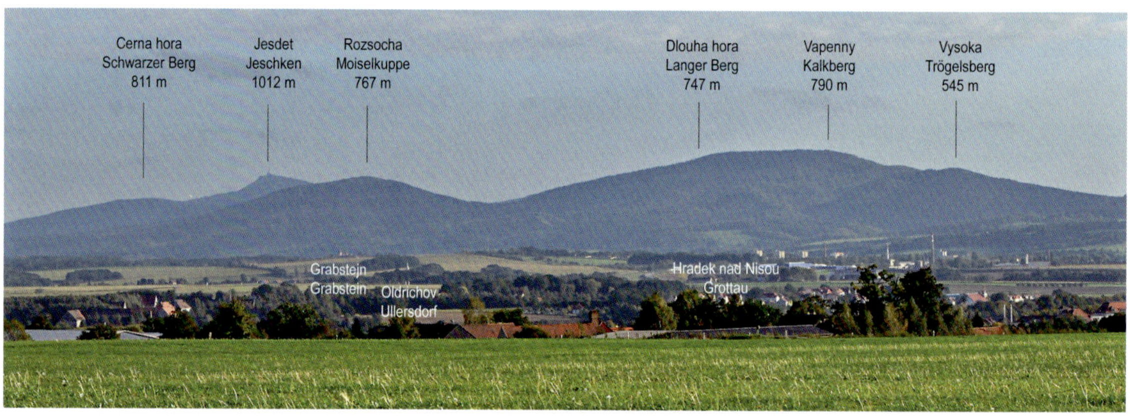

95 ***Vergleichsfoto:*** *Blick zum Jeschkengebirge von einer Wiese bei Eckartsberg, heute Ortsteil von Zittau*

96 ***Lokalisierungsskizze*** *zu Grummt 614 und 615*

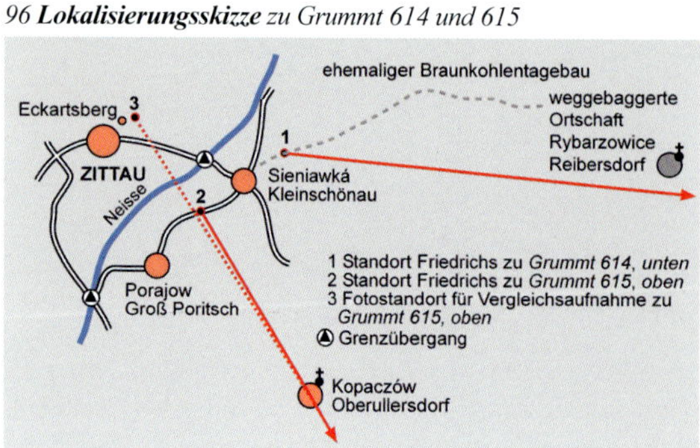

97 *Vertikal gestrecktes* ***Vergleichsbild*** *zu BS 298*

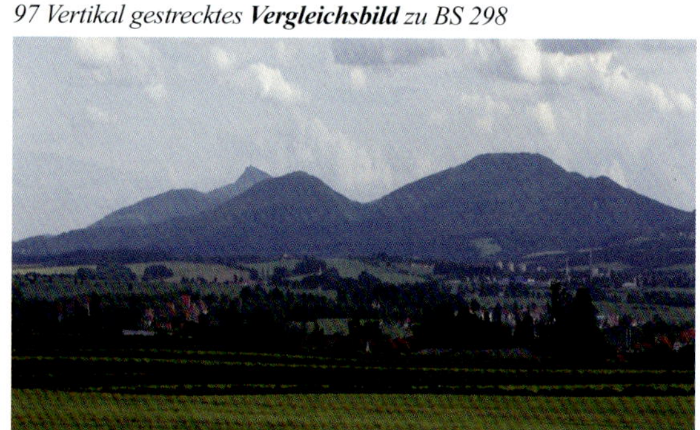

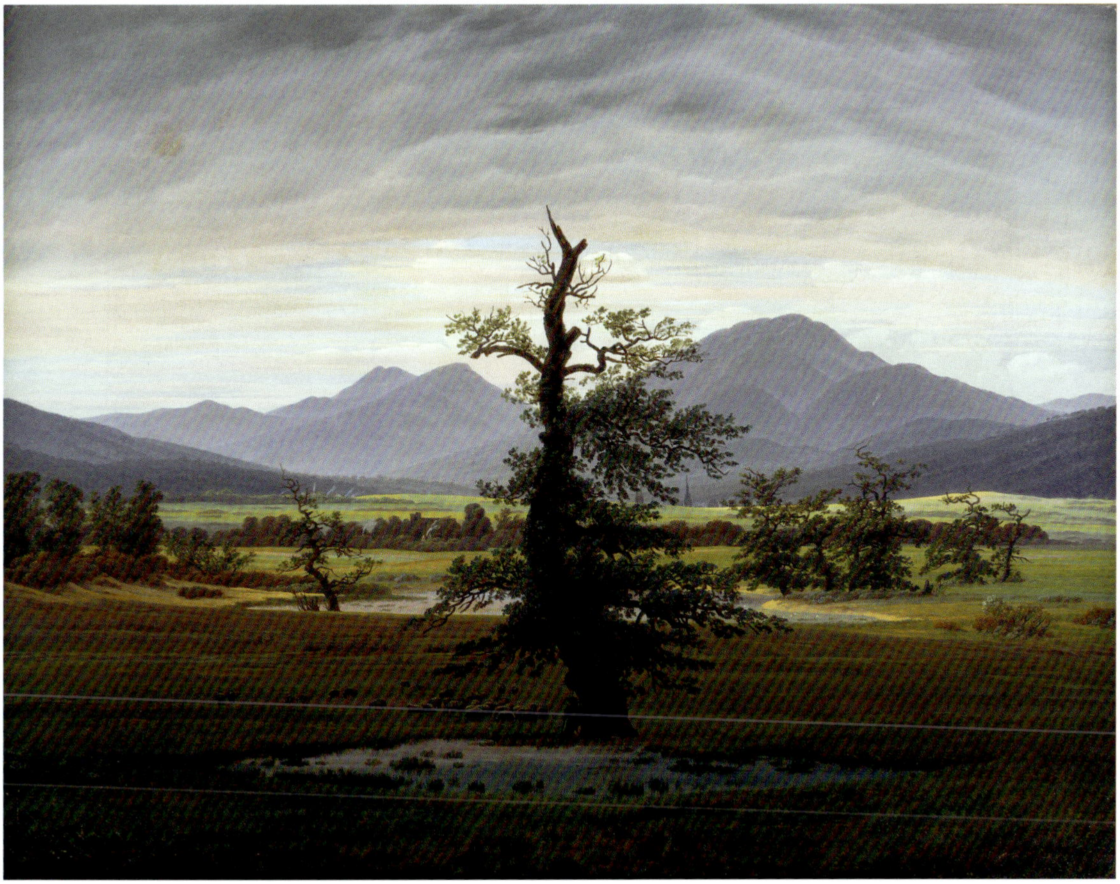

98 **Caspar David Friedrich:** *Dorflandschaft bei Morgenbeleuchtung, 1822 (BS 298)*
Staatliche Museen zu Berlin, Nationalgalerie

Caspar David Friedrich hat die linksseitig abgebildete *Landschaftsstudie mit Mann* zwölf Jahre später in dem Gemälde *Dorflandschaft bei Morgenbeleuchtung* als Hintergrund verwendet. Dabei handelt es sich um einen Panoramablick zum Jeschkengebirge, wie er ihn bei seiner Riesengebirgswanderung 1810 gesehen hat. Die dargestellte Person ist wahrscheinlich Georg Friedrich Kersting. Von Günter Grundmann stammt auch diese Lokalisierung, die Hoch bestätigte. Mein etwas abweichender Fotostandort wurde wegen der besseren Sichtbedingungen bei Zittau-Eckartsberg gewählt.

Mit den Berglandschaften im Osten Deutschlands und in Böhmen verhält es sich eigenartig. Meist werden sie Gebirge genannt, wie hier das Jeschkengebirge. Dabei ragt in unserem konkreten Fall, wo Kalkberg und Jeschken so markant in Szene gesetzt sind, nur der Jeschken mit gerade einmal zwölf Metern über die 1000-m-Grenze hinaus. Erst bei Friedrich wird die Landschaft zum wirklichen Gebirge. Er streckte seine Skizze vertikal so weit, bis sich ein wuchtiges Gebirgspanorama vor unseren Augen aufbaut. Im vertikal ebenfalls getreckten Vergleichsfoto (Abb. 97) wird das deutlich.

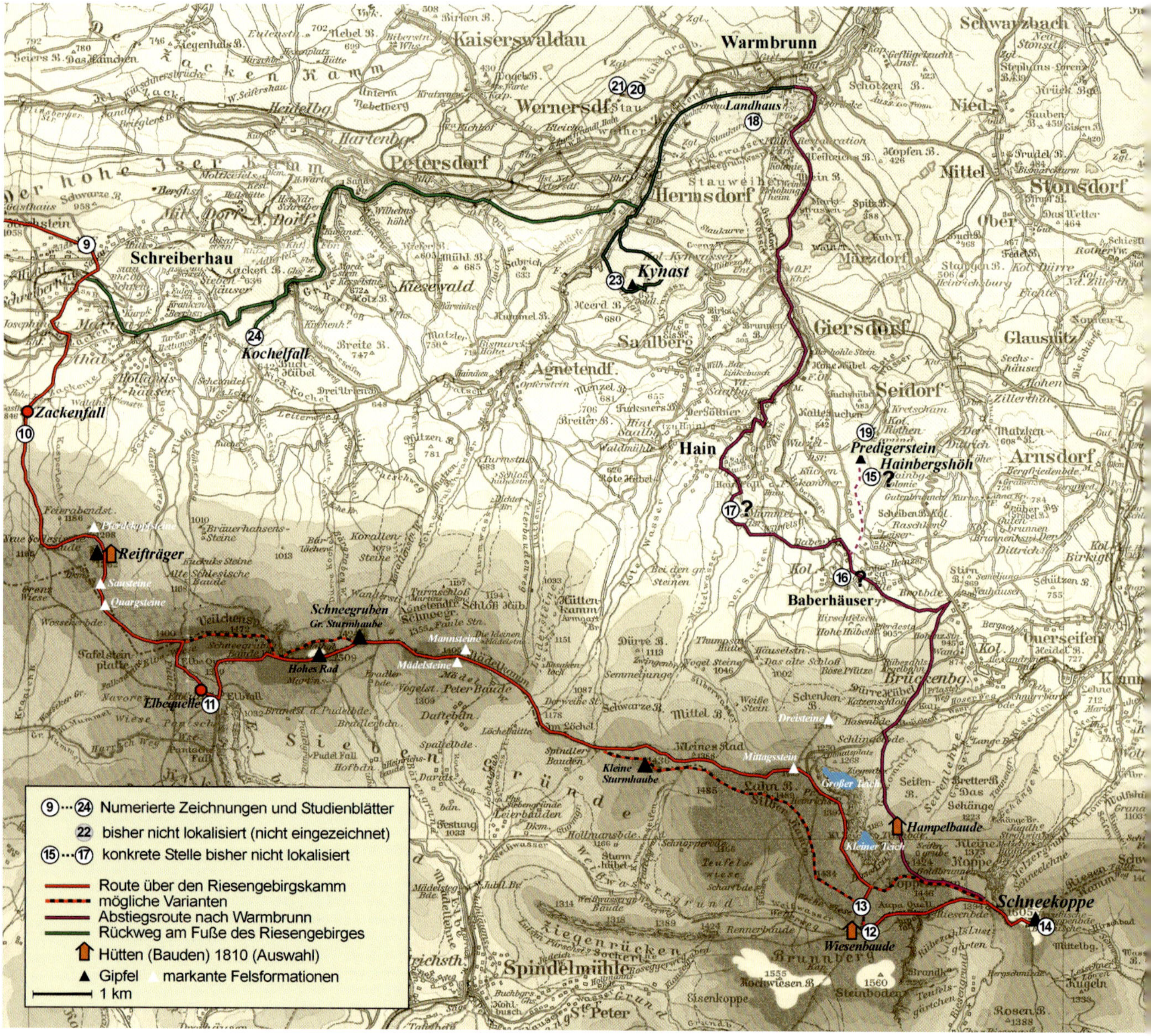

99 ***Karte 5: Übersicht zu den Riesengebirgsabschnitten:***

III: Zwischen Tafelfichte und Schneekoppe *(Wegverlauf rot)*
IV: Zwischen Schneekoppe und Kochelfall *(Wegverlauf violett und grün)*

III Zwischen Tafelfichte und Schneekoppe

7. Juli 1810
Friedland/Frýdlant – Hoher Iserkamm – Tafelfichte (Übernachtung?) → **16 km**
8. Juli 1810
Tafelfichte – Schreiberhau/Szklarska Poręba (zwei Zeichnungen, Übernachtung?) → **19 km**
9. Juli
Schreiberhau/Szklarska Poręba – Zackenfall – Reifträger (eine Zeichnung, Übernachtung?) → **10 km**
10. Juli
Reifträger – Elbequelle – Wiesenbaude (zwei Zeichnungen, Übernachtung?) → **16 km**
11. Juli
Wiesenbaude – Schneekoppe (zwei Zeichnungen) → **3,5 km**

III Zwischen Tafelfichte und Schneekoppe

In der Übersicht sind die Tagesetappen zwischen Friedland/Frýdlant und der Schneekoppe benannt. Da wir nicht wissen, wo die beiden Freunde übernachtet haben, werden unter Vorbehalt mögliche Orte im Zusammenhang mit Friedrichs eigenhändigen Datierungen auf seinen Skizzen angenommen. Das wären nach Schreiberhau/Szklarska Poręba die Baude am Reifträger, dann die Wiesenbaude auf dem Koppenplan und Hampel- oder Schlingelbaude beim Abstieg. Und schließlich als Ort für mehrere Tage: Warmbrunn/Cieplice. Auf jeden Fall wird deutlich, dass sie sich viel Zeit bei ihrer Kunstwanderung genommen haben.

Alles, was die beiden Freunde bisher durchwandert und gesehen haben, war die Einstimmung auf das große Ziel, das sie nun von den Höhen des Isergebirges vor sich sehen. Noch kann das Auge die Einzelheiten des langen Riesengebirgskammes nicht ausmachen. So erscheint Friedrichs erste Zeichnung *(Grummt 617)*, die vom Hohen Iserkamm zwischen Tafelfichte und dem Hochstein nahe bei Schreiberhau/Szklarska Poręba kurz vor dem Abstieg entstanden sein muss, wie durch ein Fernrohr herangeholt. Selbst Nathes gezeichneter Horizont mit den topografischen Punkten ist hier nicht zuverlässig. Er hat Dinge gezeichnet, die wohl nur bei besten Bedingungen und nur mit dem Fernglas zu sehen sind. Auffallend ist bei diesem und dem nächsten Blatt, dass Friedrich die Bergkonturen deutlich überhöht hat. Die zweite Zeichnung aus ähnlicher Perspektive entsteht am selben Tag. Auf der alten Zollstraße steigen die beiden Wanderer vom Isergebirge ab und kurz oberhalb von Schreiberhau/Szklarska Poręba zeichnet Friedrich den freien Blick *(Grummt 616)* auf das Riesengebirge. Am Lokalsierungsfoto lässt sich die Überhöhung gut vergleichen (Abb. 102).

An diesen und allen folgenden Zeichnungen ist abzulesen, dass Friedrich und Kersting auf der gesamten Riesengebirgswanderung außerordentlich gutes Wetter und klare Sicht hatten. Das war ein Glücksfall, denn die Wahrscheinlichkeit für schlechtes Wetter ist sehr hoch. Der Gipfel der Schneekoppe steckt im Schnitt an 296 Tagen im Jahr im Nebel oder in Wolken.

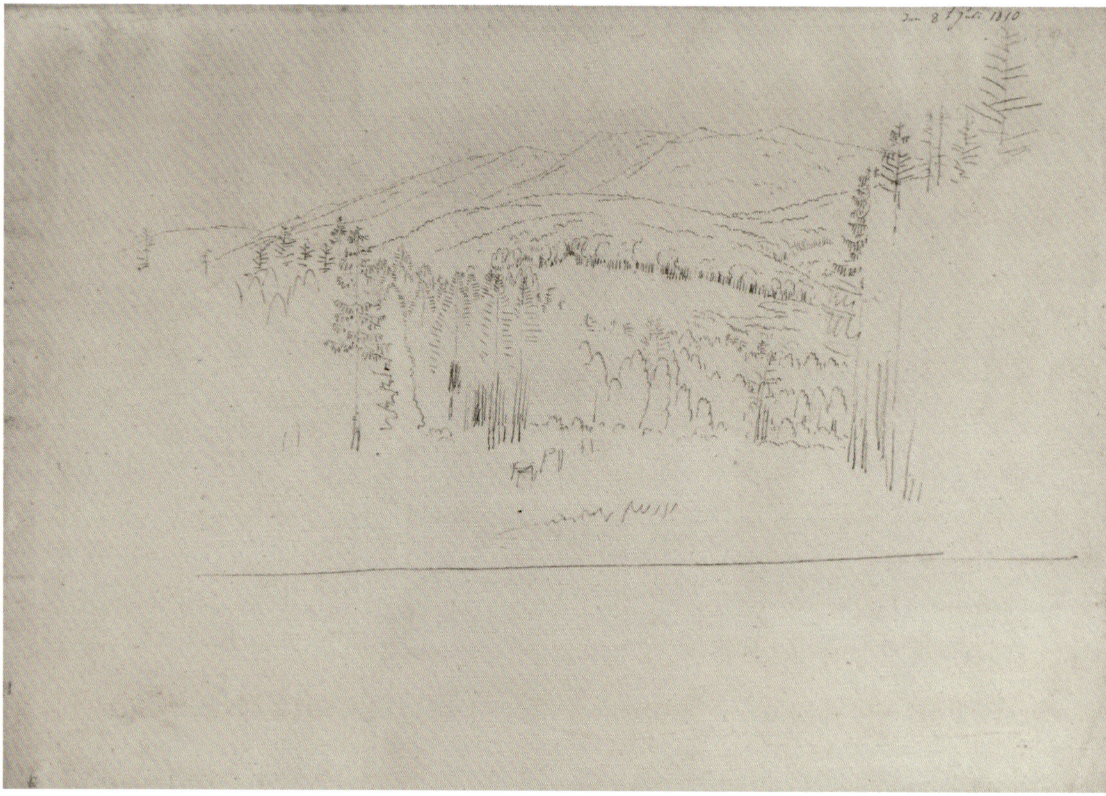

100 ***Caspar David Friedrich: (8)*** *Landschaft im Riesengebirge, 8. Juli 1810, Bleistift (Grummt 617)*
Nationalmuseum, Warschau

Blick vom Hohen Iserkamm kurz vor Schreiberhau/Szklarska Poręba
Günter Grundmann:
„In starker Verkürzung umfaßt der Blick
den Reifträger,
die Schneegruben
und den fern verdämmernden Mädelkamm.“ [43]

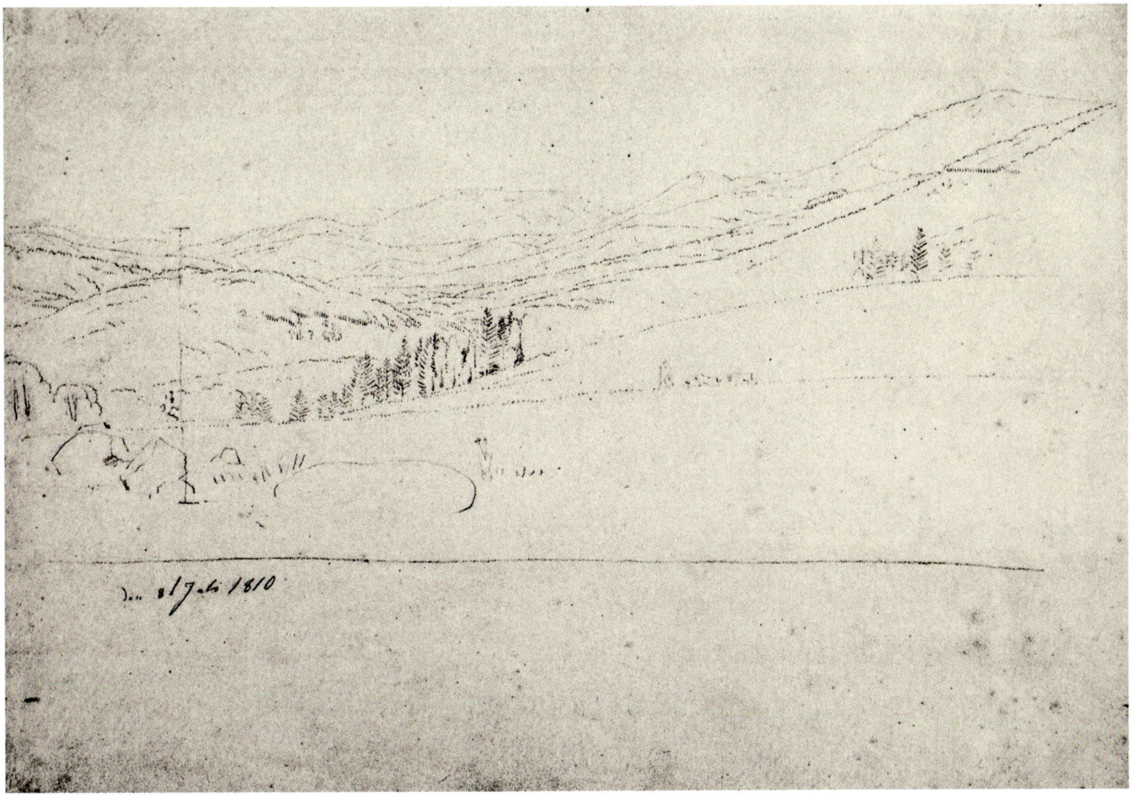

101 ***Caspar David Friedrich:*** *(9) Landschaft im Riesengebirge, 8. Juli 1810, Bleistift (Grummt 616)*
Nationalmuseum Warschau

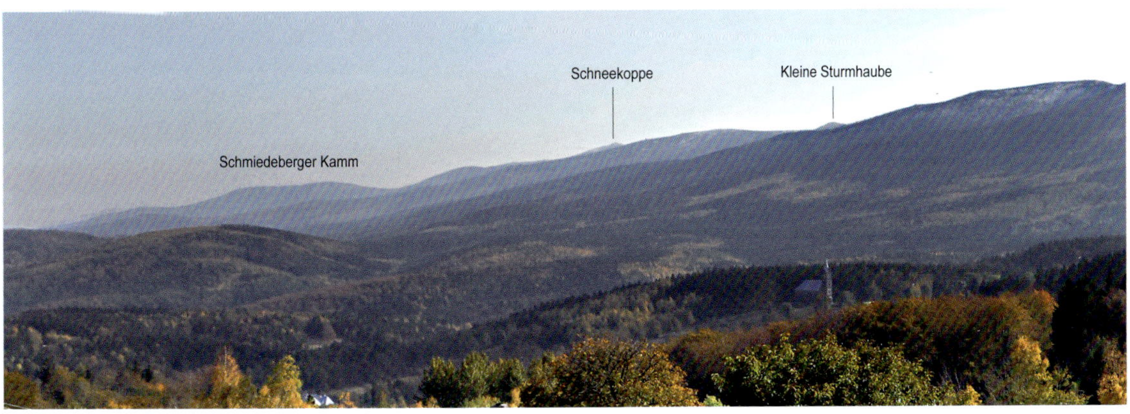

102 ***Vergleichsfoto:*** *Blick vom Nordrand von Schreiberhau/Szklarska Poręba auf den Riesengebirgskamm*

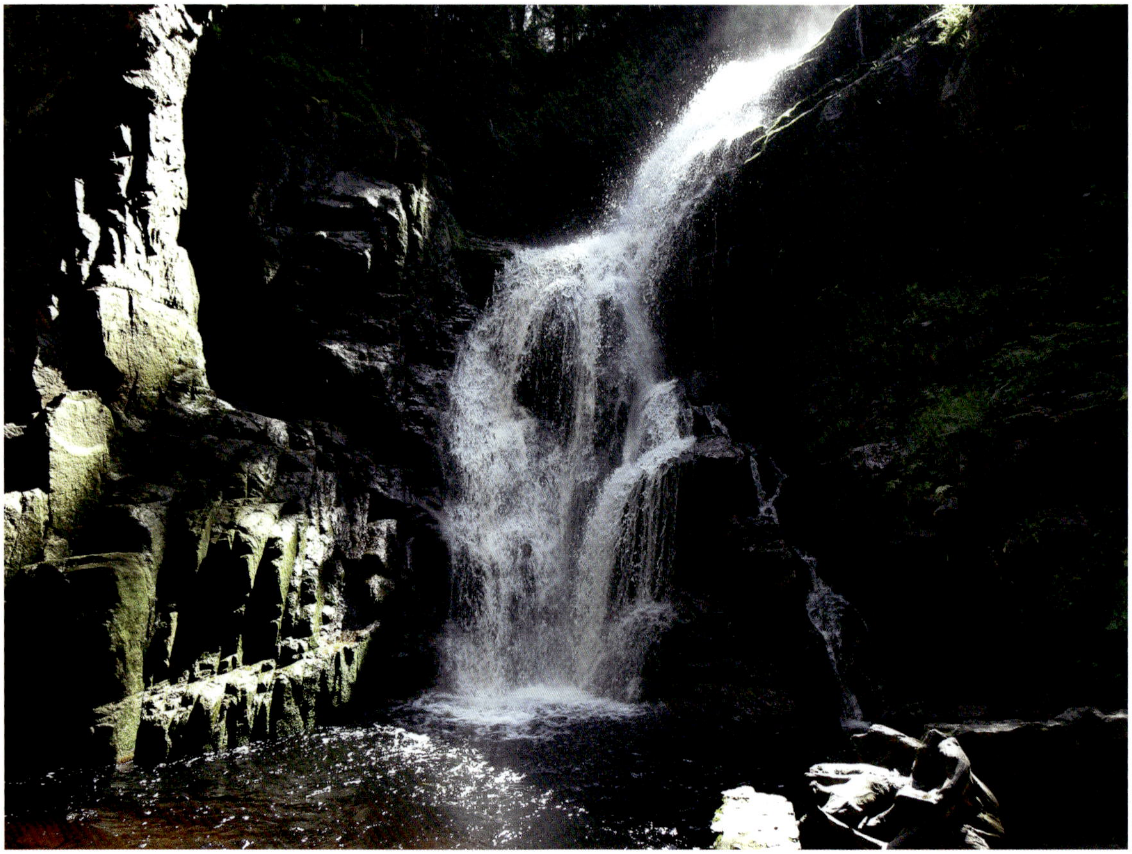

103 Der Zackenfall bei Schreiberhau/Szklarska Poręba im Riesengebirge

104 ***C. D. Friedrich: (10)*** *Wasser mit Steinen, 9. Juli 1810, Bleistift (Grummt 615), Standort unbekannt*

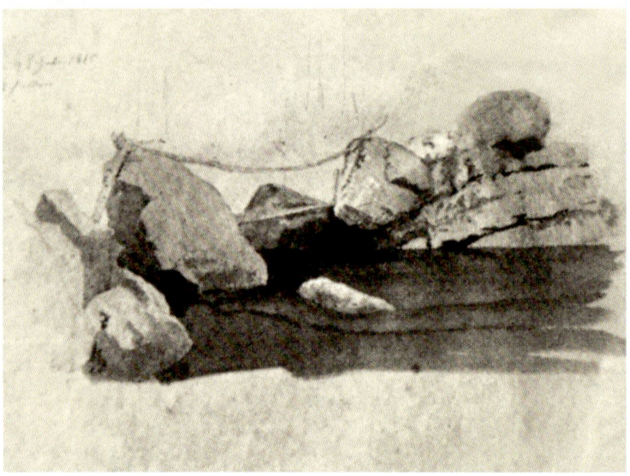

105 ***Vergleichsbild:*** *eine ähnliche Stelle am Zacken oberhalb des Wasserfalles*

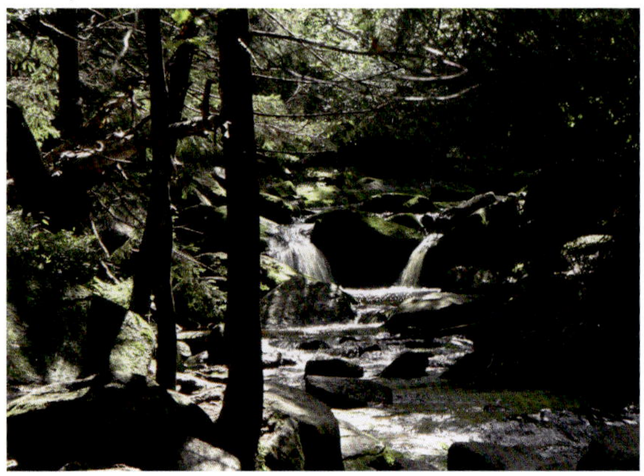

Nachdem die Freunde am 8. Juli 1810 wahrscheinlich in Schreiberhau/Szklarska Poręba übernachtet haben, ist das nächste Ziel der durch Christoph Nathe weithin bekannt gewordene Zackenfall. Obwohl wir keine Zeichnung des Wasserfalls von Friedrichs Hand kennen, ist nicht auszuschließen, dass er ihn nicht vielleicht doch gezeichnet hat. Immerhin gibt es einen Anhaltspunkt in der Literatur. 1811 wurde in Weimar ein Gemälde *Gebirgslandschaft mit Wasserfall (BS 191)* ausgestellt und beschrieben: *„Von einem in Wolken gehüllten Berggipfel stürzt ein Wasserfall herab. Es bietet sich der Ausblick in ein Tal mit einem schiffbaren Fluß, bewölkter Himmel mit Abendrot, im Vordergrund Felsformationen mit einem Mann, der ein Mädchen von einer Klippe zur anderen hebt.“* [44] Helmut Börsch-Supan vermutet in dem Gemälde eine Riesengebirgslandschaft. Das Bild steht vielleicht sogar auf der Staffelei von Kerstings Friedrichporträt von 1811. Immerhin wusste ja Kersting aus eigenem Erleben, was Friedrich im Riesengebirge gesehen hatte.[45]

Der weitere Weg oberhalb vom Zackenfall folgt noch eine Weile dem Lauf des Baches. Ein Bachmotiv *Wasser mit Steinen (Grummt 615)* skizziert Friedrich am 9. Juli 1810. Dann dauert es nicht mehr lange, sie lassen die Baumgrenze hinter sich, und vor ihnen liegt der freie Kamm des Riesengebirges.

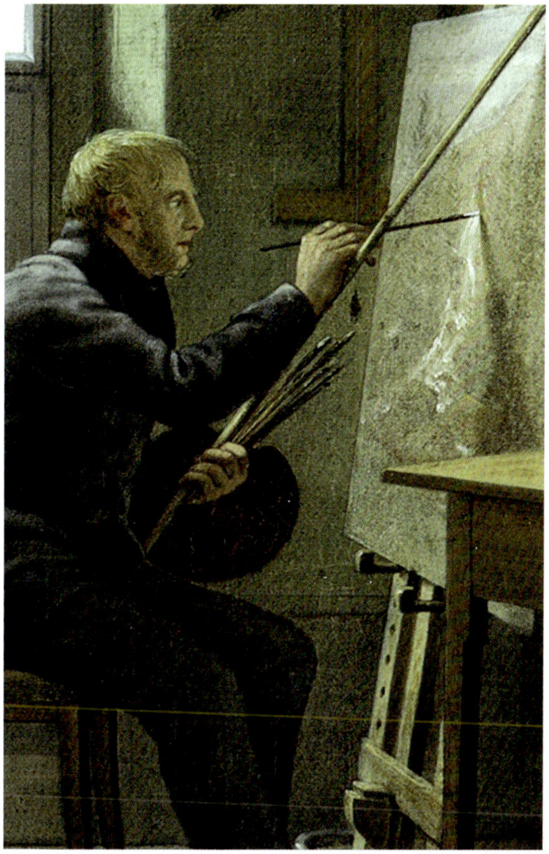

106 ***Georg Friedrich Kersting:*** *Caspar David Friedrich im Atelier, 1811 (Ausschnitt), Hamburger Kunsthalle*

107 Blick vom Reifträger zum Kamm des Riesengebirges

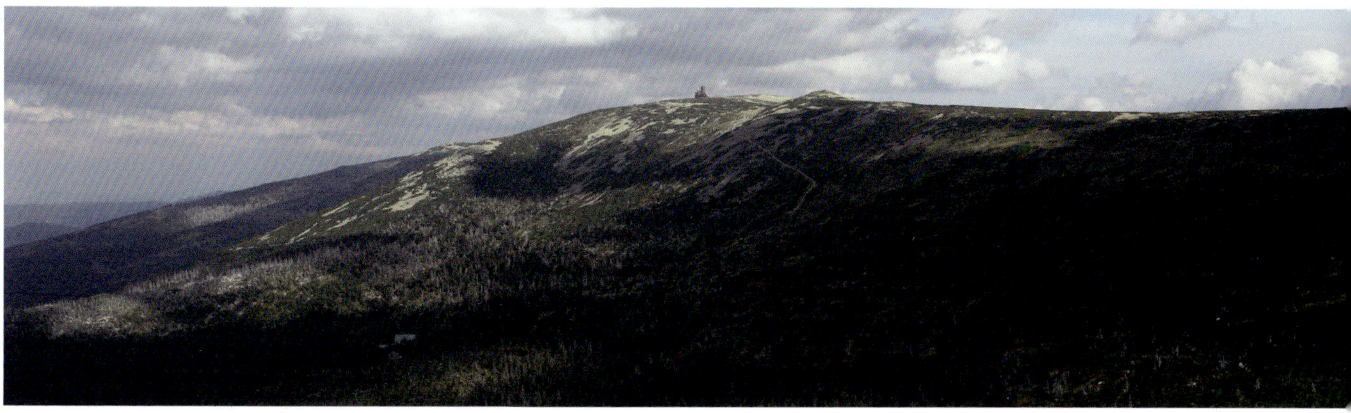

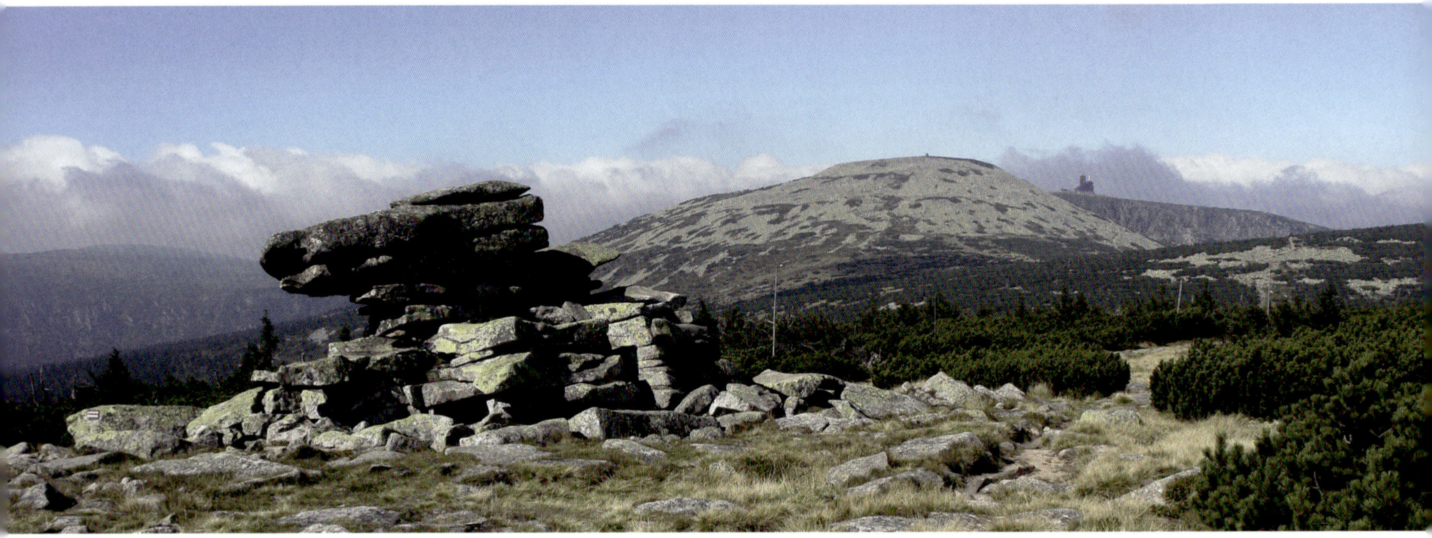

108 Blick vom Mädelkamm zum Hohen Rad und den Schneegruben (Schneegrubenhaus)

Günter Grundmann: Caspar David Friedrich im Riesengebirge[46]

„[...] Friedrichs Arbeitsmethode: *‚Der Maler soll nicht bloß malen, was er vor sich sieht, sondern auch was er in sich sieht.'* Betrachtet man das Skizzenbuch[47] [...] so fällt vor allem das Fehlen der Motive auf. Gerade das, was vor Friedrich kein Maler im 18. Jahrhundert beachtet hatte, war ihm wichtig. Das anscheinend Bedeutungslose gewinnt höchste Charakterisierungskraft für eine ganze Landschaft. So schildert dieses Skizzenbuch nicht die hervorragenden Sehenswürdigkeiten einer höchst vielseitigen Landschaft, sondern ausschließlich das Auf und Ab, Vor- und Hintereinander der sanft geschwungenen Bergwellen und die Einzelbildung des Baumwuchses und des Gesteins. So werden diese Skizzen zu Stenogrammen einer jeweiligen Erlebnisstufe der Riesengebirgslandschaft, als Ganzes zur Summierung ihres künstlerischen Wesensgehaltes. Und darum bilden sie für die Bildgestaltung in den kommenden Jahren der Atelierarbeit eine stete Hilfsquelle. So lebt der Geist dieses Skizzenbuches fort, jener Geist des Riesengebirges, der nicht stofflich im einzelnen sichtbar ist, sondern zwischen den zarten Linien der Friedrichschen Konturzeichnungen spürbar wird. Man kann deshalb bei den Aquarellen und Gemälden, die auf diesem Skizzenmaterial aufbauen, ebenso von einer grundlegenden Übereinstimmung mit der Natur sprechen, wie man auch eine grundlegende Abweichung erkennen wird. Indem sich Übereinstimmung und Abweichung die Waage halten, fehlt die Vergewaltigung der Natur genauso wie ihre Klischierung. Zweifelsohne stehen dem Künstler schon bei der skizzierenden Arbeit vor der Natur die späteren Bildgestaltungen vor Augen: Der Maler der Romantik fühlt sich der Schöpfung Gottes ebenso verpflichtet, wie er sich bei ihrer Wiedergabe als der vom Schöpfer geheiligte Künstler betrachtet [...].
Man möchte beinahe meinen, daß aus unterbewußter Erdgebundenheit heraus Friedrich besonders empfänglich für Schlesiens erhabenste Landschaft war. Wer immer die eigenartig schwermütige Veranlagung

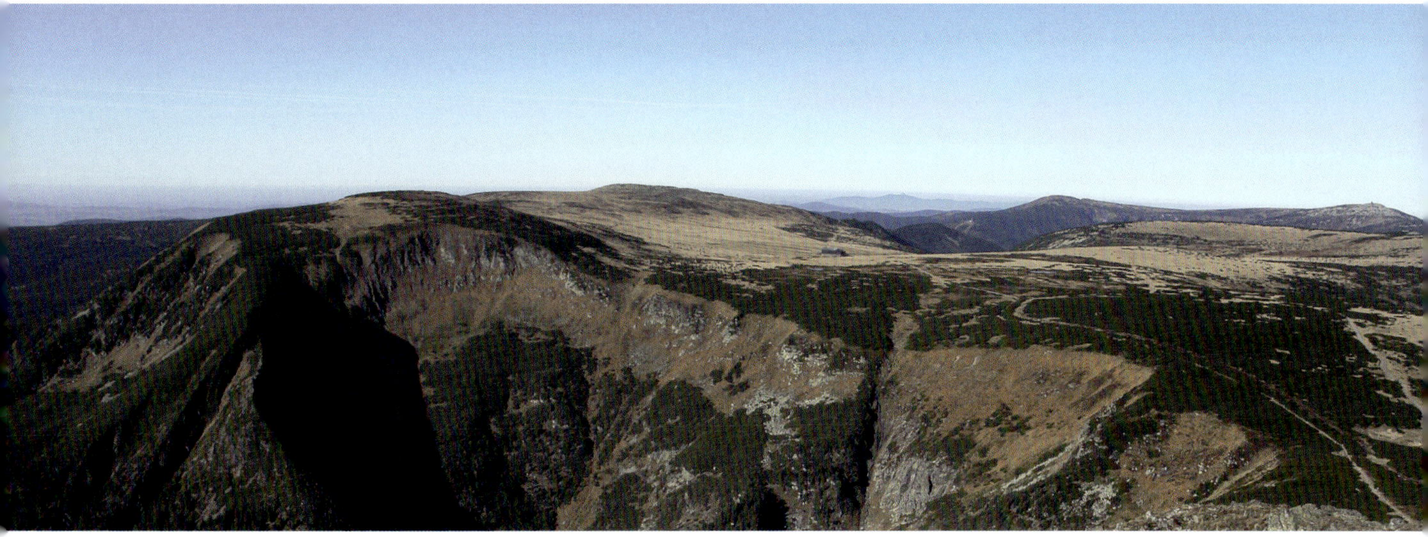

109 Blick über den Koppenplan mit der Wiesenbaude bis zum Jeschken

Friedrichs, die sich zu Einsamkeit verlangender Melancholie steigerte, aus seinen Werken bis zu dem Grade herausfühlt, daß er selbst von dieser Schwermut überwältigt wurde, der dürfte im Erleben des Riesengebirges fast von den gleichen Gefühlsempfindungen ergriffen werden. Die froheren Stimmungen der böhmischen Hügel wandeln sich auf der Höhe des Kammes zu melancholischen Tönen, gleichsam vom heiteren Südwesten zum schwermütigen Osten überleitend.

Ein eigenartiger Widerstreit liegt über diesem Gebirge, seelenvoll und rätselhaft in einem. Die Formen der Kuppen und Rücken, die Öde der Hochflächen und Moore, die Steinhalden und Knieholzhänge stimmen nachdenklich. Und neben dieser lastenden Monotonie wirkt das Erlebnis der Höhe und Weite doppelt erlösend. – Es mag wie ein Sichbegegnen gleichgestimmter Wesen gewesen sein, als Friedrich sein Ich in dieser Landschaft widergespiegelt sah und diese Landschaft in ihm den Verkünder ihrer schweigsamen Seele erkannte – es war ein Einswerden, in dem das Ich verschwand und nur das Schöpferische und Zeugende dieser Verbindung blieb. Doch zu diesem naturgegebenen Gleichklang kam die in Friedrich mächtige Sehnsucht, dem Wesenhaften der Natur symbolisch pantheistische Deutung zu geben und dafür die schönsten und erhabensten Möglichkeiten in der Darstellung des Gebirges zu finden.

Aus dem Gefühl heraus, in der erderhöhten Berggipfelung dem Gotterlebnis verbundener zu sein als in der Niederung der Täler, die den Blick fesseln und dem Auge durch ihre Lieblichkeit schmeicheln, sind Friedrichs Riesengebirgsbilder fast ohne Ausnahme Kammbilder. Nur von der Höhe gleitet das Auge von Hang zu Hang, von Bergrücken zu Bergrücken zum Horizont. Immer wieder konnte Friedrich an den Bergformationen dieser Landschaft beobachten, wie von der einzigen und höchsten Bergwelle des Kammes die Parallelzüge der Vorberge nach dem Horizont hin verebben. Und stets von neuem erlebte er, wie die sich absenkenden Täler der Gebirgsflüsse in diese langgestreckten Bergzüge torartige Einsenkungen öffneten und so den Blick über die von rechts und links abfallenden Kämme zur Ferne leiteten. Hier offenbarte sich ihm die Monotonie des aus der Waldzone aufgereckten Gesteins, von spärlicher Grasnarbe und kriechendem Knieholz notdürftig bedeckt. Die urferne Geburtsstunde dieser Berge, da

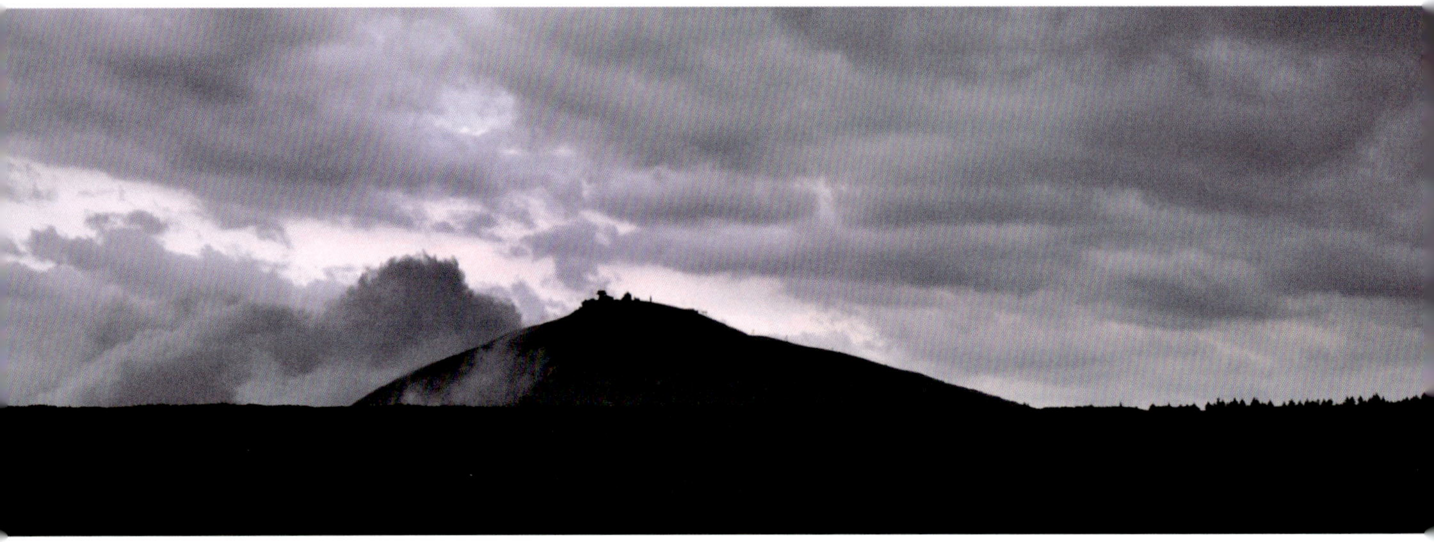

110 Blick von der Wiesenbaude zur Schneekoppe

die Erdenkruste aufbrach, wurde ihm angesichts der nackten Unverhülltheit ihrer Wundmale und Narben bewußt – er erlebte in dieser Landschaft zutiefst die Schöpfungsgeschichte des Alls. Nichts kleinlich Menschliches, kein freundlicher Ton, keine liebliche Gebärde stört hier die Großheit der Rhythmen und der Formen, die in ihrer Starrheit wie ein Atemanhalten der Gottheit wirken.

Jedoch indem dieser Wall von gehärteter Gesteinsplastik in die Höhe des Himmels ragt, berührt er die ewig bewegte Atmosphäre, deren Zittern Licht und deren Brausen Dampf und Wasser ist. Und es mag Tage auf dieser Wanderung der beiden Maler gegeben haben, die erfüllt waren von den atmosphärischen Wundern der Bewegtheit. Nebelfetzen stiegen aus den Schluchten, Regenschauer flogen über die Rücken, Lichtströme badeten die Gipfel. Ein Spiel von unaufhörlichem Wechsel! Und diese Berührung des Festgefügten, Großen und Schweigsamen mit dem Vereilenden, Beweglichen, Verwischenden wurde Friedrich zum Symbol des Verhältnisses Gott und Mensch. Im unendlichen Ausklingen der Bergzüge von der dunklen Schwere des Kammes bis zu der lichtesten Tiefe des Himmelstores schwangen die Sehnsüchte der Seele von der Erde zum Himmel. Vom Festen zum Wandelbaren, vom Gegebenen zum Möglichen eilt der Flug der Gedanken wie der Nebel über die harte Kontur der Grate und Kuppen. Im Eingehen in die lautlose Monotonie der stillgewordenen Erdgeschiebe und ihrer ruhenden Massen überkam ihn die Schwermut der eigenen Seele, die, rätselnd an den letzten Geheimnissen, vor dieser Öde und Leere den Weltgeist in seiner Unfaßbarkeit zu erkennen suchte. Je tiefer sich Friedrich das Gedächtnisbild dieser Berge mit dem fast primitiven Hilfsgerüst einiger Bleistiftkonturen und einiger Farbnotizen eingeprägt hatte, desto reiner vermochte er es später, unbeirrt von allem Zufälligen und Nebensächlichen, wieder nachzuerleben. Aus geistiger Schau entstanden seine Riesengebirgsbilder im Dresdener Atelier – ins Transzendentale steigernd, was in jenen Julitagen 1810 ein optischer Eindruck gewesen war. Und so wurden sie ihm zu allgemein gültigen Gebirgsbildern, nicht gebunden an Zeit und Raum, sondern einzig bestimmt von der Erkenntnis, daß sich in der Darstellung der Gebirgslandschaft das Wesen der Natur am reinsten offenbaren läßt."

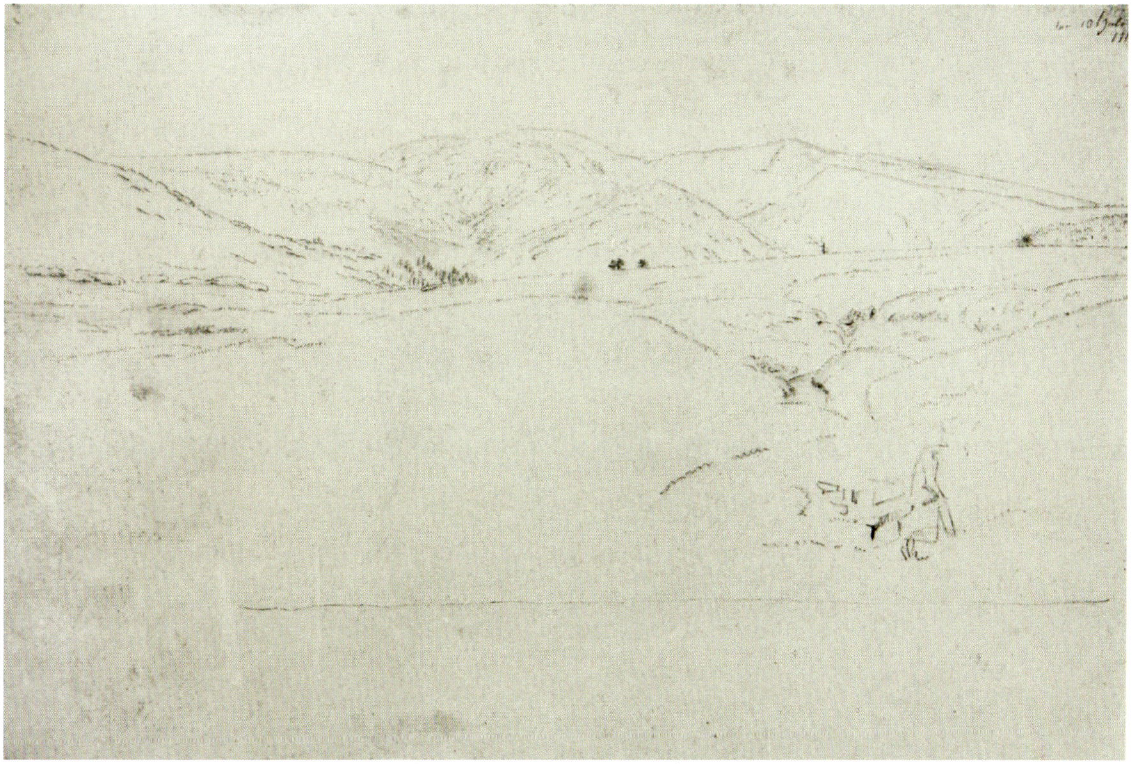

111 ***C. D. Friedrich: (11)*** *Gebirgswiese mit Elbquelle im Riesengebirge, 10. Juli 1810, Bleistift (Grummt 619) Essen, Museum Folkwang*

Von der Elbquelle zur Schneekoppe

Was uns Caspar David Friedrich an Konkretem von der Wanderung über den Riesengebirgskamm hinterlassen hat, ist sehr wenig. Nur vier Zeichnungen kennen wir:

(11) An der Elbquelle
(12) Blick von der Wiesenbaude zur Schneekoppe
(13) Rückblick vom Koppenplan zum Jeschken
(14) Blick von der Schneekoppe nach Osten

Friedrich hat auf seiner Elbquellen-Zeichnung (oben) die Schneekoppe nicht dargestellt. Vielleicht steckte sie im Nebel und er hat sie nicht sehen können. Auf dem Vergleichsfoto ist sie als kleine Spitze erkennbar.

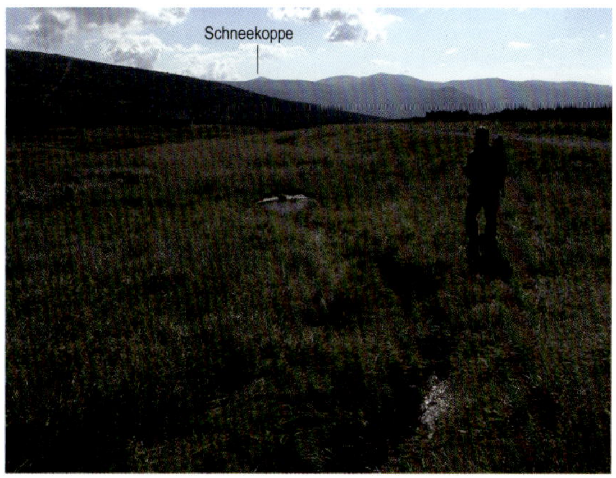

112 ***Vergleichsbild:*** *An der Elbquelle im Riesengebirge*

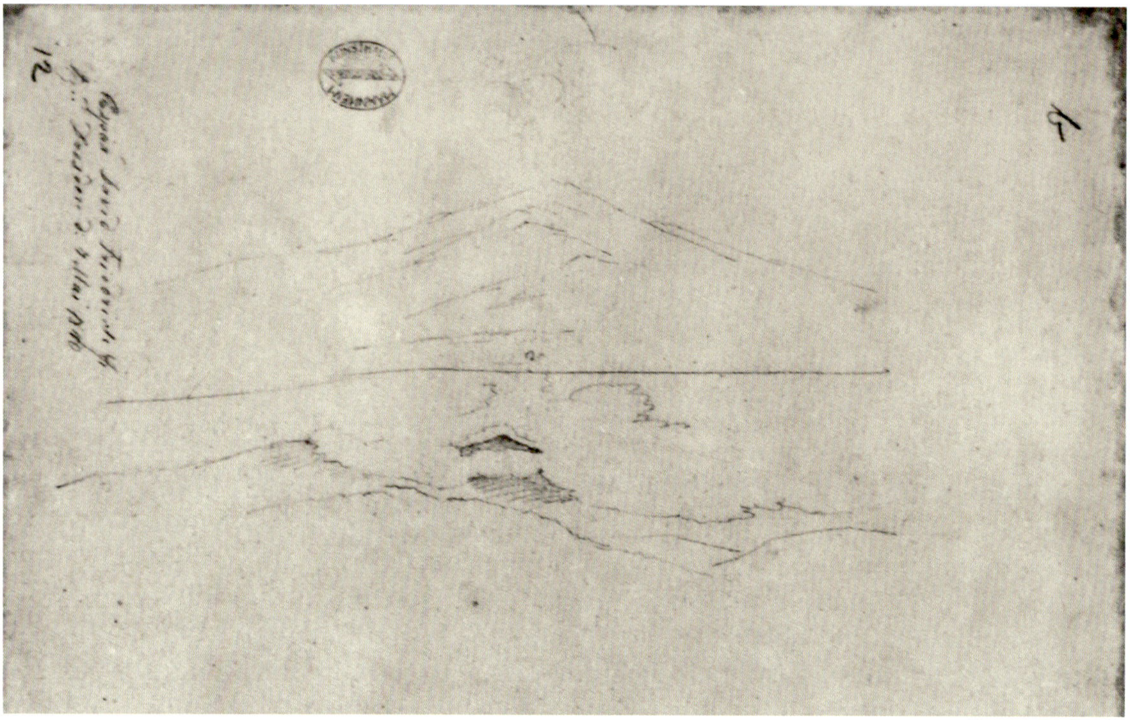

113 ***C. D. Friedrich: (12)*** *Riesengebirgsstudie, Bleistift, Ausschnitt (Grummt 622 verso)*
Kunsthalle Mannheim

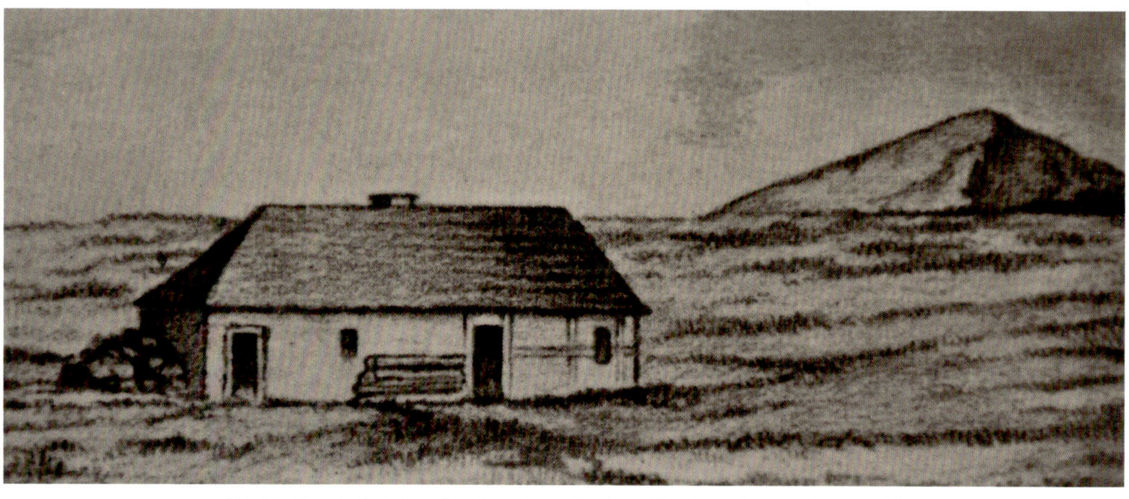

114 Die historische Wiesenbaude – sie ist die älteste Baude im Riesengebirge. 1623 wurde sie in Holz, nach Zusammenbruch durch Schnee, 1625 in Stein wieder aufgebaut. Ihr jetziges Aussehen erhielt sie nach mehreren Umbauten und einem Brand 1939/40. Am 21./22. August 1809 übernachtete Theodor Körner hier.

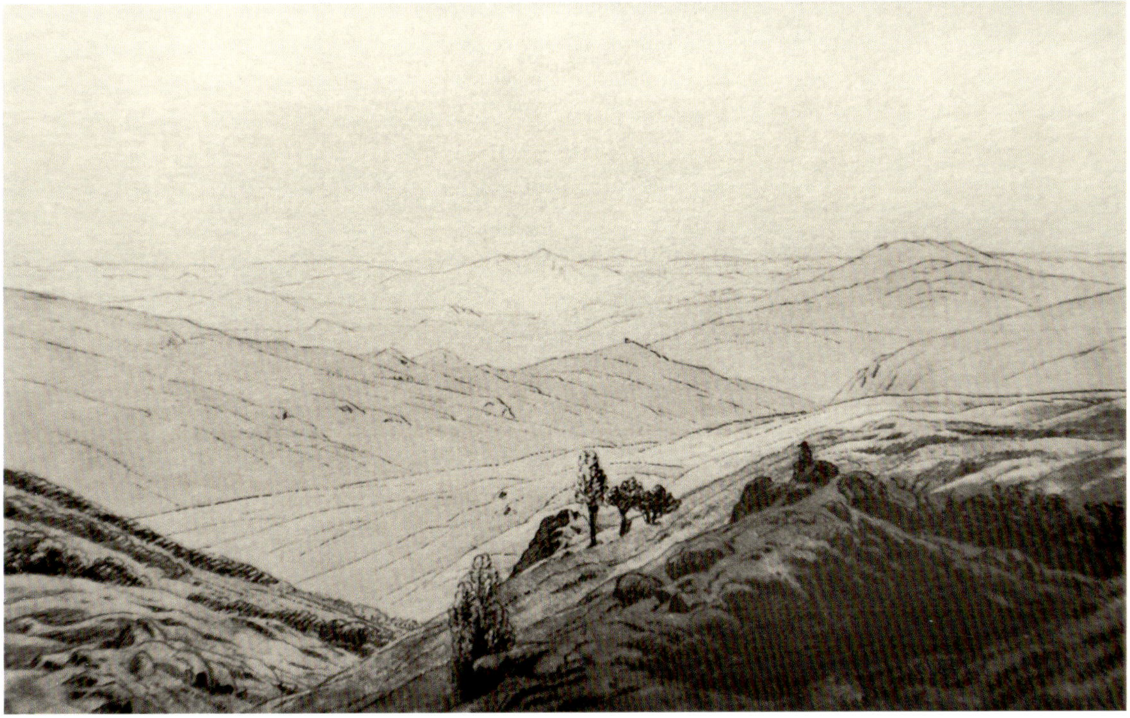

115 ***C. D. Friedrich: (13)*** *Riesengebirgslandschaft, Feder in Braun, Feder in Schwarz, laviert (Grummt 634)*
Standort unbekannt

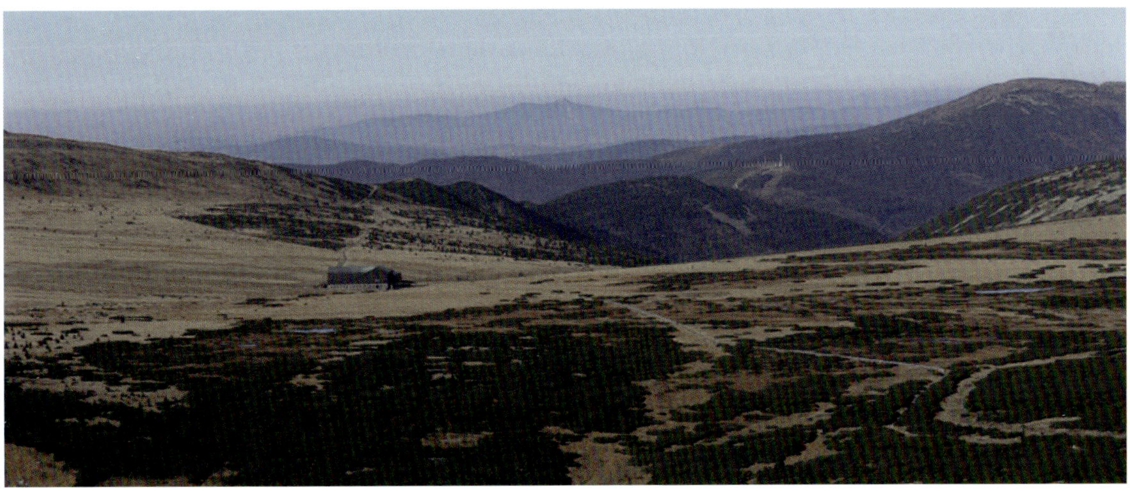

116 ***Vergleichsfoto:*** *Blick über den Koppenplan bei der Wiesenbaude und den Weißwassergrund gegen das Jeschkengebirge. Rechts die Kleine Sturmhaube.*

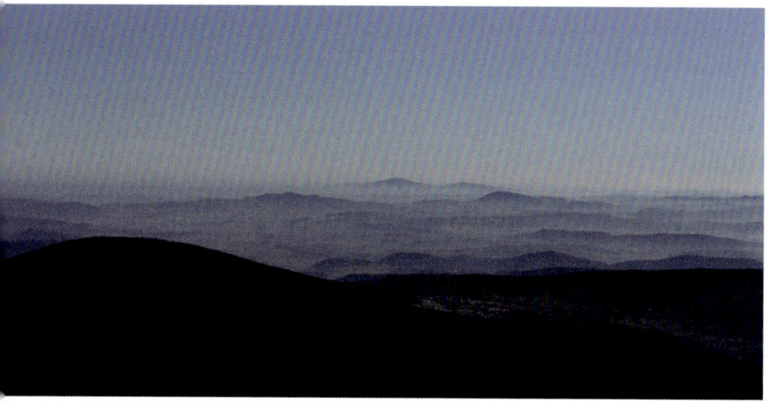

117 ***Vergleichsfoto*** *zur Chemnitzer Schneekoppen-Zeichnung*

118 ***Caspar David Friedrich: (14)*** *Landschaft im Riesengebirge, 11. Juli 1810, Bleistift (Grummt 620), Kunstsammlungen Chemnitz*

IV Zwischen Schneekoppe und Kochelfall

11. Juli 1810	Schneekoppe – Hampelbaude (Eintragung ins Koppenbuch) → **3,5 km**	**13. Juli 1810**	Umfeld von Warmbrunn/Cieplice
12. Juli 1810	Hampelbaude – Baberhäuser/Borowice - Oberhain/Przesieka – Warmbrunn/Cieplice (3 Zeichnungen) → **13 km**	**14. Juli 1810**	Umfeld von Hainberghöh – Kynast
		15.–16. Juli 1810	Keine Nachrichten
		17. Juli 1810	Kochelfall

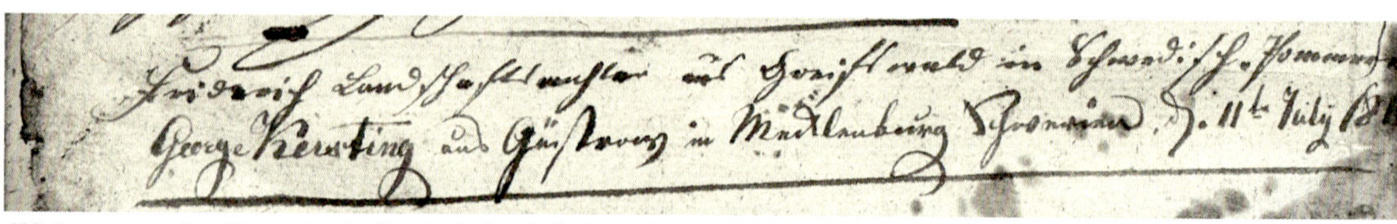

119 ***Auszug aus dem Koppenbuch:*** *Friedrich, Landschaftsmahler aus Greifswald in Schwedisch Pommern Georg Kersting aus Güstrow in Mecklenburg Schwerün am 11t. July 1810*

Der weitere Verlauf der Riesengebirgswanderung von Friedrich und Kersting nach der Besteigung der Schneekoppe lässt sich nur erahnen. Bis auf zwei, drei datierte Skizzen, die sich lokalisieren lassen, ist es nicht möglich, eine exakte Route zu bestimmen.

Das Besondere einer Schneekoppenbesteigung bestand darin, dort oben auf dieser absolut exponierten Bergspitze den Sonnenaufgang zu erleben. So hatten es Goethe (1790), Kleist (1799) und Theodor Körner (1809) gemacht. Wenn sich Friedrich auch zeit seines Leben frei von Klisches bewegte, so wird er sich dieses einmalige Naturschauspiel nicht entgehen lassen haben. Ein Beleg dafür ist für mich die Skizze *Landschaft im Riesengebirge (Grummt 620)*, die die Staffelung der Höhenzüge so wiedergibt, wie sie nur frühzeitig im Morgendunst und bei Gegenlicht hervortreten. Nicht weniger beeindruckend ist der Blick nach Westen, bei klarem Wetter, wenn sich aus der endlosen Bergkette am Horizont der Jeschken deutlich hervortut. Bemerkenswert an diesem Blick zum Jeschken ist, dass Friedrich sowohl die Abendstimmung sah, vom Koppenplan bei der Wiesenbaude, als auch die Morgenstimmung von der Schneekoppe.

Sicher ist, dass Friedrich und Kersting nach dem Abstieg von der Schneekoppe auf der Krummhübeler Gebirgsseite in Richtung Warmbrunn/Cieplice abgestiegen sind. Das erste Ziel war die Hampelbaude, denn dort lag das Koppenbuch, in das sich die beiden

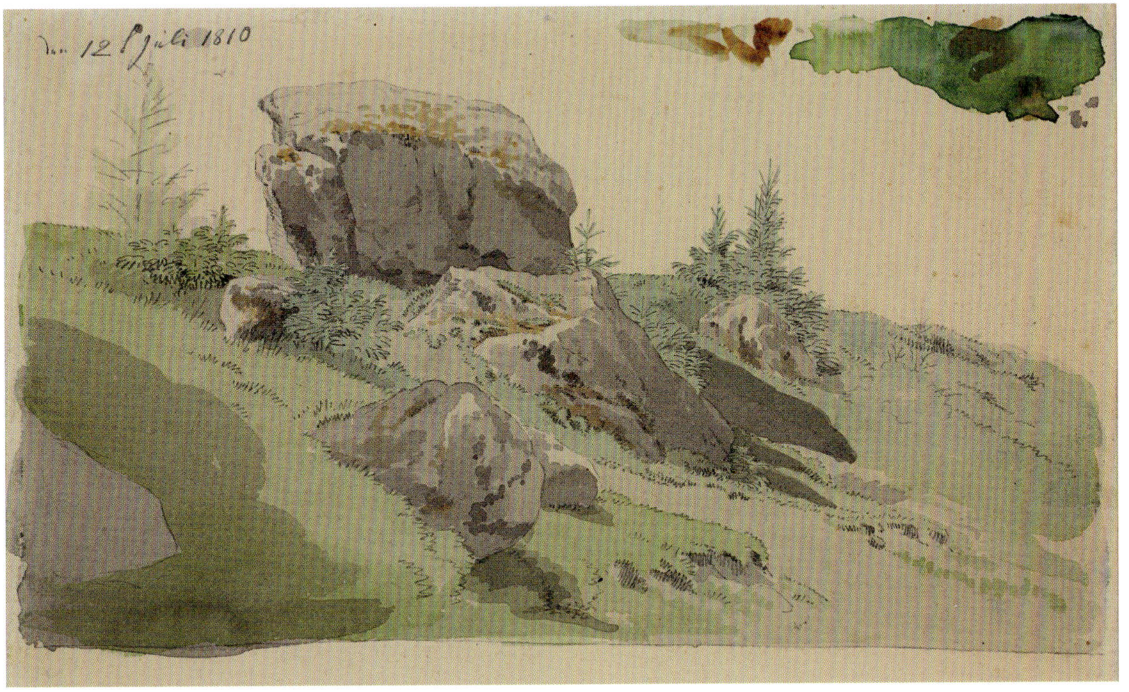

120 ***Caspar David Friedrich: (17)*** *Wiesenhang mit zwei Fichten im Riesengebirge, Aquarell, Bleistift, 12. Juli 1810 (Grummt 630)*
Staatliche Kunstsammlungen Dresden, Kupferstichkabinett

eintrugen. Ob sie hier oder in der nahen Schlingelbaude übernachtet haben, ist nicht zu sagen. Auf jeden Fall gibt es eine aquarellierte Zeichnung vom 12. Juli, auf der ein Mann, offensichtlich Kersting, zu sehen ist, wie er auf Felsblöcken herumklettert *(Felsen, Bäume und Figur, Grummt 621)*. So markant diese Felsengruppe auch ist, sie hat sich bis heute nicht finden lassen.

Auch die einzelnen Naturstudien, die in den nächsten Tagen entstanden, entziehen sich der Lokalisierung. Der weitere Wegverlauf über den Predigerstein und Oberhain/Przesieka in Richtung Warmbrunn/Cieplice ist wahrscheinlich. Hier finden sich noch heute weit verstreut über Wiesen und in den Wäldern solche Felsgruppen, wie sie Friedrich zeichnete.

In Warmbrunn/Cieplice werden Rasttage eingelegt, die einerseits zum Erkunden der näheren Umgebung, aber auch für die Ausführung von Studienblättern in Aquarell genutzt werden. Christina Grummt stimmt Günter Grundmanns Vermutung am Beispiel des Blattes *Gebirgslandschaft mit Figur (Grummt 632)* zu: *„[...] ist vermutlich noch während oder kurz nach Friedrichs[...] Wanderung im Sommer 1810 [...] ins Riesengebirge [...] entstanden.“* [48]

Die Vorlage für das oben genannte Aquarell zeichnete Friedrich am 13. Juli 1810 *(Grummt 622)*. Er stand etwas südlich von Warmbrunn/Cieplice und hatte vor sich den freien Blick bis hin zum Schmiedeberger Kamm. Auf der Bleistiftzeichnung ist *„Garten“* notiert. Grundmann lokalisierte den Ort, wo die Zeichnung entstand, den Landhausgarten. Das „Landhäuschen“, kaum eine halbe Stunde von Warmbrunn entfernt, war Mitte des 19. Jahrhunderts ein beliebtes Ausflugslokal. Allerdings verrät eine Chronik, dass es dieses Landhaus als Gasthaus erst seit 1831 gab.[49]

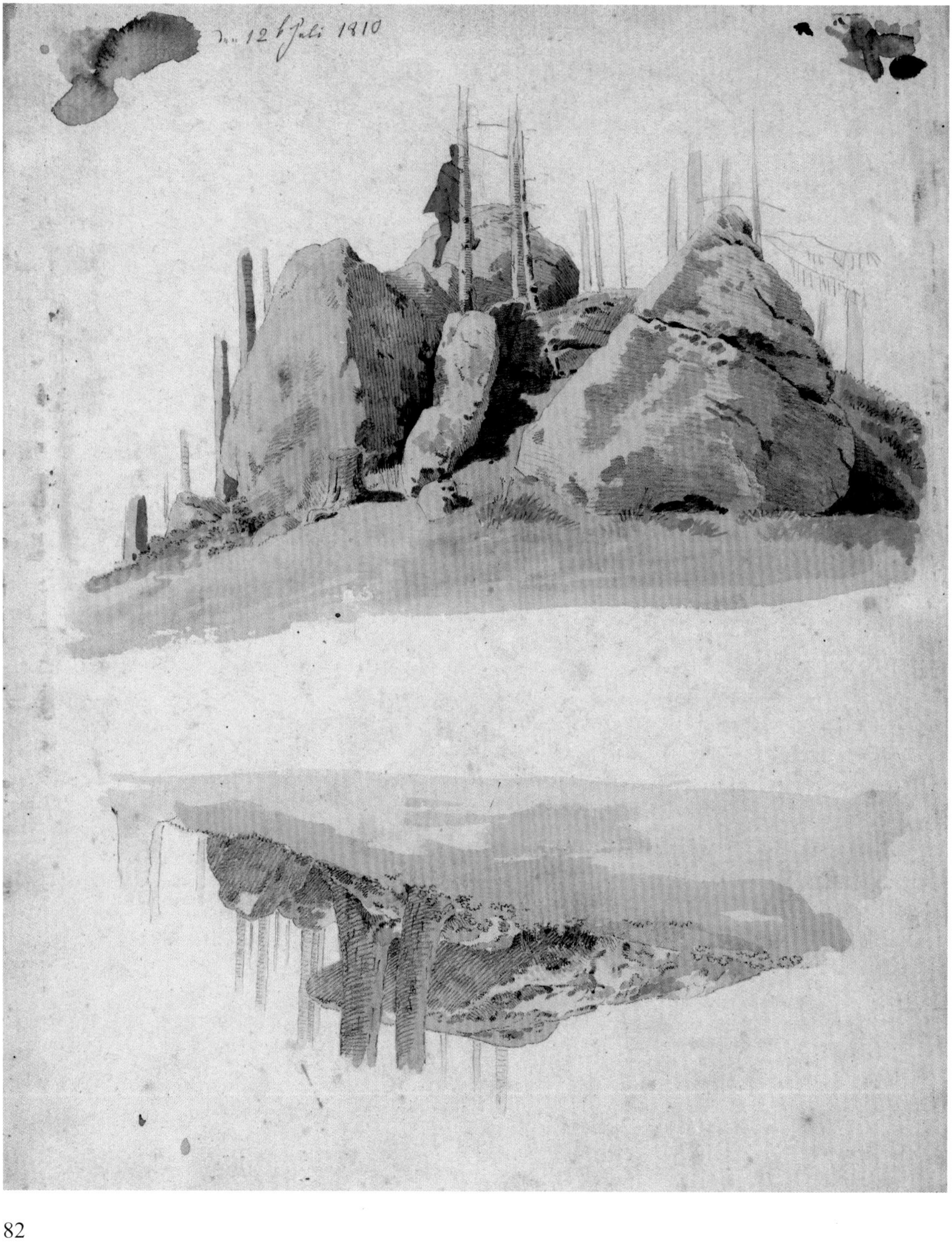
den 12t Juli 1810

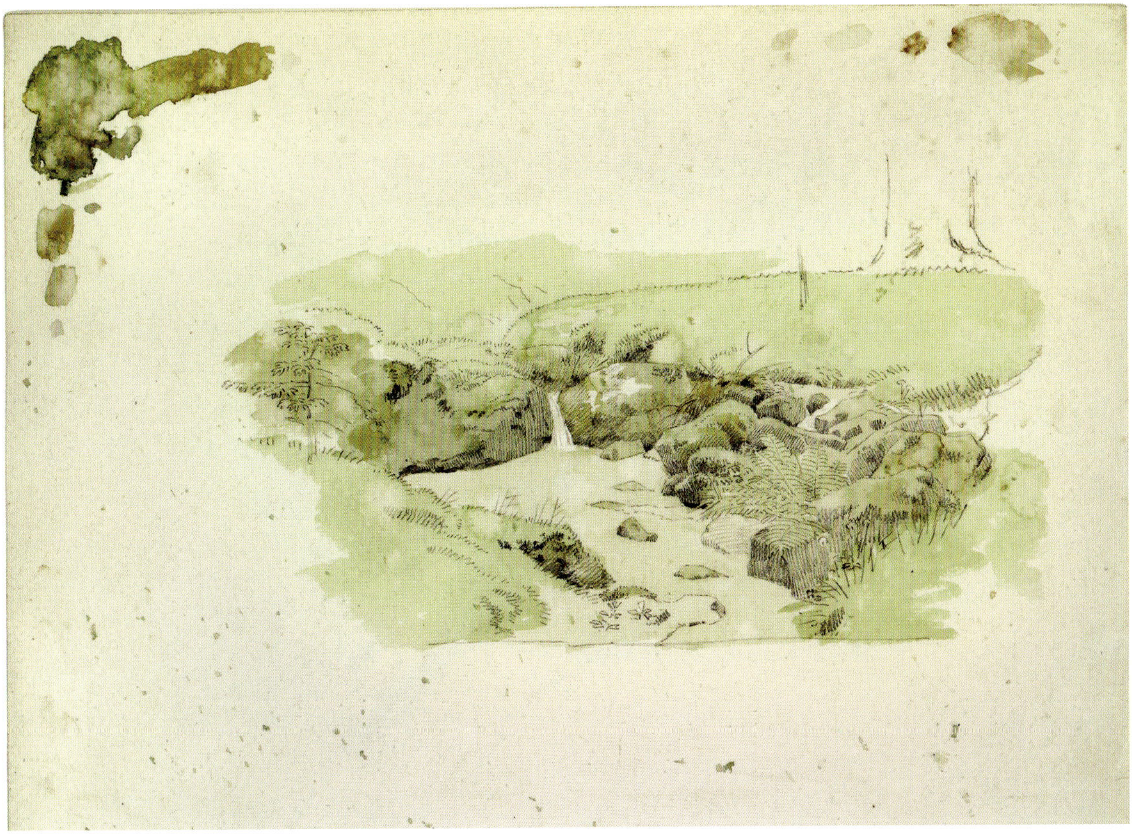

122 *C. D. Friedrich: (22) Studie eines Waldbaches, Aquarell, Bleistift, um 1810 (Grummt 627), halbes Blatt, Privatbesitz*

Vom Riesengebirgskamm fließt viel Wasser zu Tal. Südwärts speisen die kleinen Bäche die noch junge Elbe, nordwärts leiten sie ihr Wasser in einen Wildbach namens Zacken. Zu den bekannten schlesischen Wasserfällen gehört neben Zacken- und Kochelfall der Hainfall bei Oberhain/Przesieka. Bevor das Wasser in die Tiefe stürzt, sucht es seinen Weg in einem mit Steinen überfüllten Bachbett zu einem natürlichen Sammelbecken. Caspar David Friedrich hat hier eine ähnliche Situation wie schon beim Zackenfall (siehe Seite 72) gezeichnet. Das Motiv besticht durch die subtile Naturbeobachtung und feine Ausführung.

◄ 121 *C. D. Friedrich: (15, 16) Felsen Bäume und Figur, Aquarell, 12. Juli 1810 (Grummt 621), Hamburger Kunsthalle*

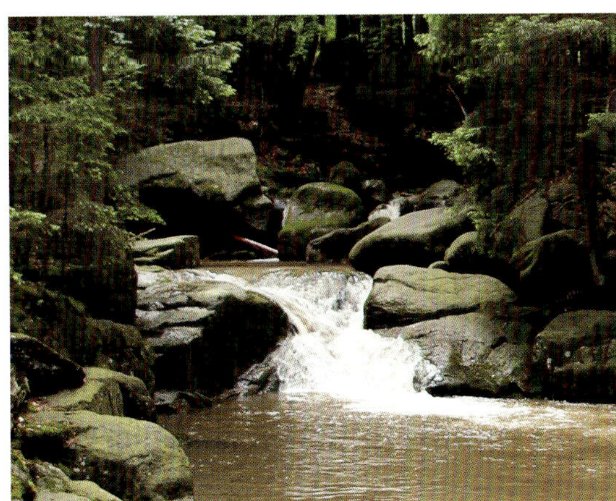

123 *Vergleichsfoto: Am Hainfall finden sich vergleichbare Situationen, wie sie Friedrich auf dem Aquarell dargestellt hat.*

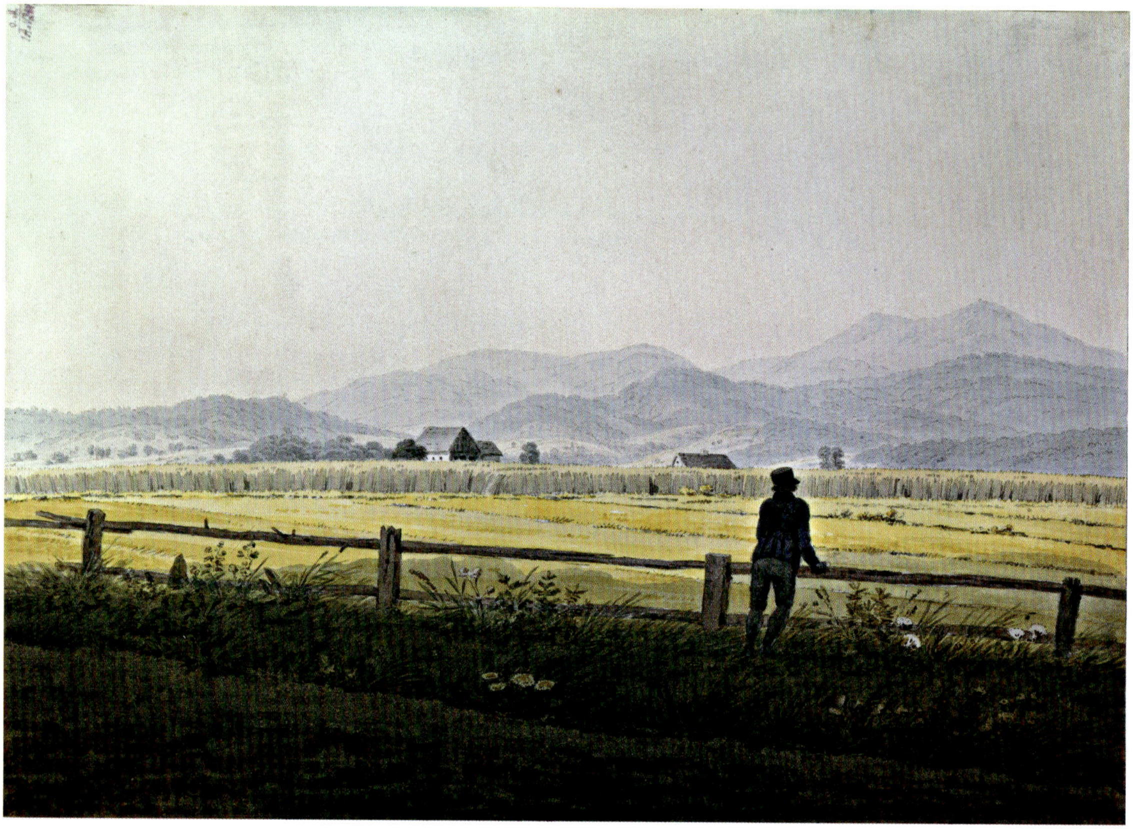

124 ***Caspar David Friedrich: (18a)*** *Gebirgslandschaft mit Figur, Aquarell (Grummt 623)*
Moskau, Staatliches Puschkinmuseum

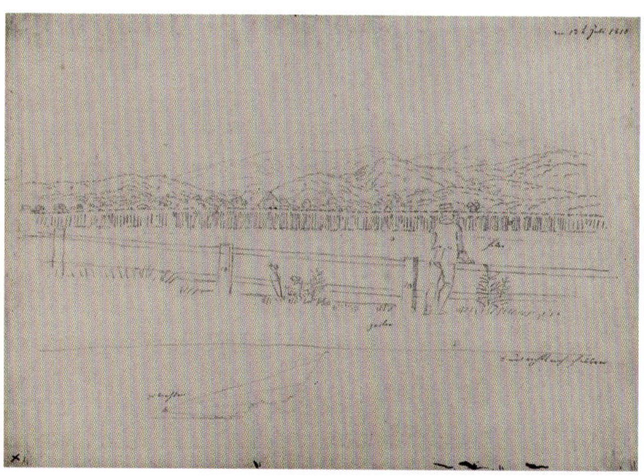

125 ***C. D. Friedrich: (18)*** *Gebirgslandschaft mit Figur, 13. Juli 1810, bezeichnet unter der Trennlinie: ein skizziertes Auge, Blicklinien, „zu beachten" (Grummt 622), Kunsthalle Mannheim*

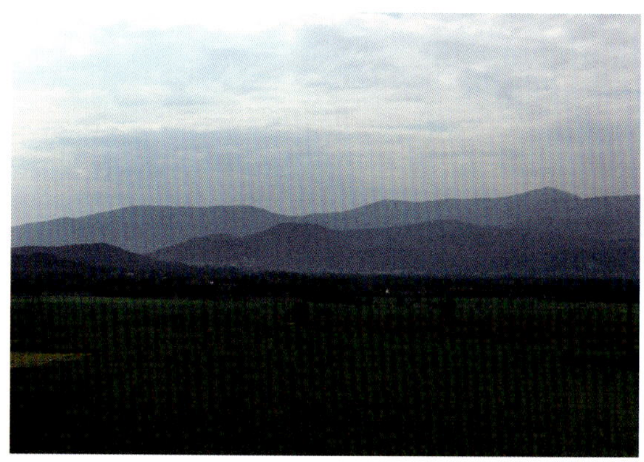

126 ***Vergleichsfoto:*** *Blick zum Schmiedeberger Kamm*

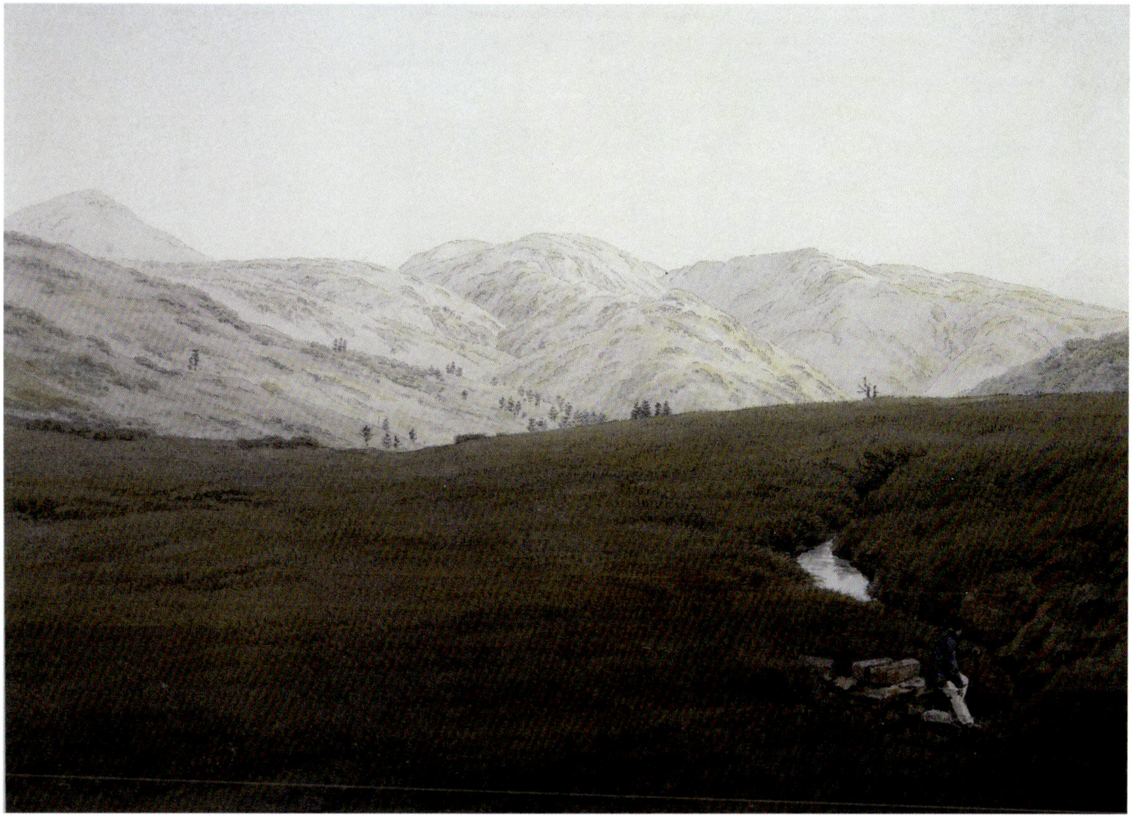

127 **C. D. Friedrich: (11a)** *Blick über die Elbquelle und den Elbgrund Riesengebirge, Aquarell, Feder in Grau, um 1810 (Grummt 636), Privatbesitz*

Blick über die Elbquelle

Dreimal hat Friedrich den Elbquellenblick verwendet und variiert. Interessant ist der Vergleich des St. Petersburger Bildes *(BS 418, Abb 163)* mit obenstehendem Aquarell. Auf dem Aquarell holt Friedrich das Bergmassiv mit Silberkamm, Ziegenrücken und Planur weit heran und setzt in starker Überhöhung die Schneekoppe oben drauf, die Schneekoppe, die von der Elbquelle aus nur als sehr ferne kleine Spitze zu sehen ist.

Im Münchener Gemälde *(BS 264, Abb. 164)* haben wir die ähnliche landschaftliche Situation, allerdings ist der Standort des Betrachters weiter an den Steilabbruch beim Elbfall gerückt. Nun geschieht die Verwandlung des Bildes, indem Friedrich das *Schneegrubenmassiv mit Reifträger (Grummt 624)* anstelle der Schneekoppe hinzufügt und damit eine unglaubliche Transzendenz erreicht.

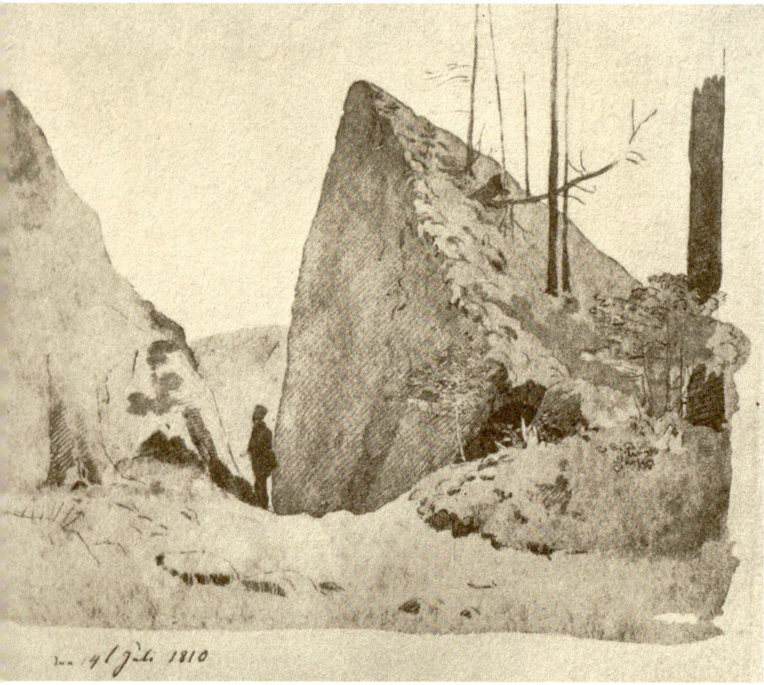

128 **C. D. Friedrich: (23)** *Felspyramide im Riesengebirge, Aquarell, Bleistift, 14. Juli 1810 (Grummt 631), Standort unbekannt*

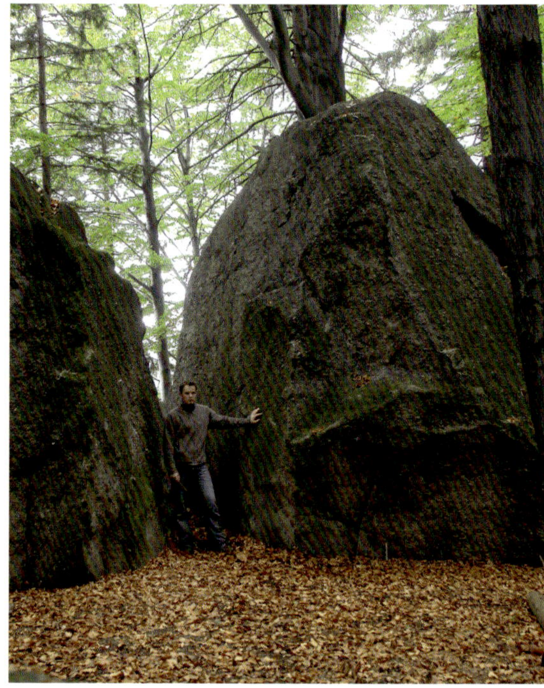

129 **Vergleichsfoto:** *Beim Abstieg vom Kynast durch den Höllengrund finden sich unterhalb der Burgruine vergleichbare Felsformationen wie auf Friedrichs Aquarell.*

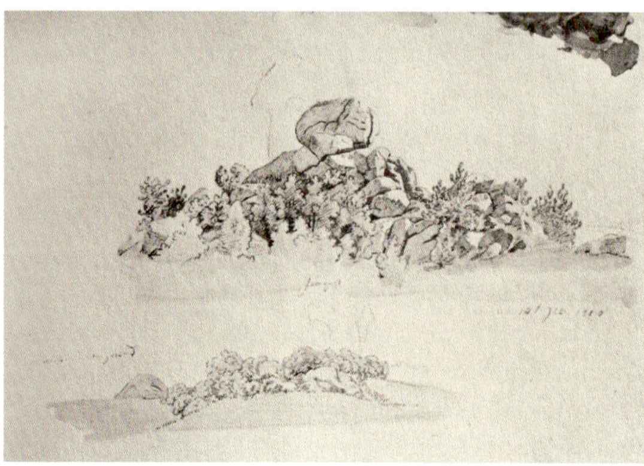

130 **C. D. Friedrich: (19)** *Zwei Felsstudien, Aquarell, Bleistift, 14. Juli 1810 (Grummt 624), Ausschnitt*

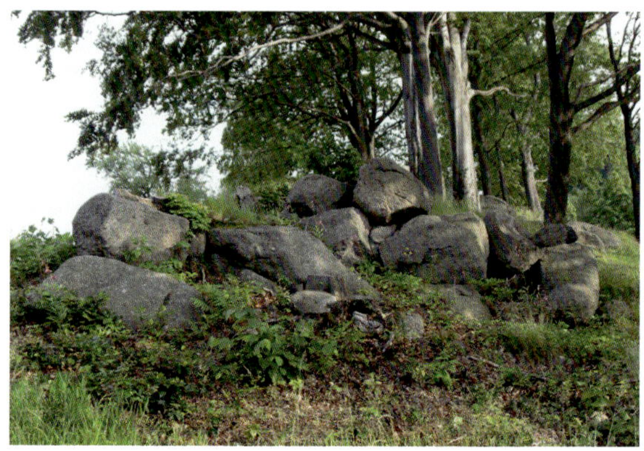

131 **Vergleichsfoto:** *Steinansammlung bei Oberhain/Przesieka als Beispiel für Friedrichs Studien*

132 ►
C. D. Friedrich: (19) *Blick auf die Schneegruben und den Reifträger von Hainbergshöh und zwei Felsstudien, Aquarell, Bleistift, 14. Juli 1810 (Grummt 624), Standort unbekannt*

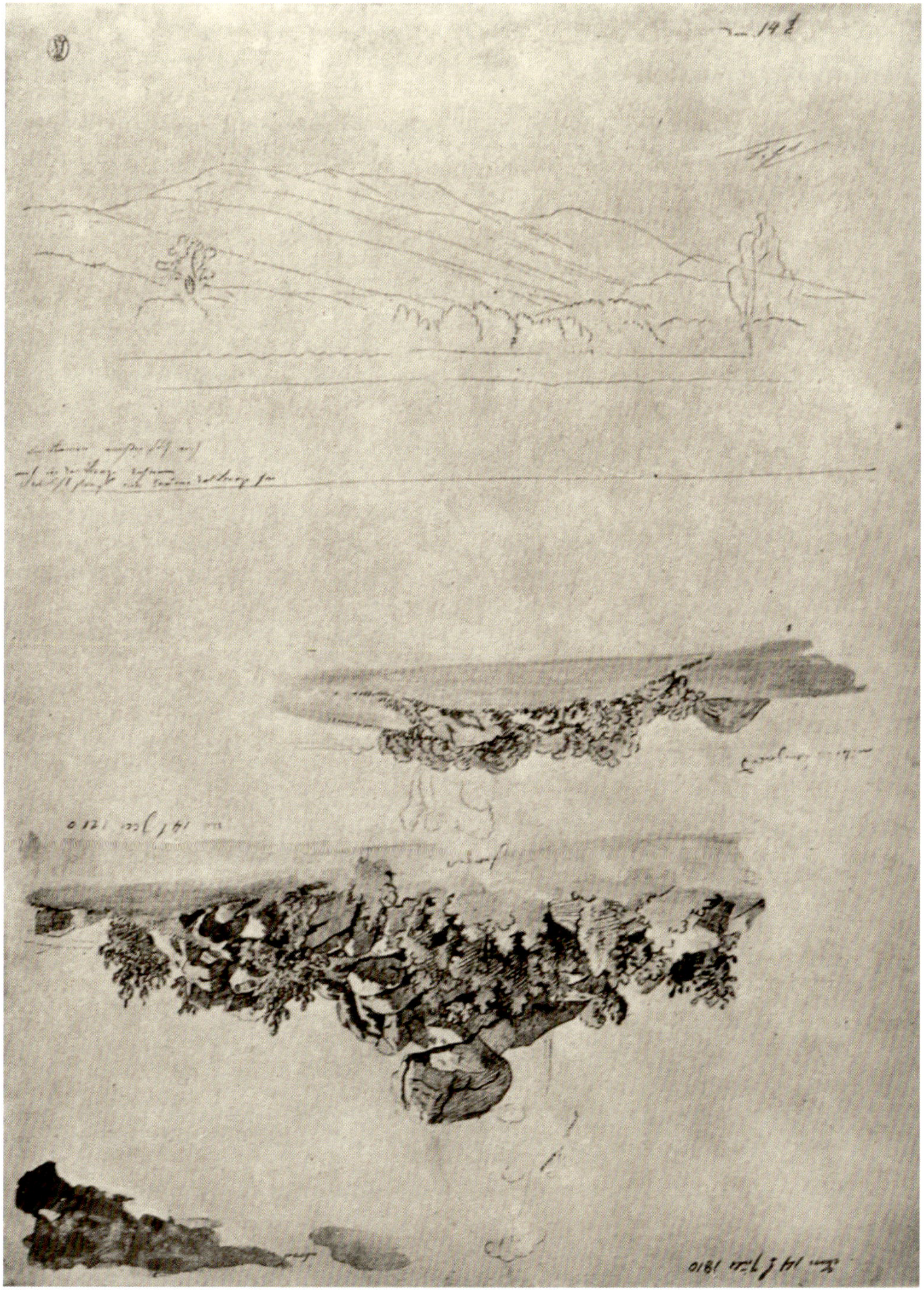

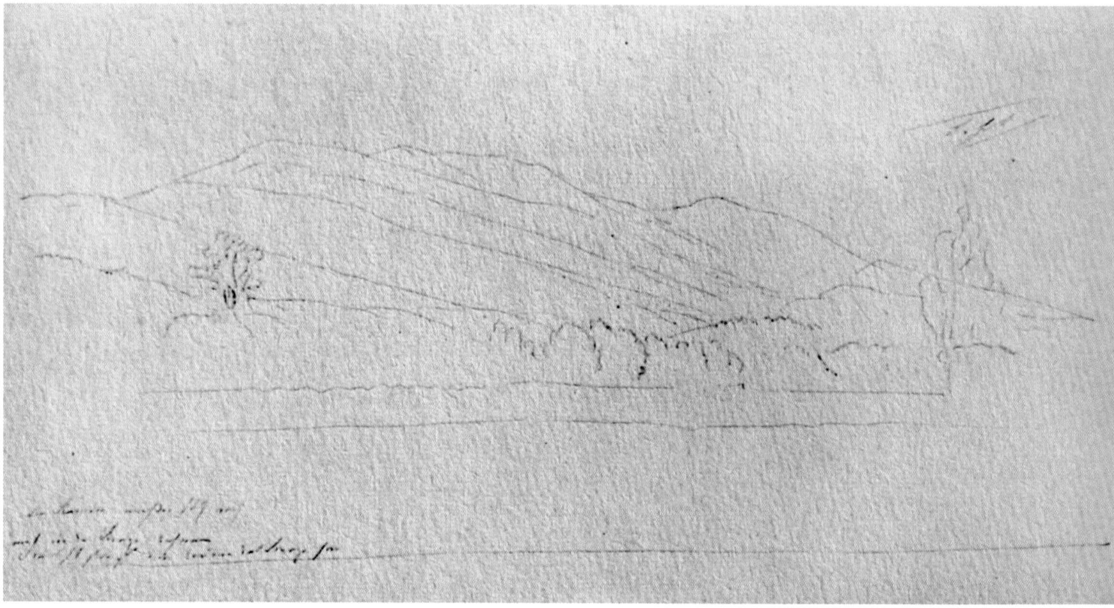

133 ***C. D. Friedrich: (19)*** *Blick auf die Schneegruben und Reifträger von Hainbergshöh, Bleistift, 14. Juli 1810 (Grummt 624), Ausschnitt Bezeichnet, unten links: „Die Linien (Kämme?) müssen sich noch mehr in die Länge dehnen. Das Licht streift am Saume der Berge hin"; oben rechts: „Licht" und „den 14t."*

134 ***Vergleichsfoto:*** *Blick vom Fuße des Predigersteines. Im Vergleich wird Friedrichs typische Höhensteigerung deutlich.*

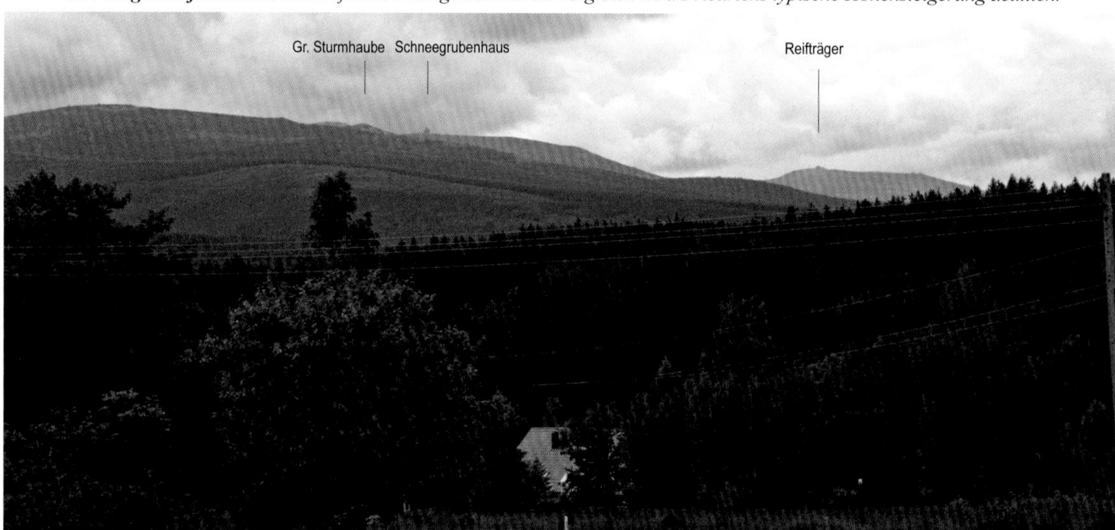

Der Schneegrubenblick: Das Bergmassiv, das den Blick vom Predigerstein bei Hainberghöh auf die Schneegruben und den Reifträger zeigt, verwendete Friedrich mehrfach. Zum ersten Mal bei den auf Seite 89 abgebildeten beiden Aquarellen, später im Münchener Gemälde *Riesengebirgslandschaft mit aufsteigendem Nebel (BS 264)*, zuletzt im Greifswalder Bild *Ruine Eldena im Riesengebirge (BS 415)*.

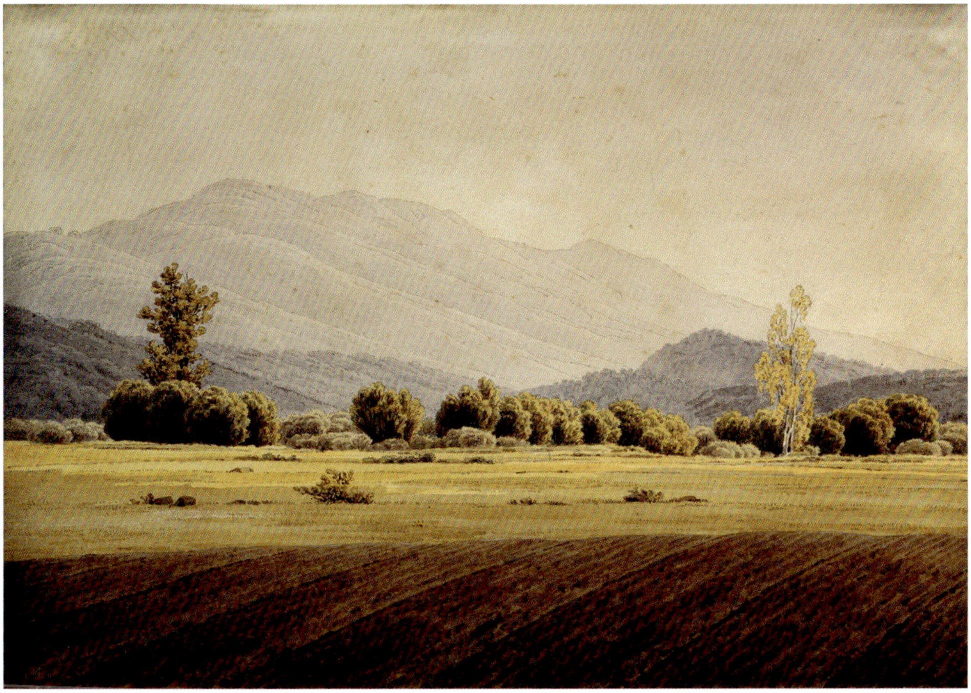

135 ***C. D. Friedrich: (19a)***
Blick über das Schneegruben-massiv, Aquarell, Bleistift, um 1810 (Grummt 625), Privatbesitz

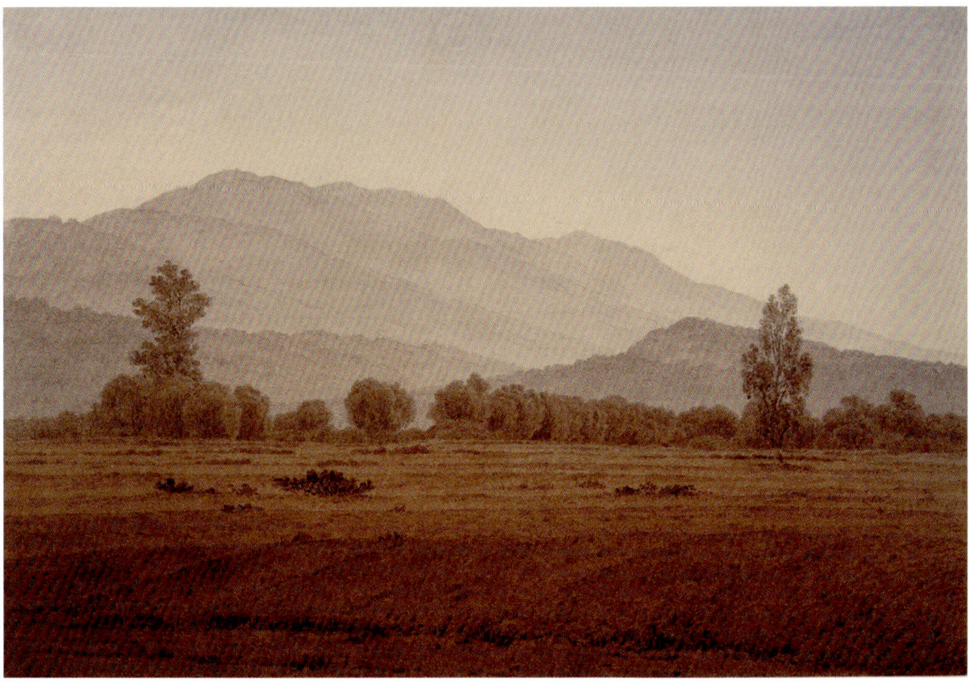

136 ***C. D. Friedrich: (19b)***
Blick über das Schneegru-benmassiv, Feder in Grau, Aquarell über Bleistift, um 1810 (Grummt 626) Washington, National Galerie

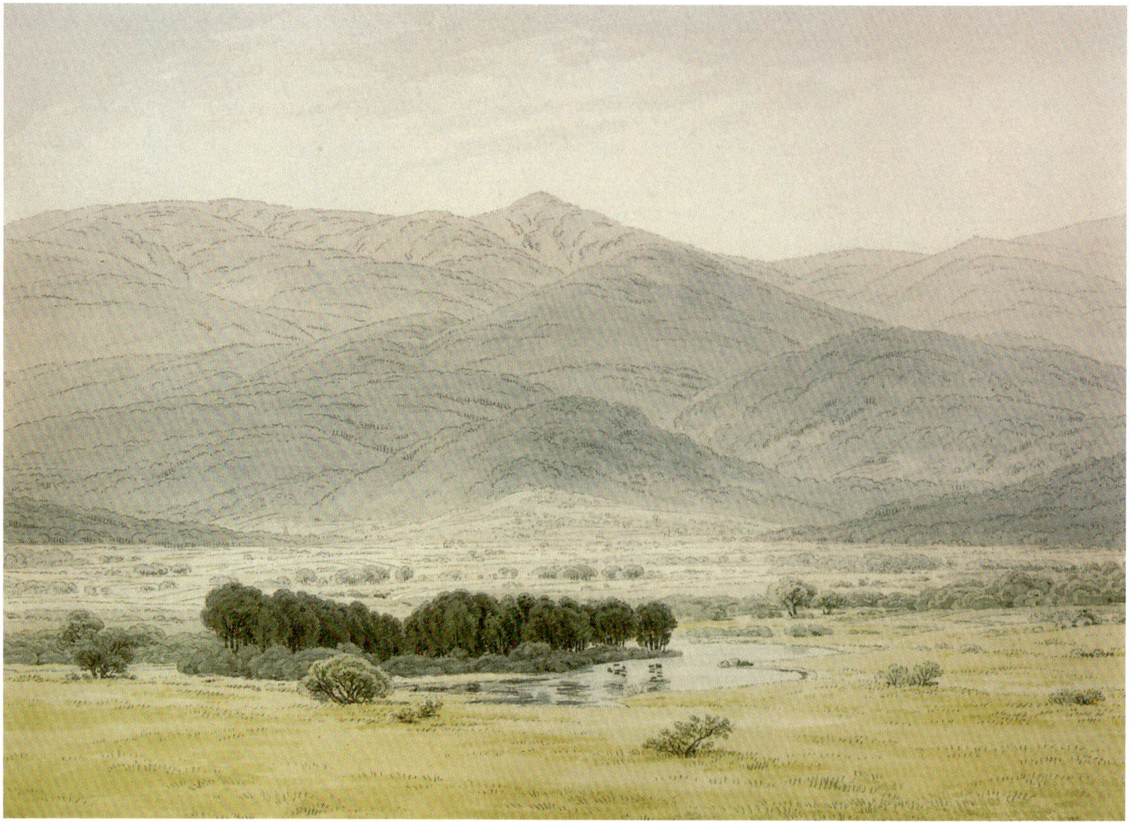

137 ***Caspar David Friedrich: (20)*** *Landschaft im Riesengebirge, Aquarell, Bleistift, um 1810 (Grummt 637)*
Winterthur, Museum Oscar Reinhart

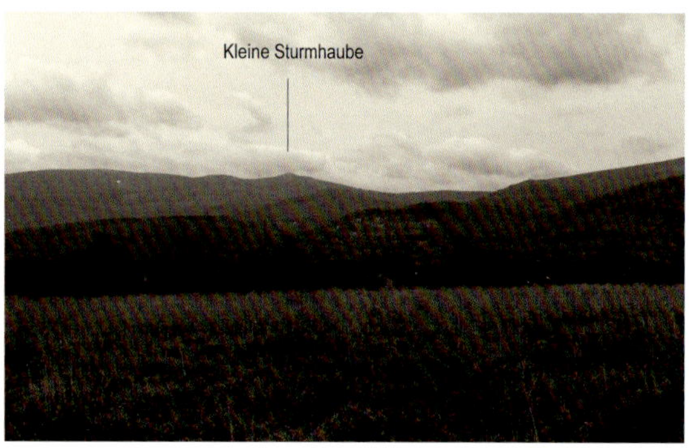

138 ***Vergleichsfoto:*** *Blick auf den Riesengebirgskamm mit der Kleinen Sturmhaube (siehe Lokalisierungskarte Seite 93)*

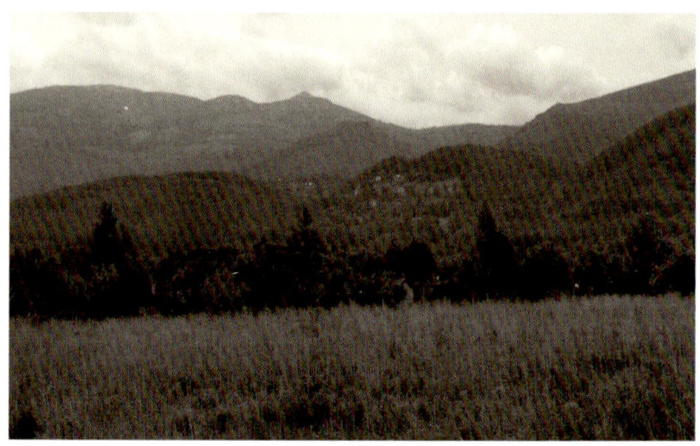

139 *Durch die vertikale Streckung des* ***Vergleichsfotos*** *wird Friedrichs Prinzip der Höhensteigerung deutlich.*

141 ▶
Vergleichsfoto: *Es ist vertikal gestreckt, um der Perspektive Friedrichs nahe zu kommen (siehe Lokalisierungskarte Seite 93).*

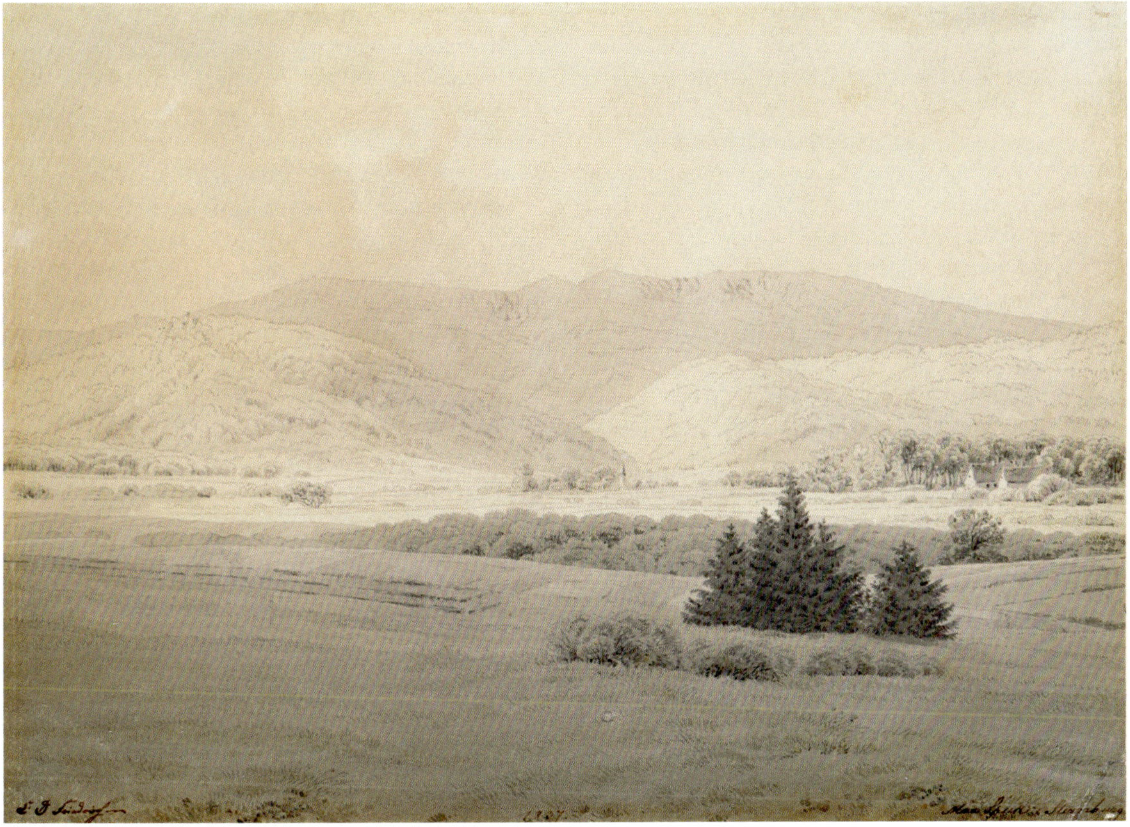

140 **C. D. Friedrich: (21)** *Der Kynast im Riesengebirge, Aquarell, Feder in Grau über Bleistiftspuren, um 1830 (Grummt 939)*
Wallraf-Richartz-Museum, Köln

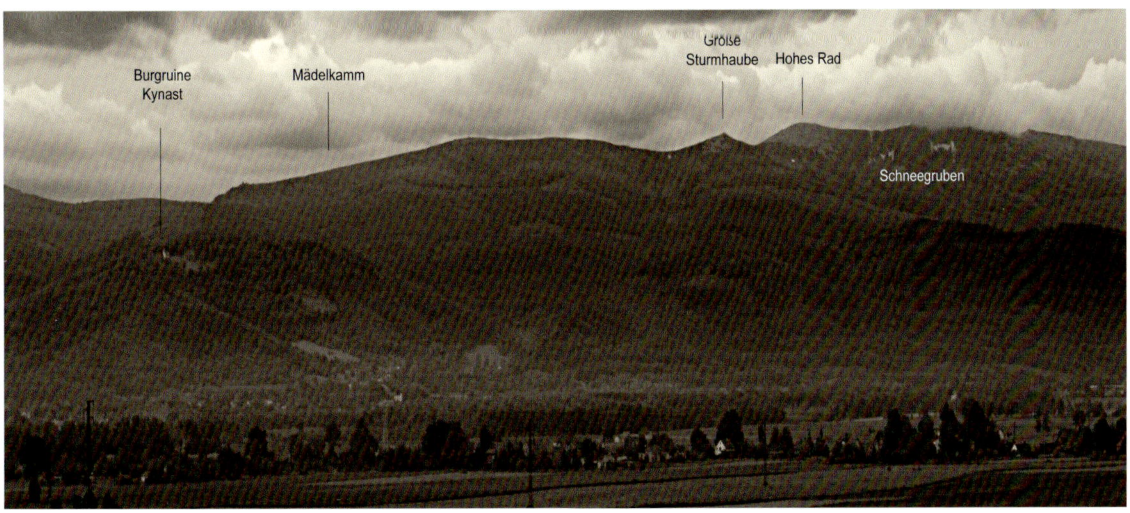

Blicke zum Riesengebirgskamm

Von den beiden Aquarellen auf der vorhergehenden Doppelseite kennen wir mögliche Vorzeichnungen nicht. Die *Landschaft im Riesengebirge (Grummt 637)* ist auf „um 1810“ datiert und damit vielleicht schon in Warmbrunn entstanden oder unmittelbar nach der Reise. Ein weiteres Aquarell malte Friedrich möglicherweise viel später. Es gehört jedoch topografisch exakt zu den früheren. Es ist das auf um 1830 datierte Blatt *Der Kynast im Riesengebirge (Grummt 939)*. Fügt man diese beiden Aquarelle zusammen und nimmt noch den Blick zum Schmiedeberger Kamm *(Gebirgslandschaft mit Figur, Grummt 632)* hinzu, so ergibt sich das nahezu komplette Riesegebirgspanorama.

Grundmanns Lokalisierungsvorschlag, es sei auch bei den beiden oben genannten Blättern wiederum der Blick vom Landhausgarten, den er 1931 erstmals veröffentlichte und auch später verwendete, stimmt wohl grundsätzlich, aber im Konkreten muss er präzisiert werden (siehe nebenstehende Kartenskizze).

Bei den besprochenen Motiven wie auch beim Blick vom Predigerstein *(Grummt 624)* zeigt der Vergleich vor der Natur, dass Friedrich sein Prinzip der Vertikalsteigerung konsequent angewendet hat.

Mit dem ebenfalls überhöhten und schematisierten Panorama aus Meyers Riesengebirgs-Reisebuch von 1911 lässt sich Friedrichs Panoramablick gut vergleichen.

142 ***C. D. Friedrich:*** *Montage von drei Studienblättern zu einem Panorama (Grummt 623 - 637 - 939), siehe Karte rechte Seite*

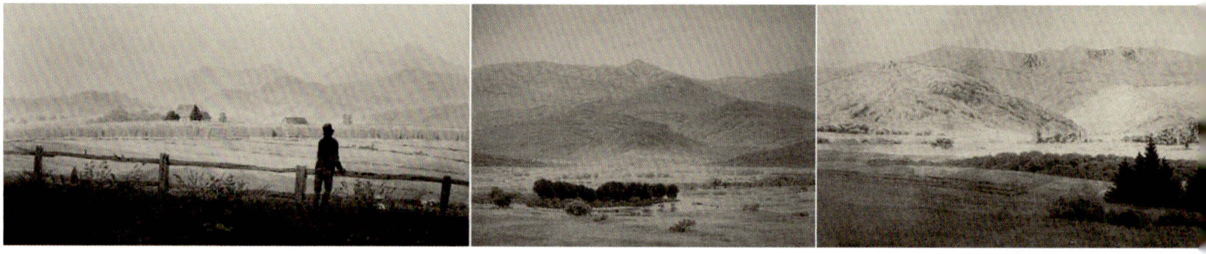

143 Riesengebirgspanorama vom Weihrichberg bei Warmbrunn, aus Meyers Reisebücher, Riesengebirge, Leipzig 1911, leicht bearbeitet

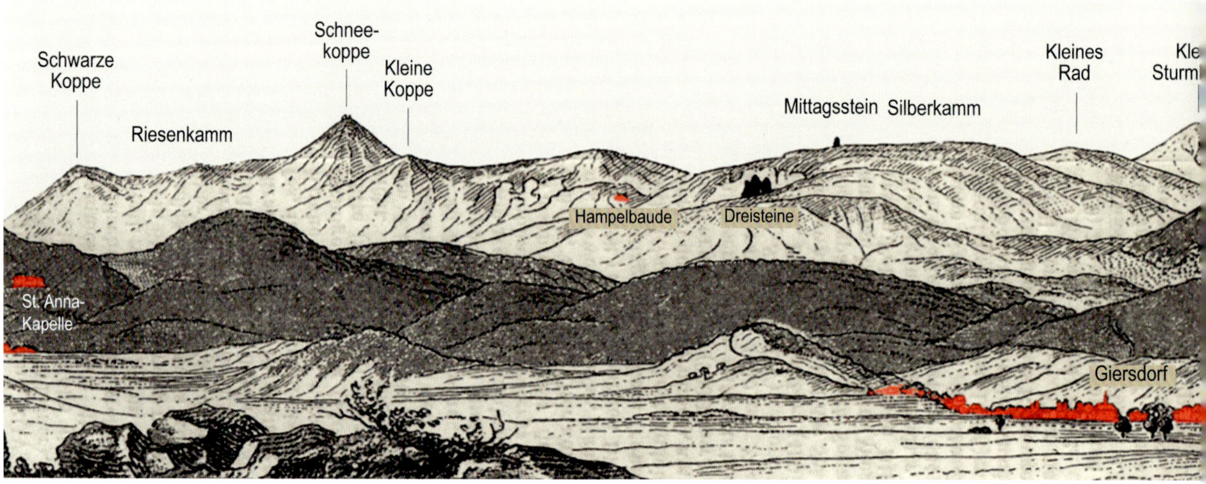

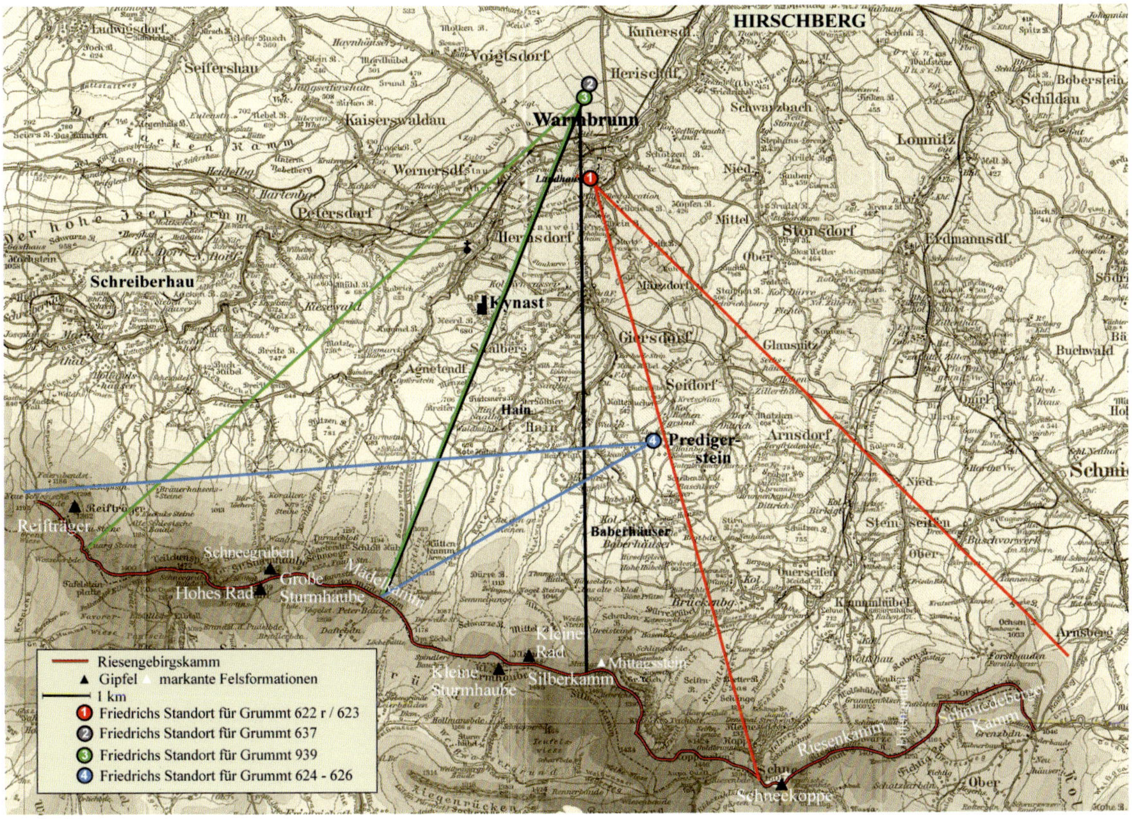

144 ***Karte 6:*** *Zeichenstandorte Friedrichs beim Aufnehmen von vier Landschaftsmotiven des Riesengebirgskammes*

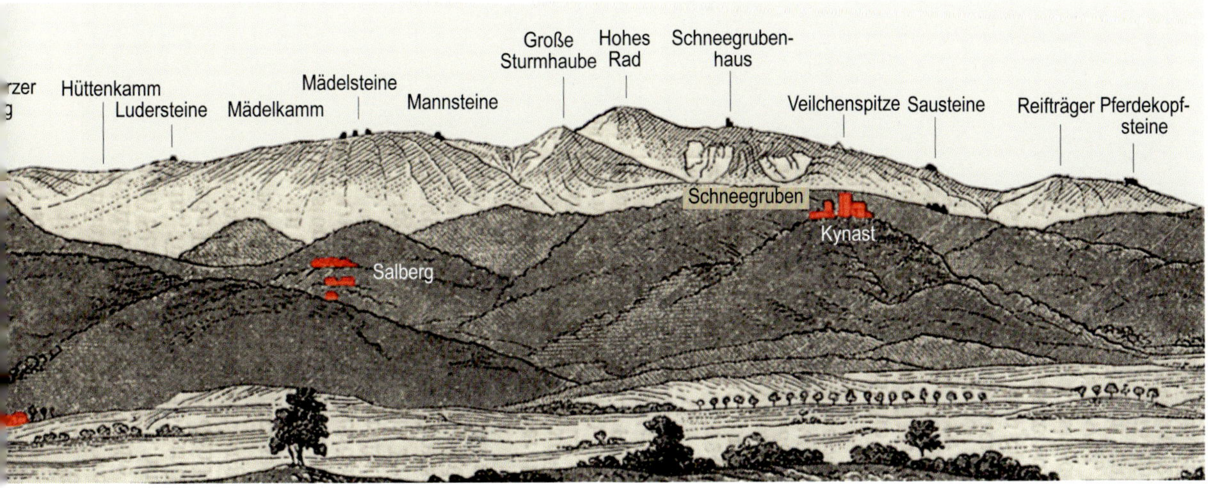

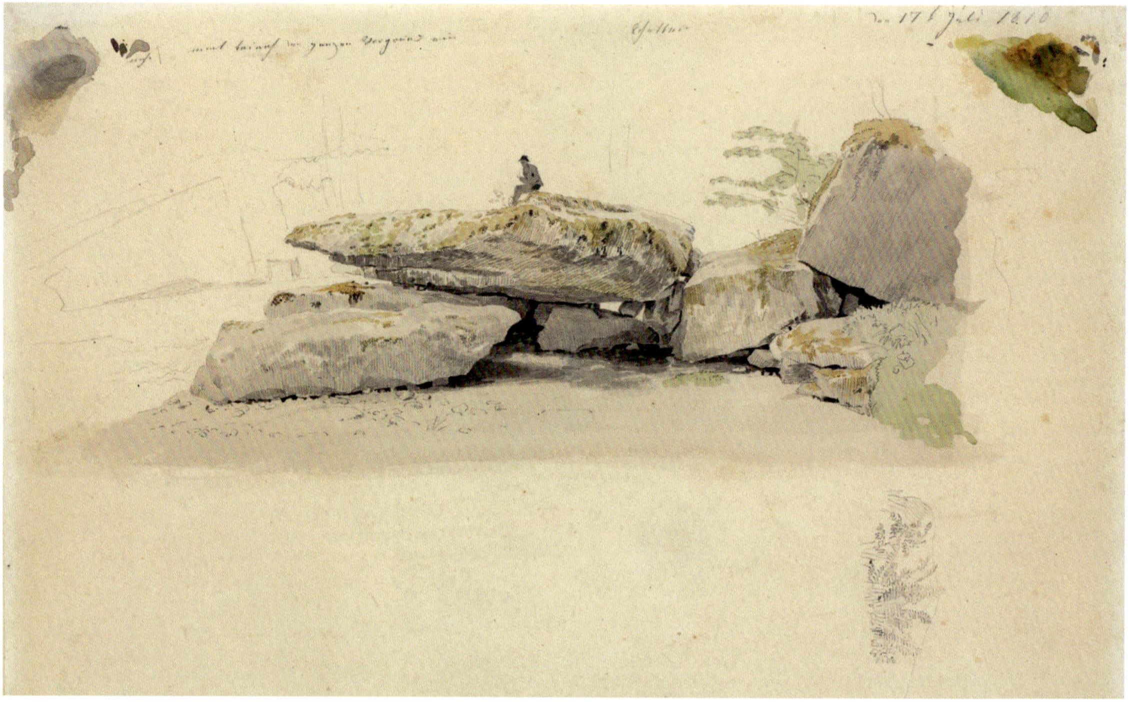

145 **Caspar David Friedrich: (24)** *Felsblöcke am Kochelfall, Aquarell, Bleistift, 17. Juli 1810 (Grummt 632)*
Staatliche Kunstsammlungen Dresden, Kupferstichkabinett

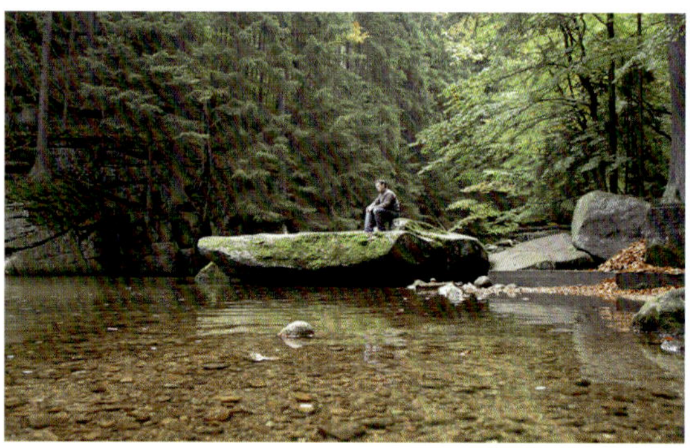

146 **Vergleichsfoto:** *Felsplatte am Kochelfall*

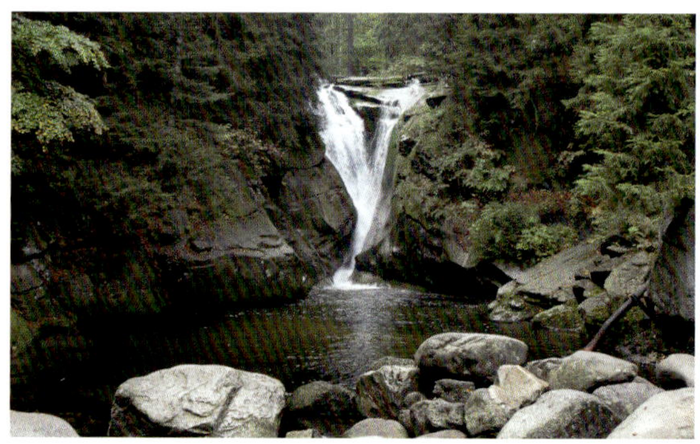

147 Der Kochelfall ist einer der bekannten Wasserfälle im Riesengebirge.

Das Aquarell mit der großen Felsplatte, die oberhalb des Kochelfalls im Wasser liegt, hat Caspar David Friedrich auf den 17. Juli 1810 datiert. Auf ihr sitzt offensichtlich sein Wandergefährte Georg Friedrich Kersting. Die Riesengebirgswanderung scheint hier ihr Ende gefunden zu haben, denn wir kennen weitere Zeugnisse nicht. Auch gibt es keinen Hinweis, wie die beiden die Heimreise gestalteten.

Friedrichs Riesengebirgsgemälde

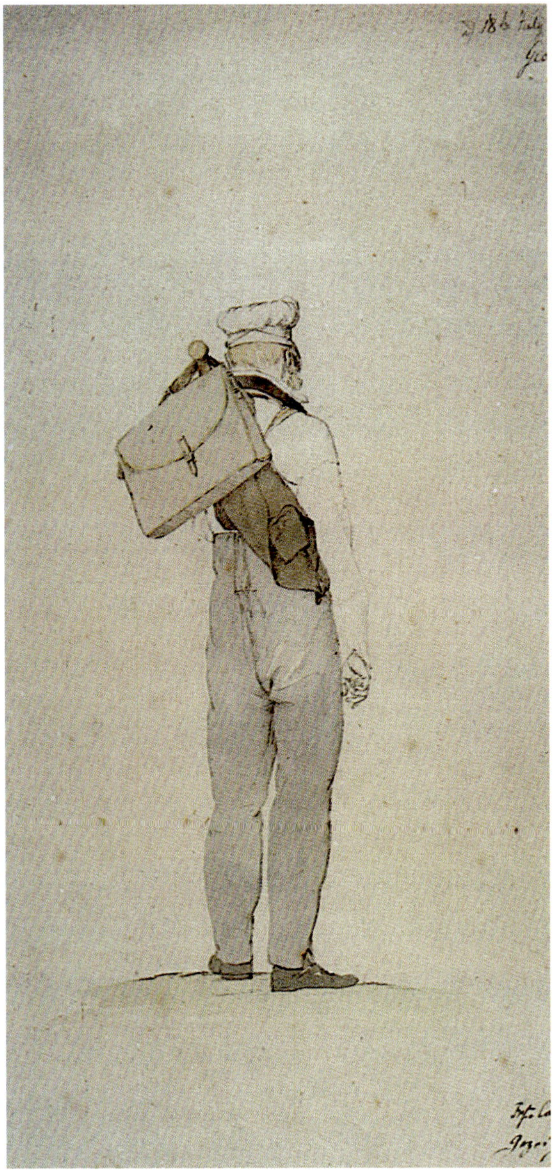

148 **Georg Friedrich Kersting:** *Caspar David Friedrich auf der Wanderung im Riesengebirge, 18. Juli 1810, Aquarell, Bleistift Staatliche Kunstsammlungen Berlin, Nationalgalerie*

18. Juli 1810 – Kersting zeichnet Freund Friedrich. Sicherlich hat er das notwendigerweise mitgeführte Reisegepäck abgelegt. In der Tasche, die Friedrich geschultert hat, befindet sich der Schatz der Studien, die auf dieser denkwürdigen Kunstwanderung entstanden sind. In den folgenden Jahren und bis an sein Lebensende wird er sie ausbeuten. Es waren 17 Gemälde, die dieser Wanderung ihre Entstehung verdanken.

Oybinmotive

BS 203 *Ruine Oybin*, um 1812, Privatbesitz
BS 316 *Huttens Grab*, 1823/24, Weimar
BS 431 *Der Träumer*, 1820–40, St. Petersburg (*Grummt 935 Lautenspielerin und Gitarristin in einer gotischen Ruine*, um 1830, Paris)

Jeschkengebirge

BS 298 *Dorflandschaft bei Morgenbeleuchtung*, 1822, Berlin

Riesengebirge

BS 186 *Mond über dem Riesengebirge* (Bergkette mit Mond), Fragment, um 1810, Weimar
BS 187 *Riesengebirgslandschaft*, um 1810, Moskau
BS 190 *Morgen im Riesengebirge*, 1812, Berlin
BS 191 *Gebirgslandschaft mit Wasserfall*, um 1811, verschollen
BS 264 *Riesengebirgslandschaft mit aufsteigendem Nebel*, um 1820, München
BS 265 *Riesengebirgslandschaft*, 1820, verschollen
BS 300 *Der Morgen im Gebirge*, um 1823, St. Petersburg
BS 414 *Das Riesengebirge*, 1830/35, Berlin
BS 415 *Ruine im Riesengebirge*, um 1834, Greifswald
BS 416 *Morgen im Gebirge*, verbrannt
BS 417 *Gebirgsgegend*, verbrannt
Von Friedrich selbst in einem Brief benannt[50]
BS 418 *Erinnerung an das Riesengebirge*, um 1835, St. Petersburg
BS 419 *Riesengebirgslandschaft*, um 1835, Oslo

Günter Grundmann zu *Das Kreuz im Gebirge:*

„[...] Das erhabene Höhenerlebnis deutet der Blick in einen tiefen und weiten Akkord von fallenden Bergrücken zur Talferne an. Die Kammhöhe mit ihren öden und kahlen Gesteinsnarben durchbricht die gewaltige Felszinne, ragend wie ein Wächter der Einsamkeit. Die Berge der Nähe tauchen mit ihren Gesteinsmassen als harte Kontur aus einem zähkriechenden Nebel auf, der, je weiter der Blick zur Tiefe sinkt, desto zarter und heller wird. So spürt man den Kontrast der lieblich ausgebreiteten, noch schlafbefangenen Erdenweite des Tales zu der erstarrten und unwandelbaren Wachheit der Höhe. Gleichsam ringartig sind die Bergwälle gelagert, stets verschränkt einander überschneidend, so daß ein suggestiver Zwang von ihnen ausgeht und den Raum baut. Diese so gegebene Raumtektonik zentriert der nach der rechten Bildseite aufgestaffelte Felsen auf eine geheimnisvolle Weise. Als Nahform beherrscht er, in seiner jähen Silhouette bricht er vulkanisch auf, in seiner Vertikaldurchfurchung isoliert er sich selbst zu den horizontalen Kurvierungen der Bergkuppen. Er wird zum Symbol der Naturkraft, zum Abbild ihrer zeugenden Energien. So mag Friedrich jenes gewaltige Morgenerlebnis in der Erinnerung gehabt haben, das ihm die Idee dieses Bildes gab: Als er leicht durchschauert von der Kühle des Morgens, im Anblick der aus den Nebeln sich entschleiernden Natur stand, trafen die ersten Strahlen der Sonne die Ostseite des vor ihm aufragenden Felsens. Und indem das Gestein zu glühen und zu strahlen begann, sah sein inbrünstig versunkenes Auge das zarte Kreuzzeichen auf seiner Spitze, wie ‚ein Signum der Erlösung aus den Bängnissen der Nacht aufsteigend‘, und sein einsames Herz verlangte nach der Hand einer liebenden Frau, die ihn zur Höhe hinaufziehen möge, aus der einsamen Melancholie seines eigenen Selbst empor zum Licht und zur Verklärung. Vielleicht tastete seine Hand nach der des neben ihm stehenden Freundes, vielleicht verriet ein Wort seine innere Bewegung, doch was die Stunde gebar, blieb

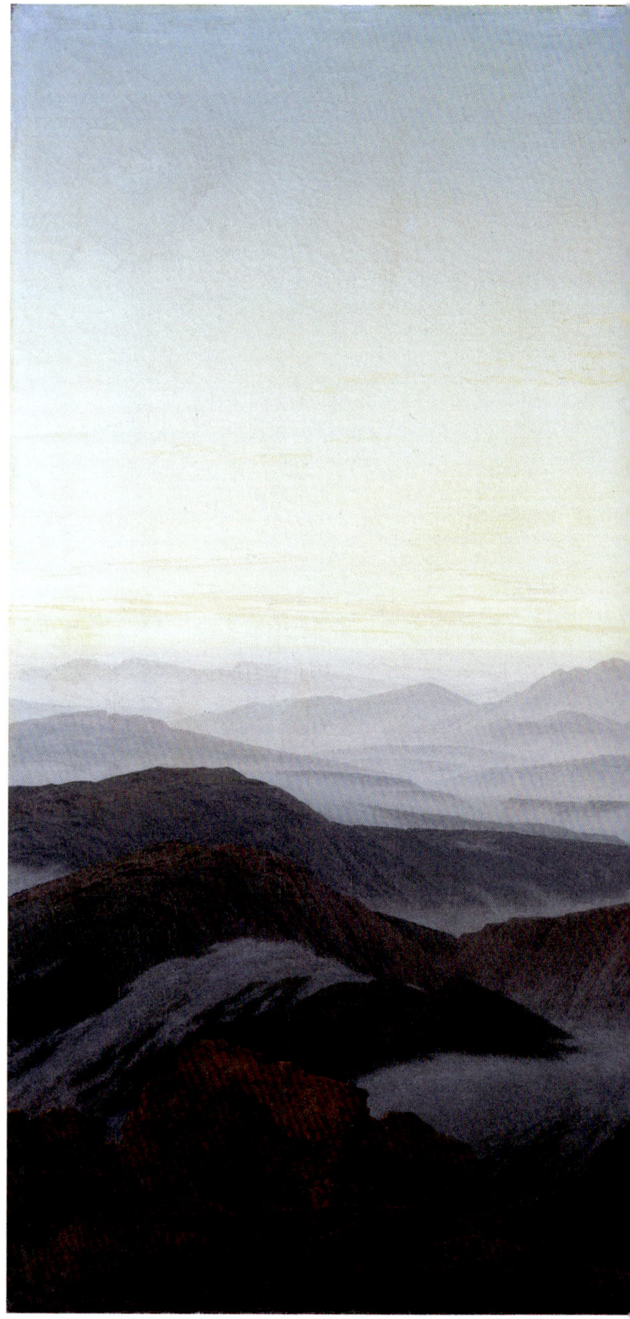

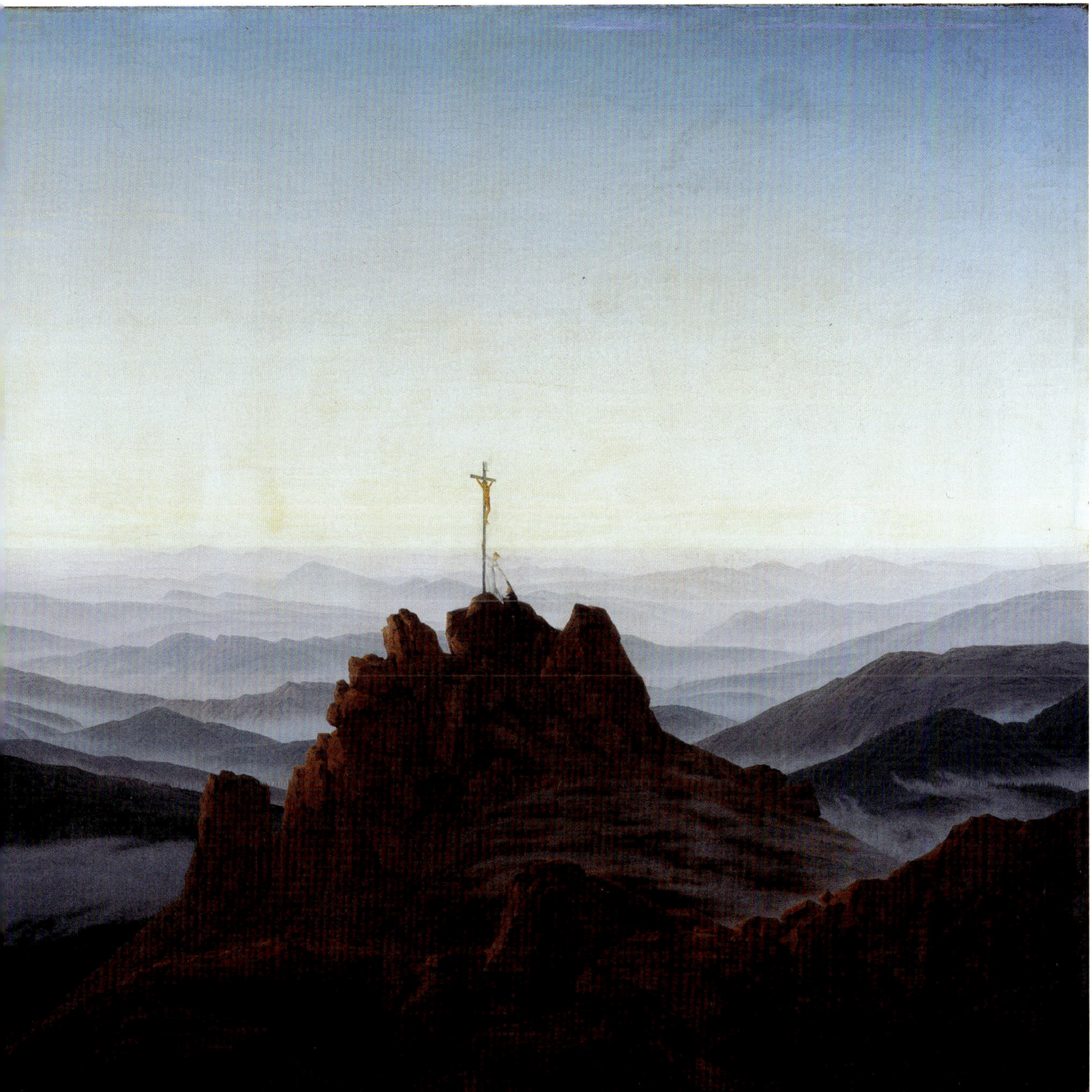

49 **Caspar David Friedrich:** *Morgen im Riesengebirge (Das Kreuz im Gebirge), 1812 (BS 190)*
Staatliche Museen zu Berlin, Nationalgalerie

verschlossen bis zum Augenblick der Wiedergeburt. Und indem es später zum Bild wurde, gestaltete sich neu und im einzelnen anders, was seine Augen gesehen, vielleicht seine Hand mit wenigen Strichen festgehalten hatte. So entstand das Gemälde einer der Natur geöffneten Seele und deutete in seiner Sprache, was ein begnadetes Auge in dieser Morgenstunde an Schönheit gespiegelt hatte [...].

Mit diesem Bild schließt sich die Reihe der Kreuzbilder des Tetschener Altares und der Sepiazeichnung der Berliner Nationalgalerie in der höchsten Aufgipfelung des Erlebens zusammen, mit dem Zeichen des Kreuzes unter die Heiligkeit der inneren Gewißheit gestellt, die ihn sagen läßt: *„Heilig sollst du halten jede reine Regung deines Gemütes, heilig halten jede fromme Ahnung; denn sie ist Kunst in uns! In begeisternder Stunde wird sie zur anschaulichen Form, und diese Form ist dein Bild!“* [51]

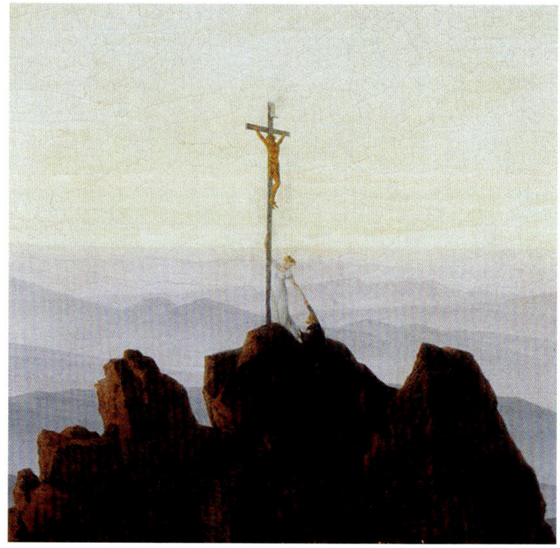

150 Ausschnitt aus Morgen im Riesengebirge

Im ***Morgen im Riesengebirge*** hat Caspar David Friedrich seine Methode der Bildkomposition mit mehreren Einzelmotiven konsequent und sehr subtil angewandt. Besonders beeindruckend ist der landschaftliche Hintergrund, für den die Bleistiftzeichnung vom Gipfel der Schneekoppe vom 11. Juli 1810 Verwendung fand. Friedrichs Gedächtnis für diese feinsten Stimmungen ist phänomenal. Mit dem Felsen vom 17. 8. 1799, der auch schon beim *Tetschener Altar (BS 167)* Verwendung fand, erinnert er nicht nur formal an dieses Gemälde. Mit dem Bild *Morgen im Riesengebirge* schließt Friedrich das mehrjährige Ringen um intensivste Gestaltung der „Kreuzlandschaften“ auf beeindruckende Weise ab.

Eigenartigerweise hält sich die Meinung, die ein Rezensent 1811 im Journal des Luxus und der Moden schrieb, dass beide Figuren am Kreuz von Kersting gemalt seien, bis heute. Unbestreitbar hat er sich in der männlichen Figur, der die weibliche Gestalt, ein Engel (?), zum Kreuz aufhilft, selbst dargestellt. Trotz einiger Kritik an der Figurengruppe und dem Fehlen von Lebendigem nennt der Rezensent das Gemälde, das er auf der Dresdner Akademieausstellung 1811 sah, *„überirdisch“* und *„der weit geöffnete Horizont, das klare Licht des Himmels und die Harmonie des Tones machen es zu einer Zierde der Ausstellung.“* [52] Und ein anderer Rezensent meldete, dass *„das ganze Dresdner Publikum zu dieser Landschaft zu wallfahren anfing.“* [53]

Sonnenaufgang auf der Riesenkoppe[54]
Theodor Körner

Die Erde ruht in tiefer, ernster Stille,
Und alles schweigt; es dringt kein Laut zum Ohre.
Doch schnell auf finstrer Spur entflieht die Hore,
Daß sie das Wort der ew'gen Zeit erfülle.

Da bricht der Morgen durch des Dunkels Hülle;
Es tritt der Tag in lichtem Strahlenflore
Mit üpp'ger Kraft aus seinem goldnen Tore;
Der Himmel glüht in frischer Jugendfülle.

Und freudig auf des Lichtes zarten Spuren
Beginnt das Leben sich zu regen
Und keimt und blüht in tausendfacher Lust.

Unübersehbar schimmern Städt' und Fluren
Aus weiter Ferne meinem Blick entgegen,
Und heil'ge Sehnsucht glüht in meiner Brust.

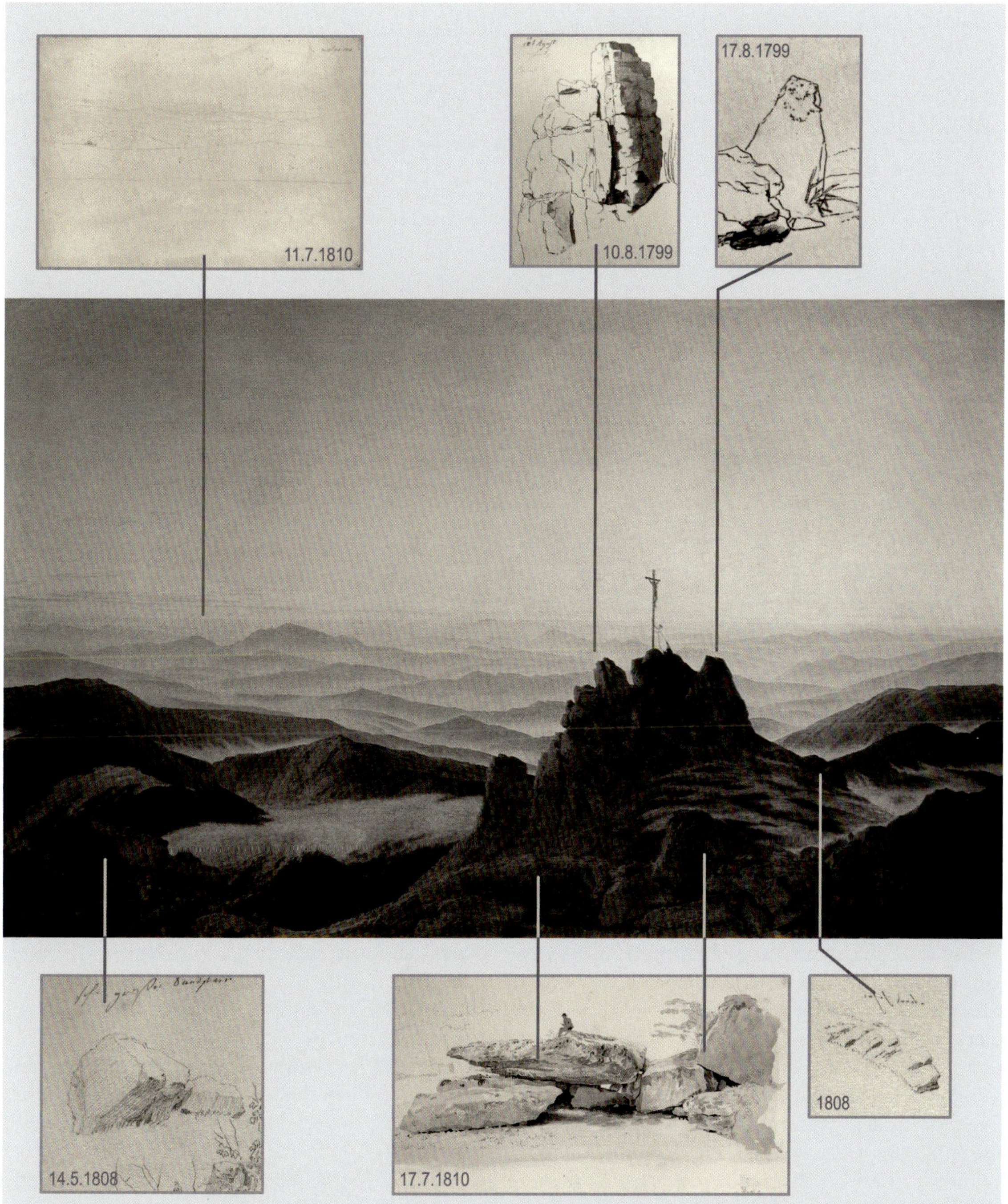

151 ***Caspar David Friedrich:*** *Morgen im Riesengebirge, Montage der wichtigsten verwendeten Studien*

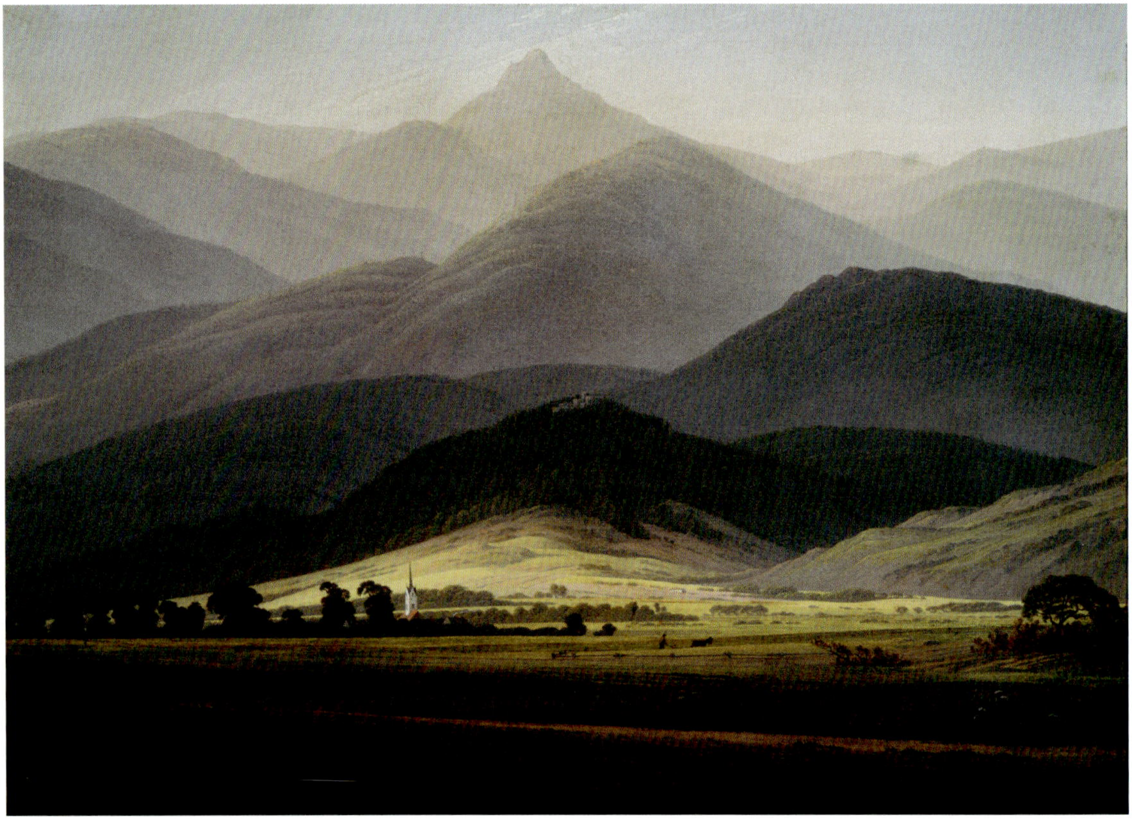

152 ***Caspar David Friedrich:*** *Riesengebirgslandschaft, um 1810 (BS 187)*
Staatliche Museen Moskau

Günter Grundmann zu *Riesengebirgslandschaft:*
„Den äußersten Grad der Übersteigerung läßt das Moskauer Bild in seiner auffallenden Staffelung und vertikalen Schichtung der Gebirgszüge erkennen. Man spürt, wie sehr den Maler die überwältigende Wucht und Großartigkeit jenes Anblicks des Gebirges von der Talsohle aus beeindruckte und wie lange dieser Eindruck vorhielt, um sich schließlich in dieser machtvoll feierlichen Sprache zu äußern. Ruinen und Kapellen in den Vorbergen geben dem lieblich Vertrauten und heroisch Romantischen den sinnfälligen Ausdruck, um über diesen Zonen des Faßbaren die unfaßbare Riesenhaftigkeit des Kammes mit der Sturmhaube aufsteigen zu lassen, in eine unbekannte Erhabenheit und Fremdheit gesteigert, die jenseits des Gesehenen aus der visionären Schau Gestalt gewonnen hat. So sieht ein nach innen gerichtetes Auge die Spiegelung der Wirklichkeit, die sich dem Blick in der Gegend [...] (von) Warmbrunn darbietet [...]. Waren schon die niedrigen Vorgebirgslandschaften dem an die Meeresweite gewöhnten Auge des norddeutschen Küstenmenschen verwandtes Gleichnis der Unendlichkeit, so ist dieses Bild in der Neuartigkeit des Erlebens ein echtes romantisches Bekenntnis zum Gebirge mit dem Phänomen des grell von oben einfallenden Sonnenstreifens und der Architektonik seiner gewaltigen Bergflanken. Hier zittert noch das ungeheure Erleben des Malers nach, auf diesem Wall gestanden zu haben, die eigene Kleinheit in der großen Schweigsamkeit der Höhe gespürt zu haben, inmitten einer fremden Erde der Gottheit am nächsten gewesen zu sein.“[55]

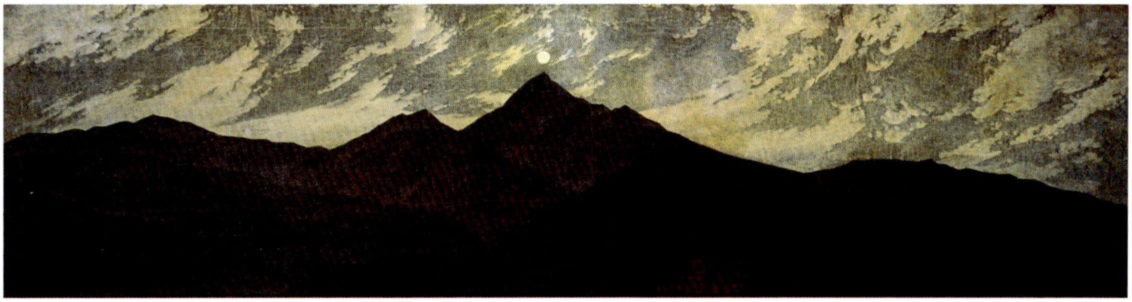

153 ***Caspar David Friedrich:*** *Mond über dem Riesengebirge, Fragment, um 1810 (BS 186)*
Klassik Stiftung Weimar

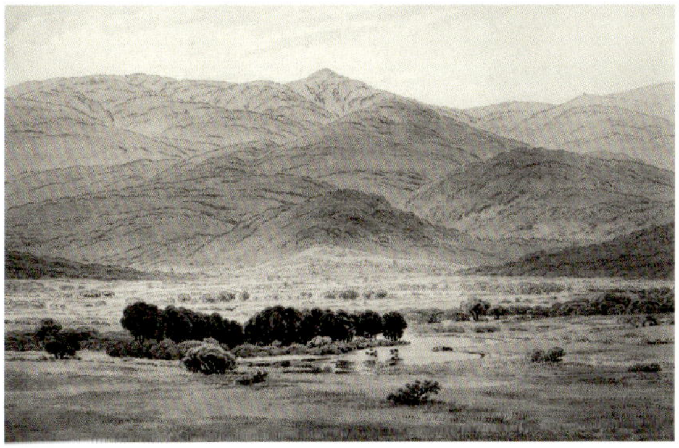

154 ***C. D. Friedrich:*** *Landschaft im Riesengebirge (Grummt 637)*
Winterthur, Museum Oscar Reinhart

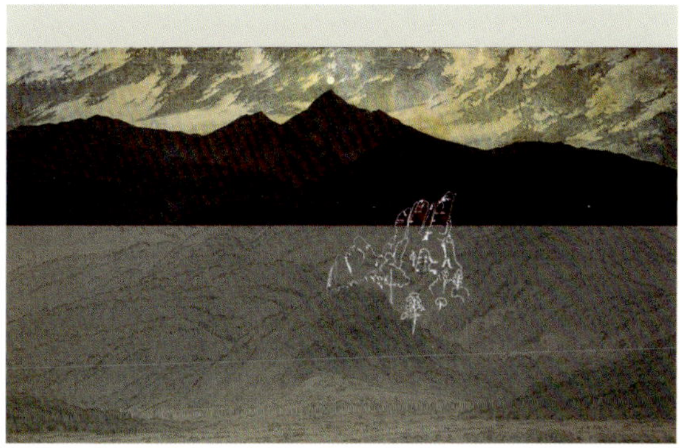

155 ***Caspar David Friedrich:*** *Mond über dem Riesengebirge mit einmontiertem Feldstein und der Riesengebirgslandschaft (Grummt 637)*

Mond über dem Riesengebirge:

Für beide abgebildeten Riesengebirgslandschaften mit spitzem Berg ist die Kleine Sturmhaube vom Aquarell *Grummt 637* das Vorbild. Allerdings ist die Vertikalsteigerung so weit ins Extreme getrieben, dass man meint, es handele sich um echte Hochgebirgslandschaften.

Von dem Weimarer Bild (vermutlich mit den Maßen 110 x 170 cm) ist oben ein Streifen von 10 und unten von 50 cm abgeschnitten worden.[56] Interessanterweise hat Friedrich hier im Vordergrund einen Felsen aus dem Elbsandsteingebirge verwendet, was schon Helmut Börsch-Supan an dem kleinen Rest, der nur wenige Zentimeter ins Bild ragt, frühzeitig entdeckt hat.

Um eine Vorstellung zu bekommen, was hier gemeint ist, ist die Zeichnung *Feldstein (Grummt 576)* einmontiert worden. Die Zeichnung entstand am 13. Mai 1808 auf dem Rückweg von Friedrichs Wanderung ins Prebischtorgebiet.

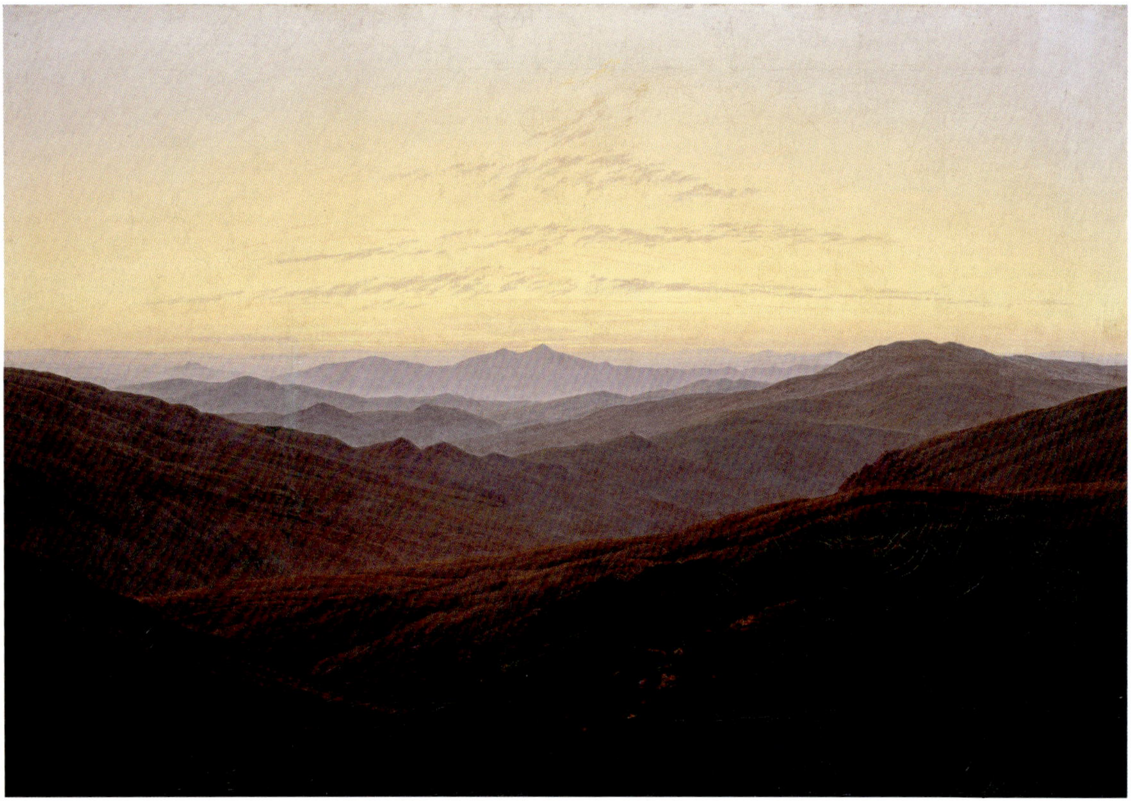

*156 **Caspar David Friedrich:** Das Riesengebirge, 1830/35 (BS 414)*
Staatliche Museen zu Berlin, Nationalgalerie

Günter Grundmann zu *Das Riesengebirge:* „Stundenlang hatte die Freunde auf beschwerlichem Kammwege die monotone Schweigsamkeit der Hochebene gefangen gehalten, sich noch im Eindruck vertiefend, als sich die riesige Hochfläche zwischen Hochwiesenberg, Brunnenberg, Schneekoppe und Silberkamm auftat. So zur Wiesenbaude gegen Abend wandernd, begann diese moorige Hochebene einen unvergeßlichen Eindruck auszuüben, schwer und erdhaft in der Farbe, monoton und klagend in der Form. Man würde an die Steppe Rußlands, an die Dünen des Meeres oder die Wüste denken, wüßte man sich nicht auf der Höhe eines Gebirges von 1200 Meter. Und gerade diese Höhe mit der metallischen Klarheit des Himmels ist so eindringlich, daß jeder Vergleichsmaßstab versagt. Das fühlte auch Friedrich, und damit begann er sich dem Geheimnis dieser Landschaft hinzugeben.

[...] ehe man die Wiesenbaude betrat, schweifte der Blick am Grat des Ziegenrückens entlang, und da blickte jenseits der Eintiefung der kahlen Höhenlinie das wellige Tal mit dem Jeschken im Dunst der verglühenden Farben des Sonnenunterganges herauf. [...] der Himmel darüber war so durchsichtig klar und kalt wie die Luft, die man atmete – nur dieses goldene Tor in der Talferne war wie ein wärmender Trost, wie eine beglückende Melodie aus der vertrauten Erde in diese Welt des Schweigens und der Leere."[57]

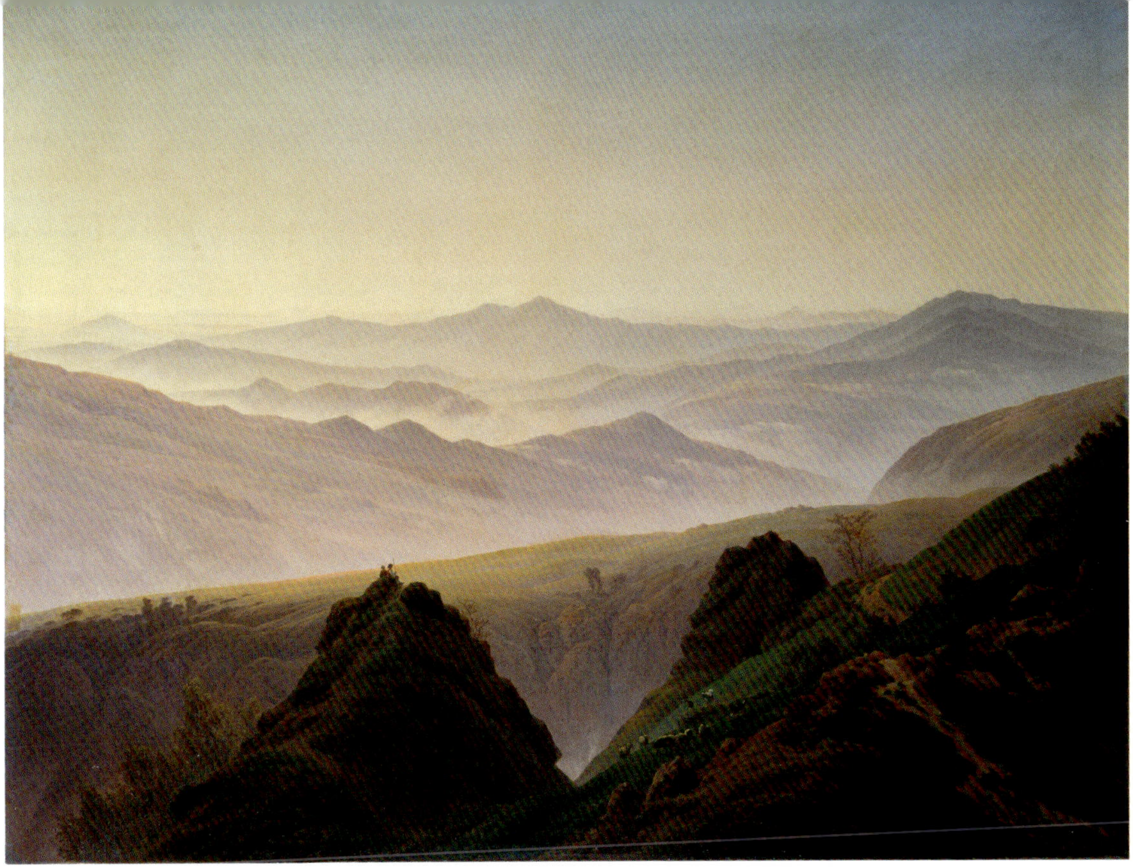

157 ***Caspar David Friedrich:*** *Der Morgen im Gebirge, um 1823 (BS 300)*
Staatliche Eremitage St. Petersburg

Der Morgen im Gebirge: Von einem „schöpfungsdramatischen Morgenbild“ sprach Günter Grundmann beim St. Petersburger Gemälde. Die Forschung ist sich bis heute nicht einig, welches der beiden Bilder die Abend- oder die Morgenstimmung wiedergibt. Wieland Schmied plädiert entschieden für eine Morgenstimmung beim Berliner Gemälde und benennt es im Untertitel „Vor Sonnenaufgang“.[58]

Dagegen hat Helmut Börsch-Supan seine schon vor vielen Jahren geäußerte Meinung überzeugend noch einmal 2008 bekräftigt, warum es bei diesem Himmel, der einsamen Figur und der Verschränkung des Kontur wegen nur eine Sonnenuntergangsstimmung sein kann.[59]

Friedrich hat, wenn wir seine Wanderung über den Riesengebirgskamm richtig deuten, in der Wiesenbaude übernachtet. Er erlebte also bei diesem Blick sowohl die Abend-, als auch die Morgenstimmung. Obwohl er sich grundsätzlich frei in der Gestaltung seiner Bilder fühlte, war er doch einem höheren Gesetz verpflichtet, das war die Ehrfurcht vor der Natur, vor der Schöpfung.

Als ich meine Riesengebirgsforschung zu Friedrich begann, saßen wir auf dem Reifträger und erlebten einen Sonnenuntergang, der uns bis ins Innerste aufwühlte. Dabei suchte unser Blick immer den Jeschken am Horizont. Als wir früh weiterzogen, war der Zauber ein anderer.

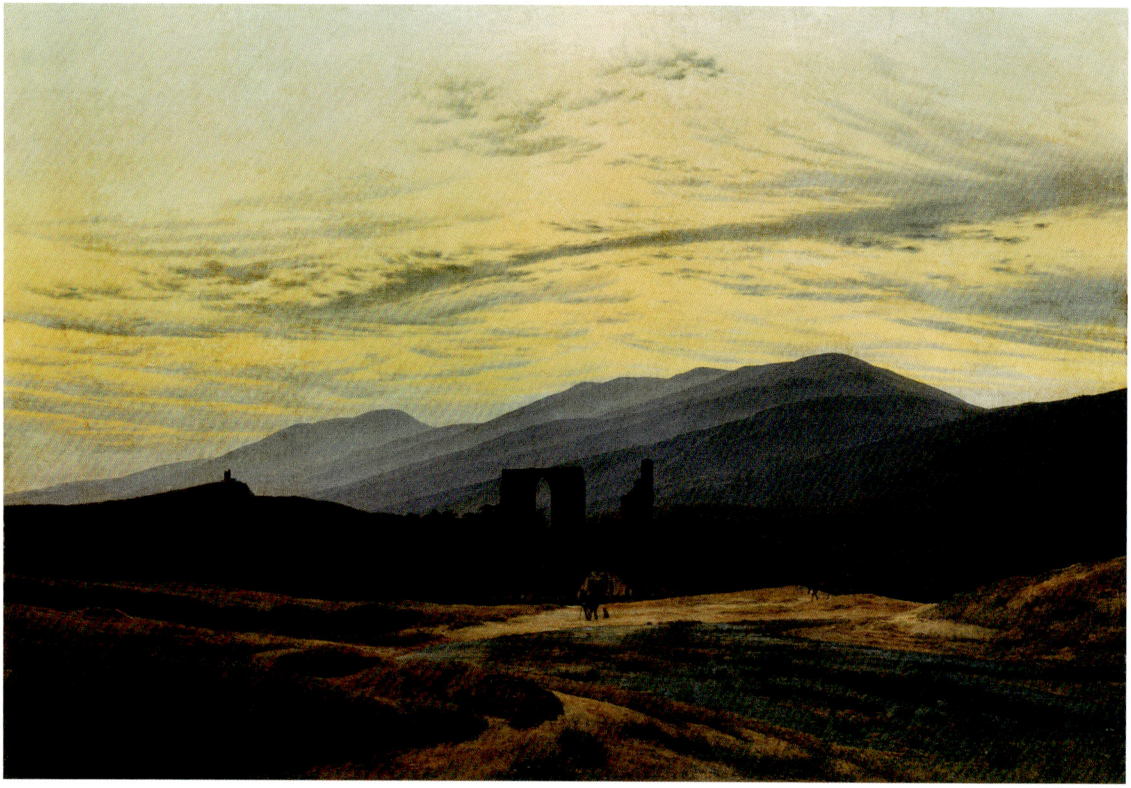

158 ***Caspar David Friedrich:*** *Ruine Eldena im Riesengebirge, 1830/34 (BS 415)*
Greifswald, Pommersches Landesmuseum

Ruine Eldena im Riesengebirge: Friedrich schreibt in seinen „Betrachtungen“: *„Eigen war diesem Künstler, daß er, was ihn in der Natur besonders ansprach, oft ohne Rücksicht auf Zeit, Gegenstand und Ort anwandte […]“* [60] Und so entstand dieses kühne Bild vom Riesengebirge des inzwischen bald 60-Jährigen.

Drei Dinge benennt Helmut Börsch-Supan bei diesem späten Gemälde Friedrichs: die überlieferte Herkunft Friedrichs aus Schlesien, dass in dieser Gegend die Elbe entspringt, die für den Maler ein Gleichnis des Lebens war und die er (in Dresden) täglich vor Augen hatte, und dass die Ruine das immer wieder dargestellte Symbol für Heimat und zugleich für den Tod im Sinne von Heimkehr war.[61]

Friedrich greift auf die Zeichnung vom 14. Juli 1810 zurück, die auf der Riesengebirgswanderung entstanden ist. Er verwendet sie spiegelbildlich, denn die Bergkontur soll aufsteigen, nicht absinken, wie auf der Zeichnung. Und übers Gebirge setzt er einen prachtvollen Abendhimmel. Woher kommen wir, wohin gehen wir und was erwartet uns? In diesem Bild zieht Friedrich eine positive Bilanz.

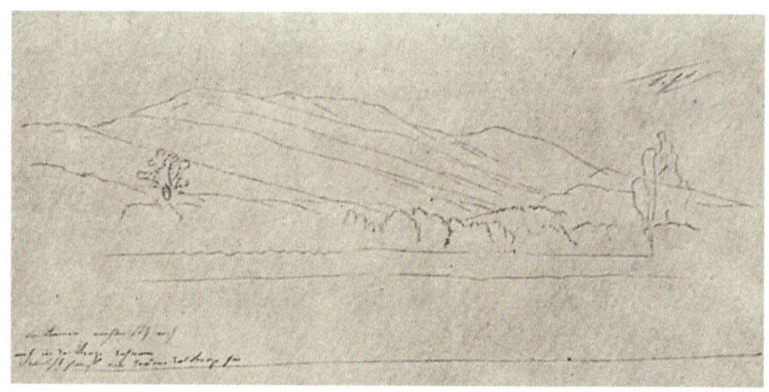

159 ***C. D. Friedrich:*** *Riesengebirgsstudie (Grummt 624)*

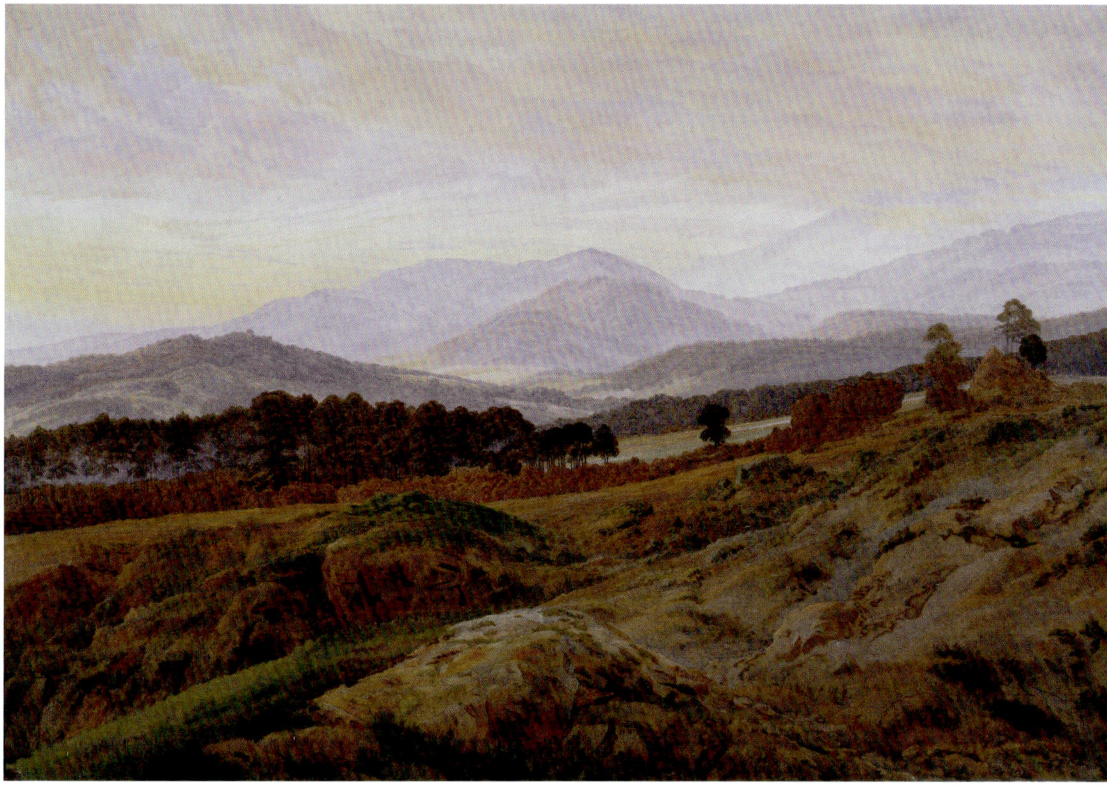

160 ***Caspar David Friedrich:*** *Riesengebirgslandschaft, um 1835 (BS 419)*
Oslo, Nationalgalerie

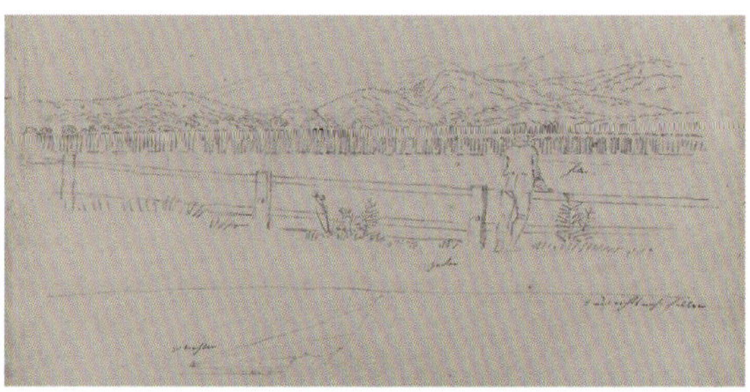

161 ***C. D. Friedrich:*** *Riesengebirgsstudie (Grummt 622 recto)*

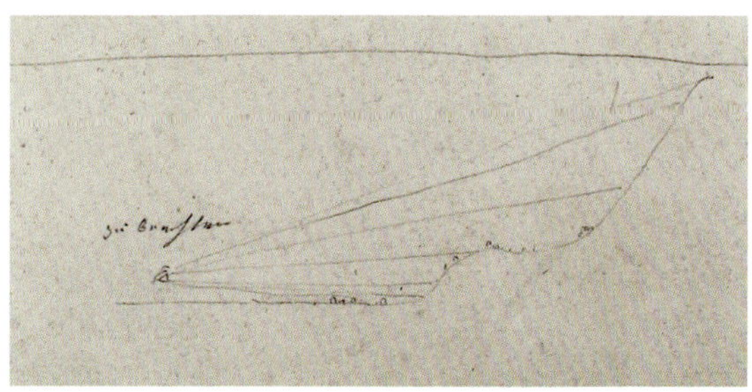

162 ***C. D. Friedrich:*** *Skizze des Augenpunktes (Ausschnitt)*

Riesengebirgslandschaft: Das unvollendete Osloer Bild ist eine der letzten Arbeiten Friedrichs. Verwendung fand die Studie vom 13. Juli 1810 mit dem Blick von Warmbrunn zum Schmiedeberger Kamm.

Wieder sind die Berge deutlich überhöht. Die Perspektive des Betrachters ist verschoben. Friedrich hatte auf der Zeichnung den Augenpunkt skizziert und *„zu beachten"* daneben geschrieben. Hier ist es angewandt. Das Bild wirkt etwas unentschieden, der Vordergrund dominiert. Die Berge, die das Auge anziehen sollten, verblassen. Der heller werdende Widerschein des Himmels deutet Hoffnung an.

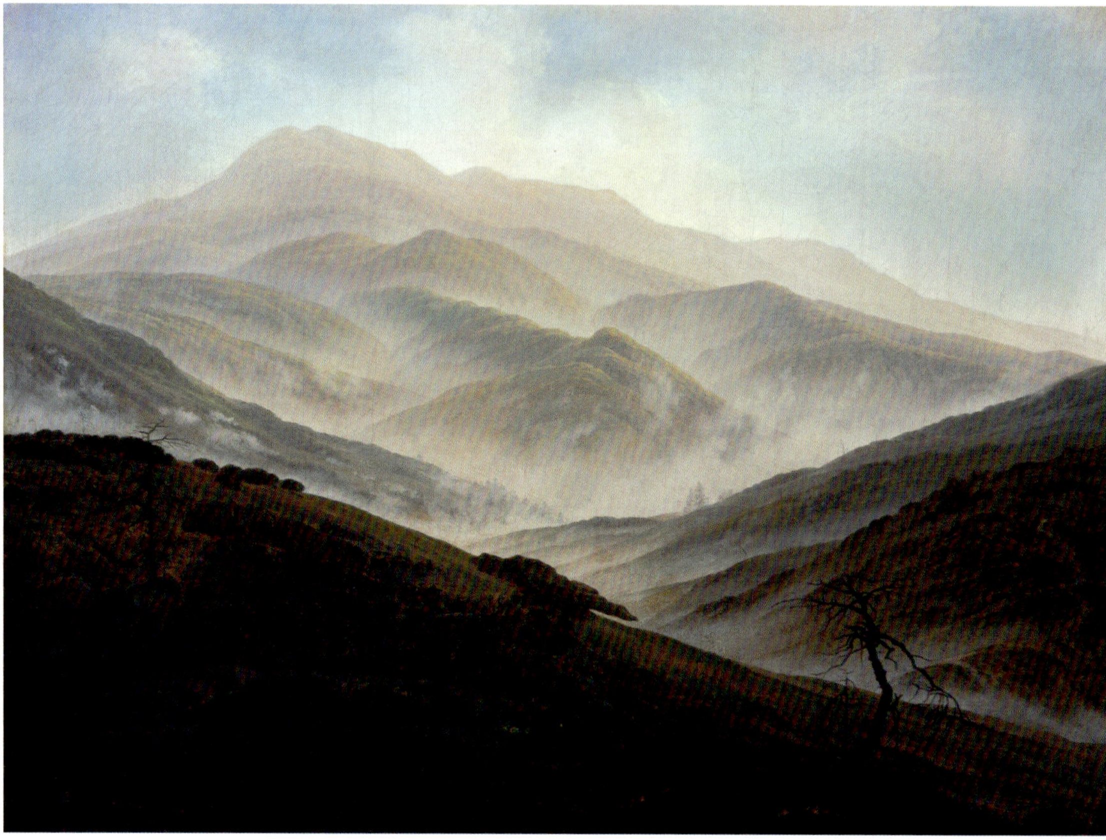

163 ***Caspar David Friedrich:*** *Riesengebirgslandschaft mit aufsteigendem Nebel, um 1820 (BS 264)*
Neue Pinakothek München

Günter Grundmann zu *Riesengebirgslandschaft mit aufsteigendem Nebel:* „[...] Man glaubt, die Erschütterung des Künstlers im Angesicht einer Gebirgsplastik zu spüren, deren Profillinien ihm zum Symbol der kosmischen Geburtsstunde dieser Landschaft wurden. Und so wie sich das Feste zum Gebirge verdichtet, scheidet sich das Licht von der Finsternis. Die aufgehende Sonne beginnt die Formen zu runden und die aus der nebeldurchwallten abgründigen Tiefe aufragenden Gipfel zu vergolden. Aus allen Spalten dringt der Nebel, zieht in den Tälern entlang und versinnbildlicht das chaotisch formlose Element, aus dem sich das geformte heraushebt zur schöpferischen Zone des Lichtes. Braun und schwer lastet der linksseitig verschobene Vordergrundhang, um rechtsseitig durch den steilen Abhang des Krokonosch ausgeglichen zu werden. Eine einsame Fichte, deren Geäst in seiner windverzerrten Umbildung eher dem eines Obstbaumes gleicht, reckt ohnmächtig und hilflos ihre Zweige in den werdenden Tag und übernimmt die Funktion des Menschen in sinnbildlicher Bedeutung."[62]

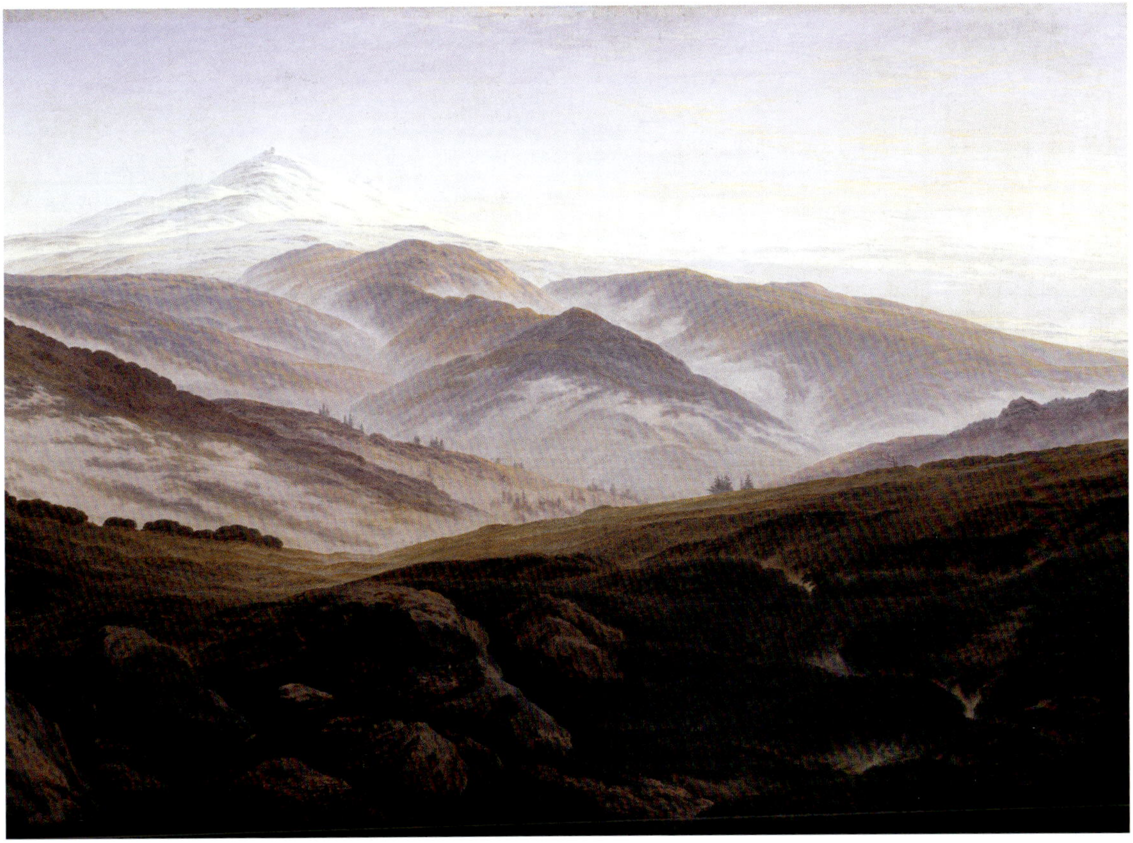

164 **Caspar David Friedrich:** *Erinnerung an das Riesengebirge, um 1835 (BS 418)*
Staatliche Eremitage St. Petersburg

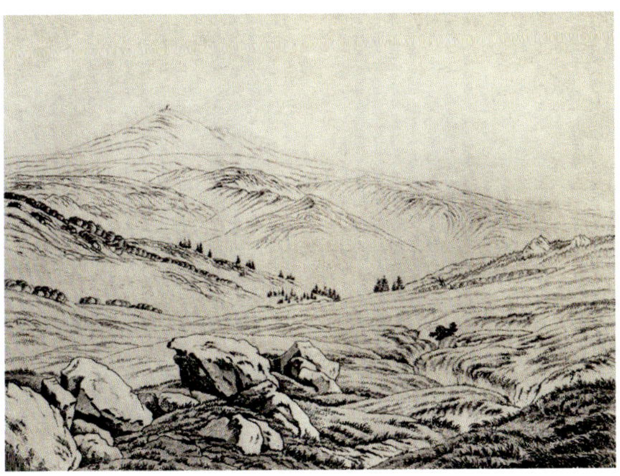

165 **Carl Beichling:** *Erinnerung an das Riesengebirge nach Caspar David Friedrich, 1835, Kupferstich*

Erinnerung an das Riesengebirge: Das Bild ist eines der letzten Gemälde Friedrichs. Noch einmal hält er Zwiegespräch mit der Landschaft, die ihn so beeindruckt hat. Die Riesenkoppe leuchtet im Schnee. Sie ist nicht mehr besteigbar. Jedoch die kleine Kapelle grüßt deutlich herunter. Im Vordergrund liegen große Steine, wie sie im Riesengebirge so typisch sind. Die hatte er am 12. Juli 1810 beim Abstieg vom Gebirgskamm gemalt. Da war Sommer. Es schließt sich der Kreis.

Das Gemälde wurde vom Dresdner Kunstverein gekauft. Deshalb haben wir den Kupferstich von C. Beichling. Später gelangte es nach St. Petersburg.

1828
Kunstreise nach Böhmen mit August Philipp Clara

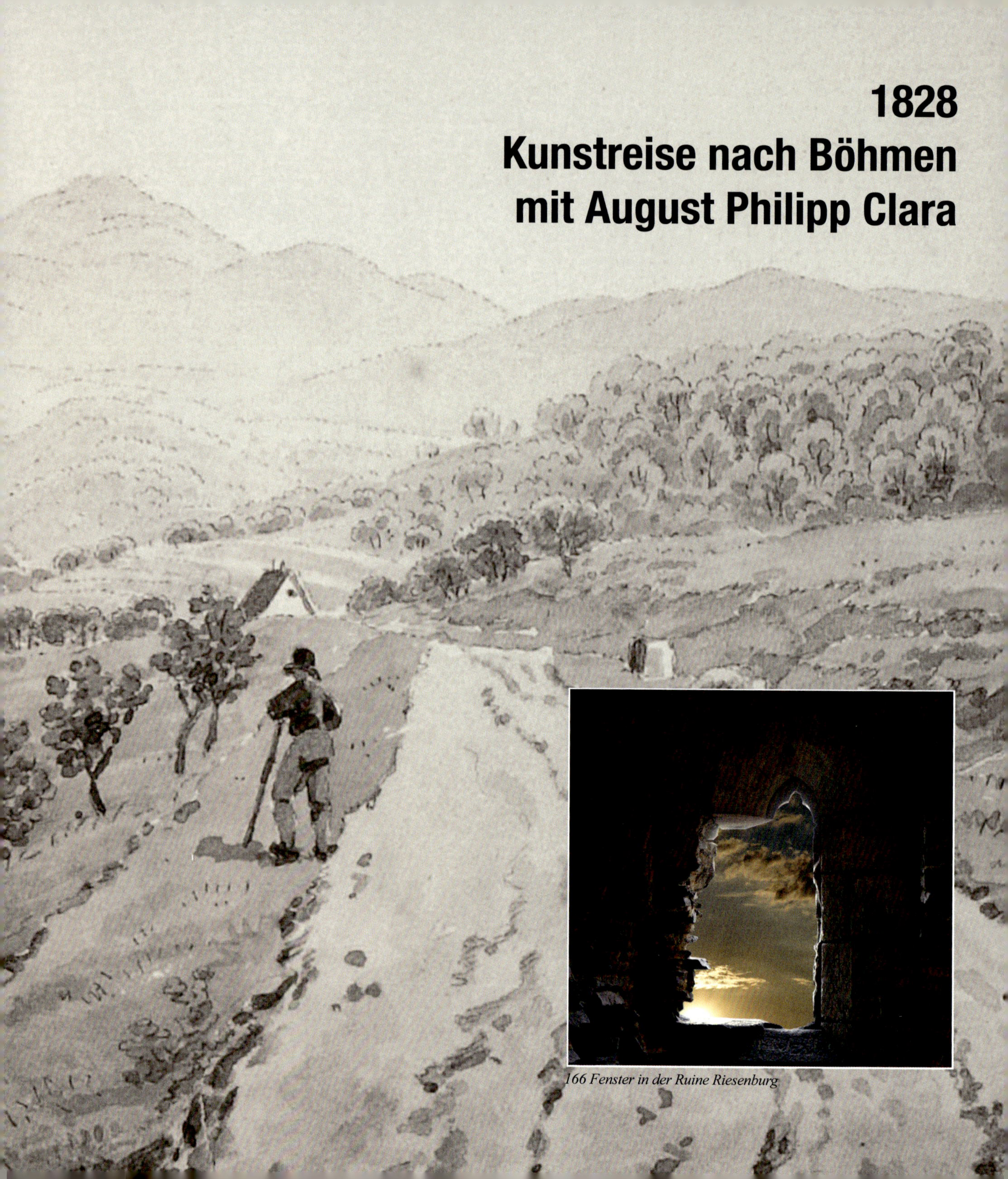

166 Fenster in der Ruine Riesenburg

Lange ist es her, dass Caspar David Friedrich das letzte Mal Böhmen besuchte. Die Riesengebirgswanderung liegt 18 Jahre zurück. Viel ist in den zurückliegenden Jahren geschehen. Da waren die Napoleonischen Befreiungskriege, an denen Friedrich als patriotischer Mensch und Künstler starken Anteil genommen hatte. Sie waren begleitet von großem Elend und unermesslicher Not. Schließlich war der Tyrann verjagt. Aber bald setzte die Restauration ein. Die Hoffnung auf eine Professur an der Dresdner Akademie erfüllte sich nicht. Wenigstens wurde er 1816 in die Akademie aufgenommen, mit einem festen Gehalt, was eine gewisse Sicherheit bot. Es folgte 1818 die überraschende Heirat, die Friedrich auch künstlerisch beflügelte. Drei Kinder werden geboren. Auch die Freundschaft mit Carl Gustav Carus gehört zu den erfreulichen Dingen. Und natürlich die Künstlerfreundschaft mit dem Norweger Johan Clausen Dahl, der 1819 nach Dresden kam.

Für Friedrichs Kunst war 1810 ein herausragendes Jahr. Er strebte seinem künstlerischen Höhepunkt zu. Nach der Riesengebirgsreise wurden der *Mönch am Meer* und das Pendant *Die Abtei im Eichwald* vollendet und auf der Akademieausstellung in Berlin ausgestellt. Der preußische König kaufte beide Bilder für 450 Taler. Friedrich wurde in die Berliner Akademie aufgenommen. Die ersten Riesengebirgsgemälde entstanden. Auch sie wurden ein großer Erfolg.

Zur Kunstausstellung 1812 in Berlin: *„Die Arbeiten des Landschaftsmalers Friedrich, Mitglied unserer Akademie gefallen ungemein. Die größte Wirkung macht die weite Gebirgslandschaft, in der nur der Felsen am Vordergrund, worauf das Kreuz steht, vom Nebel enthüllt ist, der über den übrigen Felsspitzen woget. Der König betrachtete diese Landschaft mit besonderem Wohlgefallen und erinnerte sich aus seinem letzten Badeaufenthalt in Töplitz einer ähnlichen Morgenszene.“* [63]

Als Johann Christian Klengel 1824 starb, hoffte Friedrich auf die frei werdende Professur. Er wurde lediglich zum außerordentlichen Professor ernannt, ohne Lehramt, erhielt aber immerhin ein jährliches Gehalt von 200 Talern. Ab 1824 begann für Friedrich eine schwierige Zeit. Er wurde krank und zunehmend depressiv. Sein schroffes Verhalten belastete Familie und Freunde. Seine Kunst stagnierte. Mehr und mehr wurden seine Bilder abgelehnt. Wenigstens der russische Zarenhof kaufte Friedrichs Gemälde. 1820 hatte der russische Großfürst Nikolaus, der spätere Zar, Friedrich in seinem Atelier besucht.

1826 ging Friedrich zu einem Kuraufenthalt nach Rügen. Aber die aufkeimende Hoffnung hielt nicht lange an. Carl Gustav Carus schrieb 1829 an seinen Studienfreund Regis: *„Von Friedrich muß ich einmal ausführlicher schreiben, über ihm hängt seit ein paar Jahren eine dicke trübe Wolke geistig unklarer Zustände dieweil sie ihn zu schroffen Ungerechtigkeiten gegen die Seinigen verleiten, mich, der ich offen mich hierüber gegen ihn ausgesprochen, von ihm ganz abgelöst habe.“* [64]

In diese Zeit fällt die Kunstreise von 1828 nach Böhmen. Friedrichs Reisebegleiter ist diesmal der aus Estland stammende Hofgraveur und Kupferstecher August Philipp Clara (1790–1850). Er war ein Freund des russischen Dichters Wassili Andrejewitsch Shukowski. Dieser war Erzieher am russischen Zarenhof. 1821 besuchte er Friedrich im Atelier. Es begann eine wunderbare Freundschaft zwischen beiden. Shukowski kaufte im Auftrag des Zaren Gemälde von Friedrich. Er selbst, der auch zeichnete, hatte bald ebenfalls eine beachtliche Sammlung von Werken Friedrichs.[65]

Shukowski war mit Clara befreundet und brachte ihn 1826 mit nach Dresden. In dieser Zeit wird ihn Friedrich kennengelernt haben. So kam es schließlich zur gemeinsamen Reise nach Böhmen. Ob diese Reise aus innerem Drang heraus entstand oder ob sie eher eine Gefälligkeit Friedrichs gegenüber August Clara war, ist überlegenswert. Denn wir kennen kein Gemälde von Caspar David Friedrich, das als Ergebnis von dieser Böhmenwanderung entstanden ist. Bekannt sind lediglich 14 (+1?) Zeichnungen in Bleistift bzw. Feder, oft aquarelliert. Auf diesen sind allein fünfmal Ruinen dargestellt. Und das in der heitersten Landschaft, die man sich vorstellen kann. Es sind fast ausnahmslos kleine Blätter in den Maßen 126–160 x 206 mm entstanden.

Chrono-logische Zahl	Monat u. Tag des Anlangens	Vor- und Zunahme	Karakter	Ort des bisherigen Aufenthalts	Absicht der Ankunft, und mit welcher Gelegenheit	Einkehrhaus und denkt sich hier aufzuhalten	Benennung des Passes
47	Mai 9.	Kaspar David Friedrich	Professor	Dresden	Kunstreise zufus	Nr. 117 Töpferschenke einige Tage	Dresden, 6. Mai 1828
48	„	A. Klara	Maler	St. Petersburg	dito	dito	St. Petersburg, 9. Mai 1826 Dresden, 5. Mai 1828

167 Friedrichs und Claras Eintragung im Anzeigeprotokoll von Teplitz/Teplice (wörtlich übernommen)[66]

August Claras Pass wurde in Dresden am 5. Mai 1828 ausgestellt, der von Friedrich einen Tag später. Am 9. Mai ließen sich die beiden Künstler im Anzeigeprotokoll der Stadt Teplitz/Teplice eintragen. Noch am selben Tag bestiegen sie den Schlossberg bei Teplitz/Teplice. Wann genau sie den Nollendorfer Pass überschritten haben, ist nicht zu sagen. Ausgerechnet das Aquarell *Erinnerung an die Höhe von Nollendorf (Grummt 933)* ist verschollen. Dieses Aquarell wurde 1829 auf der Dresdner Kunstaustellung ausgestellt und mit Lob bedacht.

Es ist durchaus denkbar, dass Friedrich und Clara, bevor sie nach Teplitz/Teplice gingen, über Graupen/Krupka den Weg nach Osseg/Osek nahmen. Denn die *Ruine im bewaldeten Gebirgstal (Grummt 921)* ist die Ruine der Riesenburg bei Osseg/Osek. Überhaupt wissen wir nicht, wie die beiden Künstler ihre Wanderung gestalteten. Nach den Datumsangaben auf einigen Blättern lässt sich annehmen, dass sie Teplitz/Teplice bald wieder verließen und sich auf den Weg in Richtung Elbtal nach Salesel/Zálezly machten, um von dort vielleicht das Schiff nach Dresden zu nehmen. Es gibt keinen Hinweis zur Abmeldung in Teplitz/Teplice und das letzte Datum der Wanderung, 16. Mai, steht auf der Zeichnung *Grummt 912*. Da befanden sie sich kurz vor Salesel/Zálezly an der Elbe. Eine denkbare Route ist in der Karte notiert.

168 ***Karte 7:*** *Zeichenstandorte und gezeichnete Motive der Kunstwanderung von 1828 (Nummerierung: siehe nebenstehende Übersicht)*

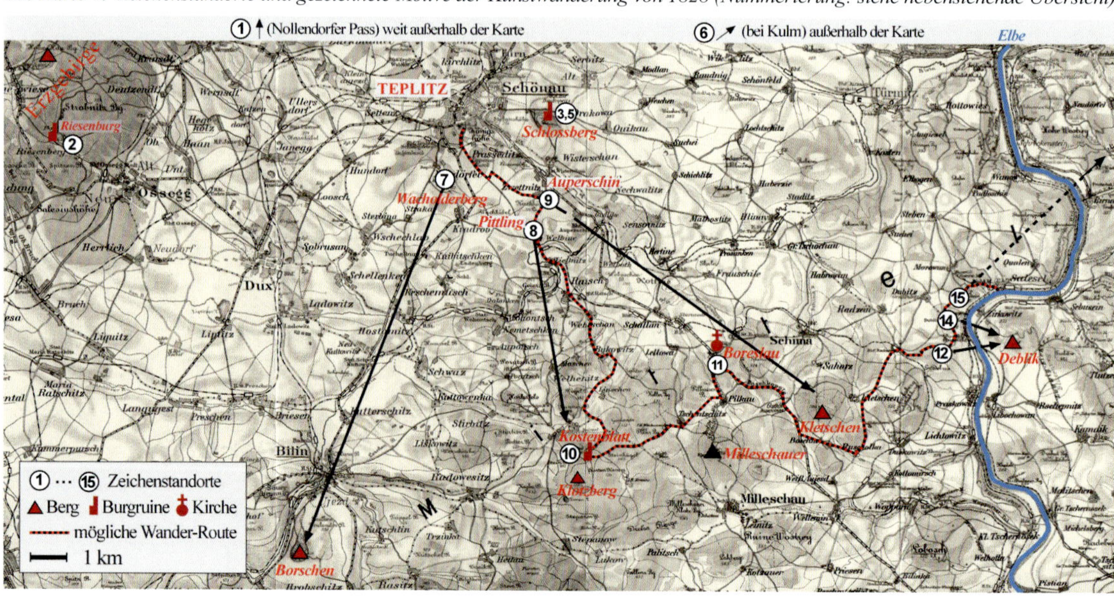

Studienblätter der Böhmenwanderung 1828 (geordnet nach einem praktischen Reiseverlauf)

um (1829)	*Grummt 933* (1) **Erinnerung an die Höhe von Nollendorf** verschollen
um 1828	*Grummt 921* **2 Ruine im bewaldeten Gebirgstal** Lokalisierung Richter: Riesenburg bei Osseg/Osek
9. Mai 1828	*Grummt 929* **3 Ruine auf dem Schlossberg bei Teplitz** Lokalisierung Hoch: ein Teil der Schlossruine Daubersberg
um 1828	*Grummt 930* **4 Ruine auf dem Schlossberg bei Teplitz** Aquarell nach *Grummt 929*
um 1828	*Grummt 928* **5 Ruine auf dem Schlossberg bei Teplitz** Lokalisierung Hoch: ein anderer Teil der Schlossruine Daubersberg
10. Mai 1828	*Grummt 910* **6 Landschaft bei Teplitz** Lokalisierung Hoch: Blick zum Erzgebigskamm, allgemein, kein konkreter Punkt Richter: Blick aus der Nähe von Kulm/Chlumec gegen das Erzgebirge (Schlachtfeld von 1813)
11. Mai 1828	*Grummt 911* **7 Blick zum Borschen bei Bilin** Lokalisierung Hoch: Borschen
um 1828	*Grummt 923* **8 Mittelgebirgslandschaft** Lokalisierung Richter: Klotzberg mit Ruine Kostenblatt
um 1828	*Grummt 913* **9 Blick auf den Kletschen** Lokalisierung Hoch: Blick von Auperschin/Úpořiny
12. Mai 1828	*Grummt 931* **10 Ruine im Wald bei Teplitz** Lokalisierung Hoch: Ruine Kostenblatt
um 1828	*Grummt 922* **11 Barockkirche in bewaldeter Berglandschaft** Lokalisierung Hoch: Kirche von Boreslau/Bořislav
14. Mai 1828	*Grummt 932* **12 Blick auf den böhmischen Erzgebirgskamm mit zwei Obstbäumen** Lokalisierung Richter: Deblik gegenüber von Dubitz/Dubice
um 1828	*Grummt 916* **13 Blick auf den böhmischen Erzgebirgskamm mit zwei Obstbäumen** Aquarell nach *Grummt 932*
16. Mai 1828	*Grummt 912* **14 Böhmische Landschaft im Mittelgebirge** Lokalisierung Richter: Deblik gegenüber von Dubitz/Salesel
um 1828	*Grummt 870* **15 Gebirgslandschaft mit bewaldetem Talkessel** Lokalisierungsvorschlag Richter: Möglicherweise Blick von Dubitz/Dubice über die verdeckte Elbe gegen die dahinter sich erhebende Bergkette

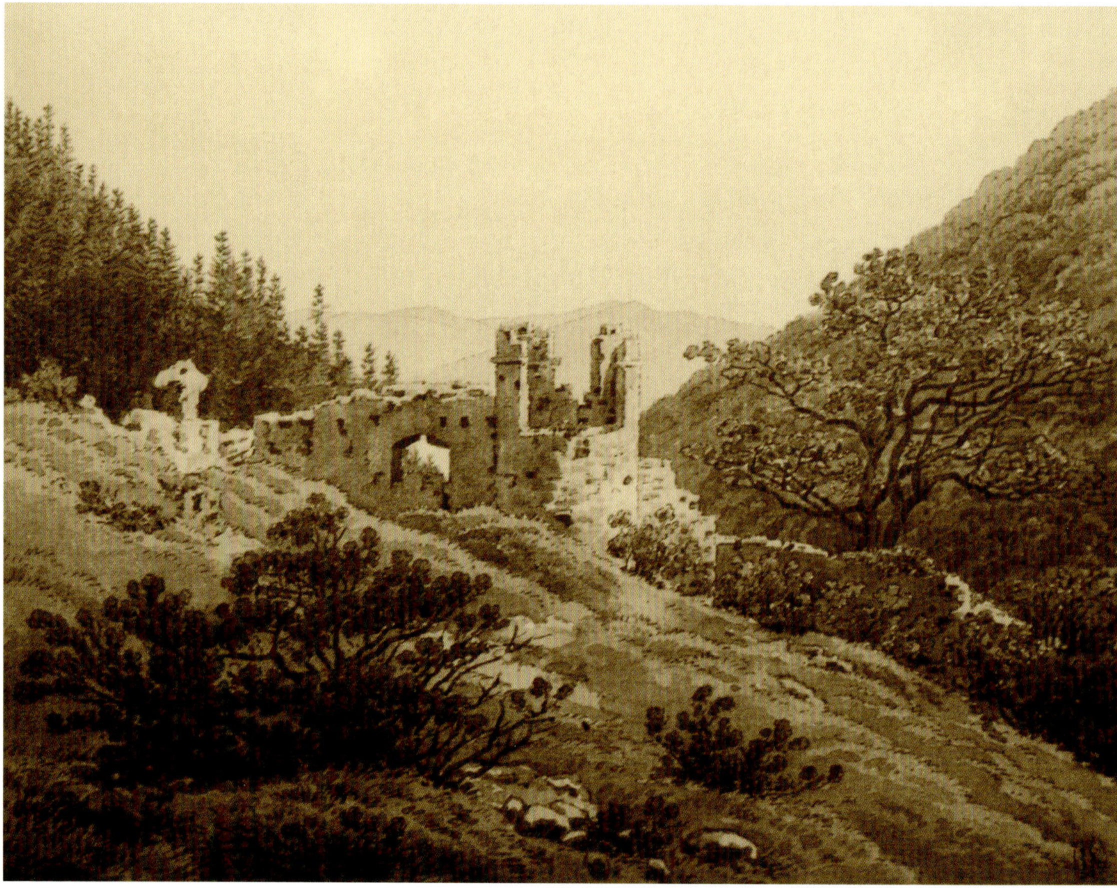

169 **C. D. Friedrich: (2)** *Ruine im bewaldeten Gebirgstal, Feder in Schwarz, aquarelliert, um 1828 (Grummt 921) Standort unbekannt*

Wann auch immer während der 1828er-Böhmenwanderung das Blatt mit der *Ruine im bewaldeten Gebirgstal* entstanden ist, es handelt sich hier um die Ruine Riesenburg nördlich von Osseg/Osek. Diese noch heute interessanten Überreste der Burg befinden sich auf einem Felssporn in einem Seitental, das sich hinauf zum Erzgebirgskamm zieht. Friedrich überrascht dadurch, dass er gewissermaßen ein „Nebenmotiv" der malerischen Ruine gezeichnet hat. Leicht verschoben hat er es genau in den V-förmigen Taleinschnitt gesetzt. Vielleicht kannte er die pittoreske Darstellung von Adrian Zingg mit dem Tal und der Ruine auf dem Felsen.

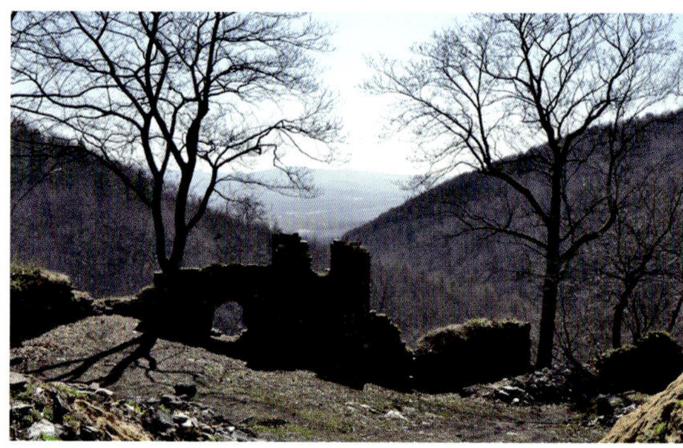

170 **Vergleichsfoto:** *Rest eines runden Wachturmes an der südlichen Außenmauer der Riesenburg*

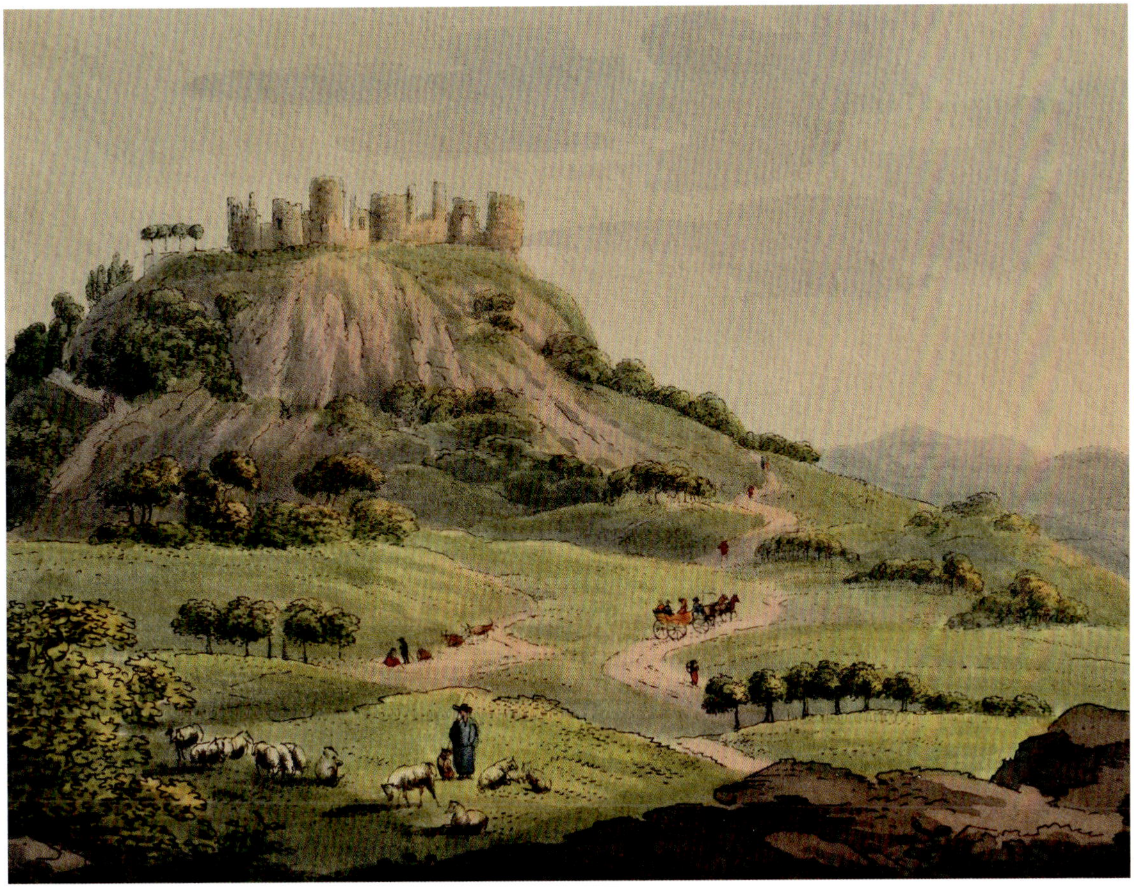

171 ***Anonym:*** *Ruine der Daubersburg auf dem Schlossberg bei Teplitz, Mitte 19. Jahrhundert (Ausschnitt)*

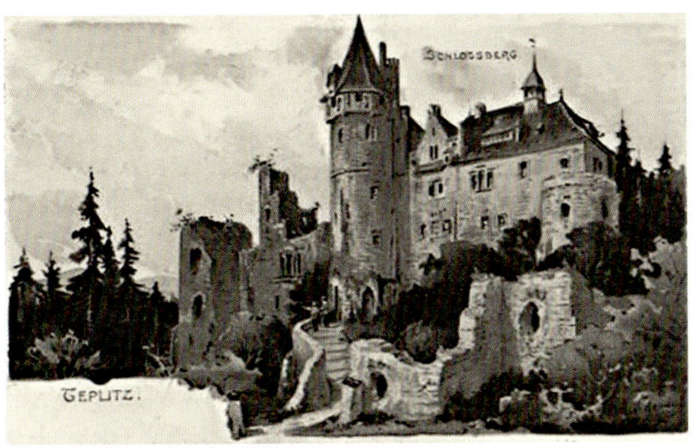

172 ***Vergleichsbild:*** *Historische Postkarte vom Ausflugsrestaurant auf dem Schlossberg bei Teplitz/Teplice*

Am selben Tag, an dem sich Caspar David Friedrich und August Clara in der Töpferschenke in Teplitz/Teplice einquartierten, sind sie noch auf den 393 m hohen Schlossberg bei Teplitz/Teplice gestiegen. Der nördliche Ausläufer des Böhmischen Mittelgebirges liegt etwa 45 Minuten von der Stadt entfernt. Auf ihm stand einst die große Daubersburg, seit Langem ist sie Ruine. Die Burg hatte sieben runde Batterietürme. Bald nach dem Dreißigjährigen Krieg wurde sie niedergerissen. 1880 entstand hier unter Einbeziehung der Ruine ein repräsentatives Ausflugsrestaurant. Dabei verschwand ein von Friedrich gezeichneter Ruinenteil, während ein anderer Ruinenrest nahezu unverändert noch heute zu sehen ist.

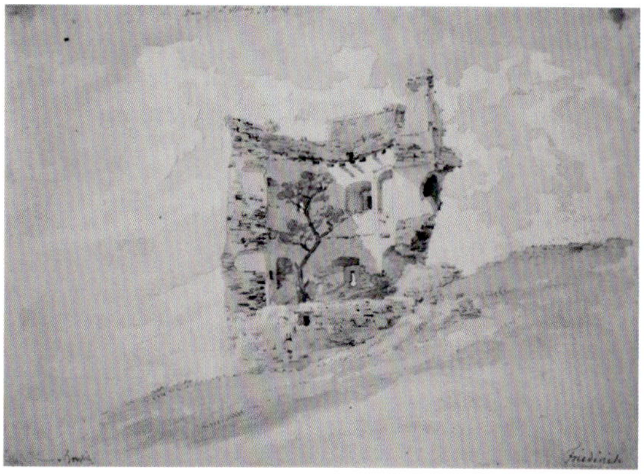

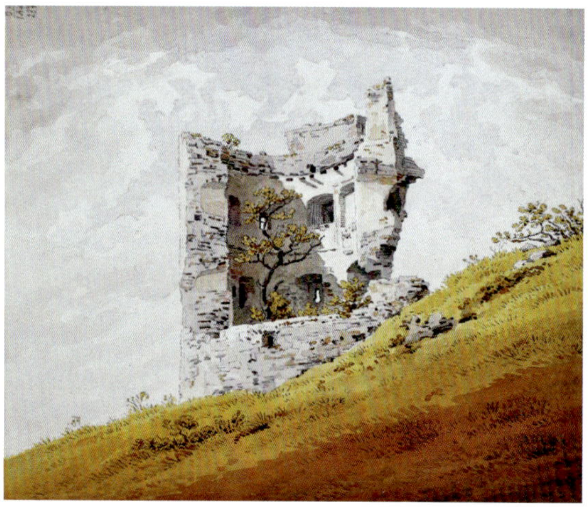

Ruinen auf dem Schlossberg bei Teplitz:
Die Kunstwanderung von 1828 steht interessanterweise unter dem Eindruck von Ruinen. Auf fünf Blättern hat Friedrich die meist kümmerlichen Reste einst stolzer Burgen gezeichnet. Darunter die vom Teplitzer Schlossberg gleich drei Mal.
Das Besondere der Ruine Daubersburg waren die sehr massiv gebauten runden Batterietürme. Sie hatten Schießscharten. Der auf Friedrichs Zeichnungen *(Abb. 173/174)* zu sehende Ruinenrest ist noch vorhanden, wogegen das Turmfragment von der Zeichnung auf *Abb. 175* beim Bau der Gaststätte Ende des 19. Jahrhunderts abgerissen wurde.
Die Figur neben dem Turmfragment ist mit großer Wahrscheinlichkeit Caspar David Friedrichs Wandergefährte August Clara.
Die beiden landschaftsprägenden Kegelberge Milleschauer und Kletschen bilden den Landschaftshintergrund des Aquarells *Grummt 928*. Es ist wie eine Erinnerung an die Böhmenwanderung von 1807. Während Friedrich auf dem Dresdner Milleschauergemälde *(BS 188)* den Kletschen so überhöht hatte, dass er das Niveau des Milleschauer erreichte, zeichnete er beide Berge auf diesem Aquarell ganz naturgetreu, so wie sie sich dem Auge darboten. Der Blick vom Schlossberg ist heute durch Bäume verstellt. An einer Wegkehre kurz unter dem Gipfel wird der Blick über die Landschaft einmal frei.

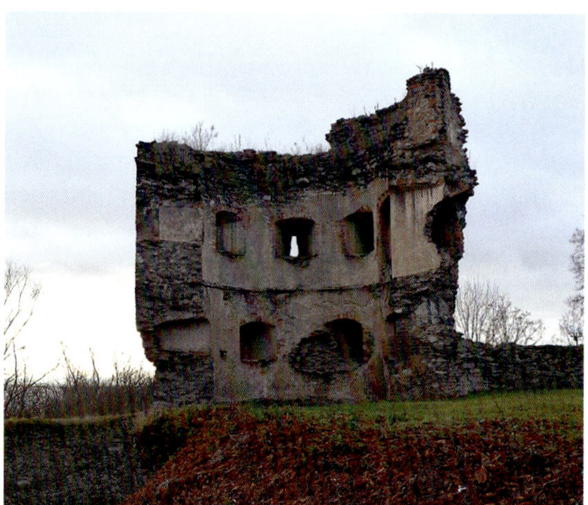

Oben:
173 ***C. D. Friedrich: (3)***
Ruine auf dem Schlossberg bei Teplitz, 9. Mai 1828 (Grummt 929), SKD Kupferstichkabinett

Mitte:
174 ***C. D. Friedrich: (4)***
Ruine auf dem Schlossberg bei Teplitz, Aquarell, um 1828 (Grummt 930), Moskau, Puschkinmuseum

Unten:
175 ***Vergleichsfoto:***
Ruinenrest eines Batterieturmes auf dem Schlossberg bei Teplitz

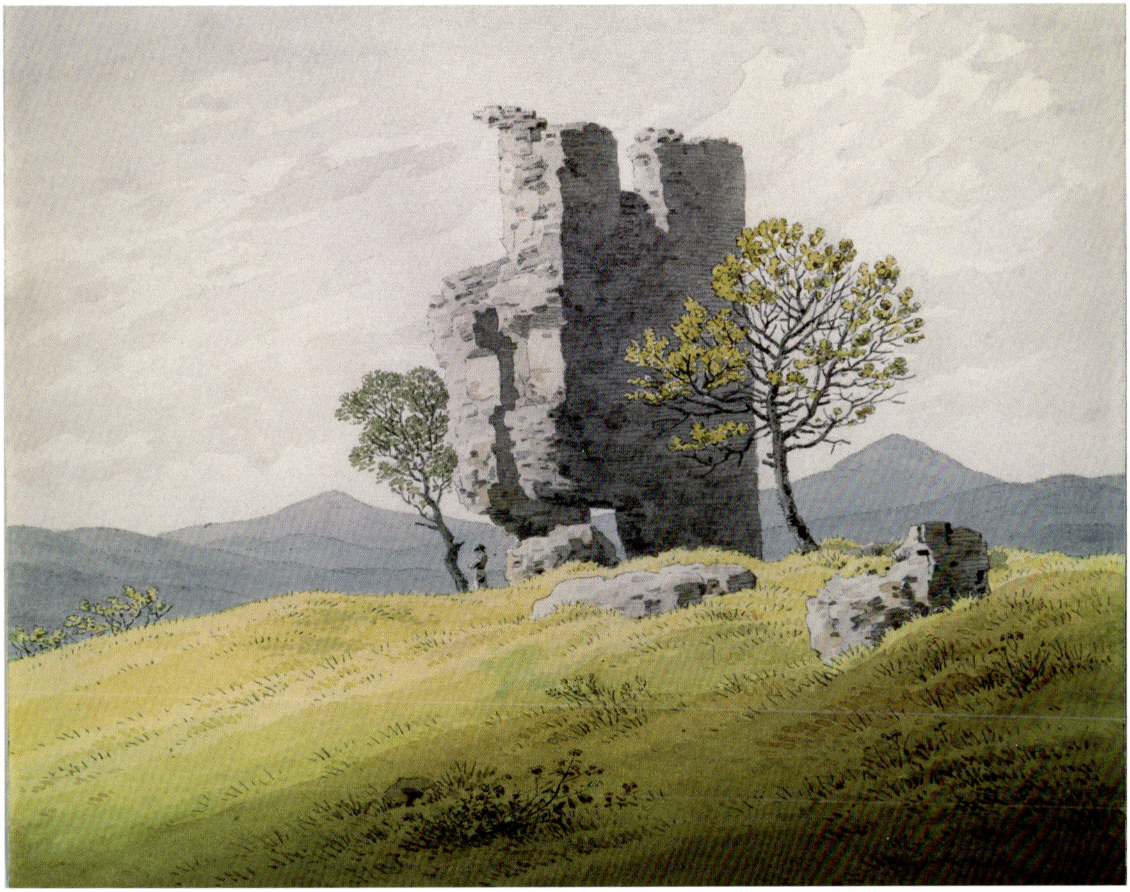

176 **C. D. Friedrich: (5)** *Ruine auf dem Schlossberg bei Teplitz mit Figur, Aquarell, um 1828 (Grummt 928), Moskau, Puschkinmuseum*

177 **Vergleichsfoto:** *„Milleschauerlandschaft" vom Teplitzer Schlossberg*

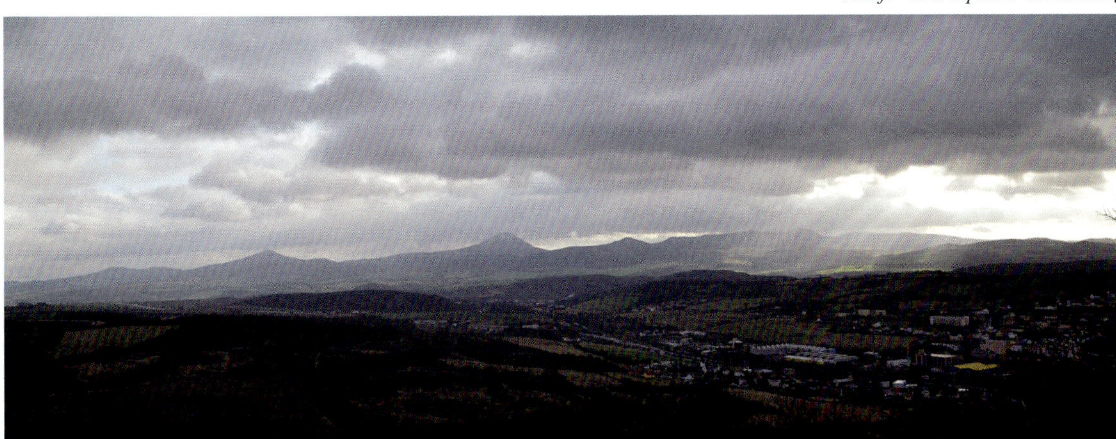

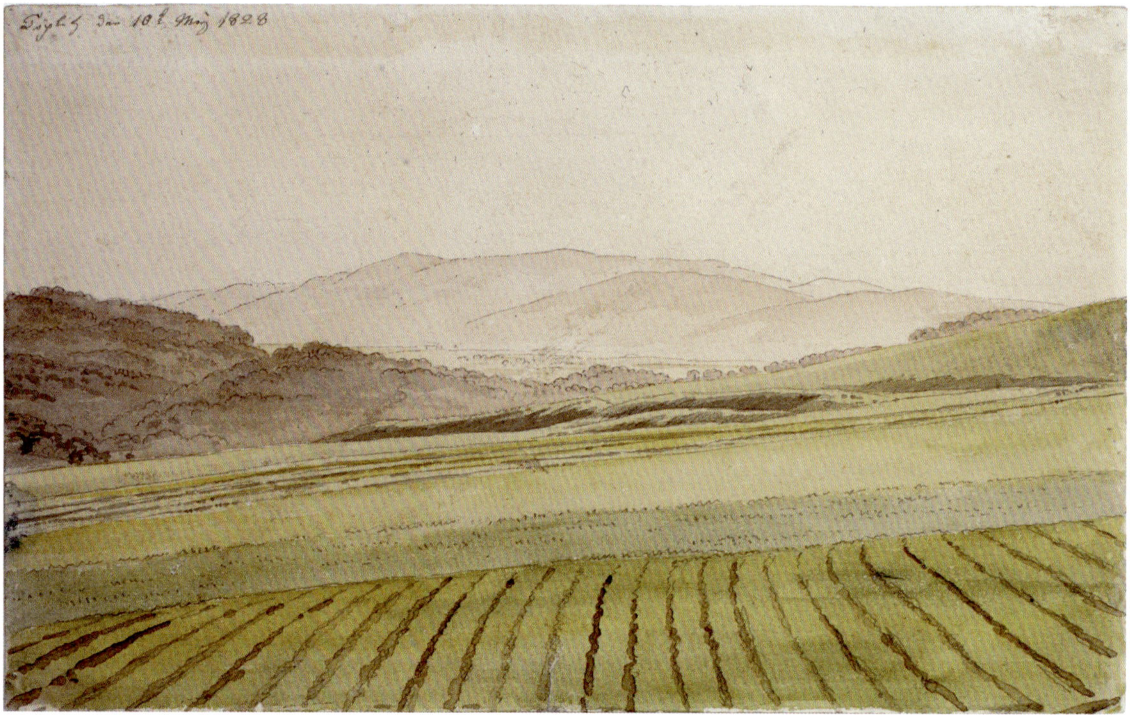

178 ***C. D. Friedrich: (6)*** *Landschaft bei Teplitz, Aquarell, Feder in Braun, 10. Mai 1828 (Grummt 910)*
Greifswald, Pommersches Landesmuseum

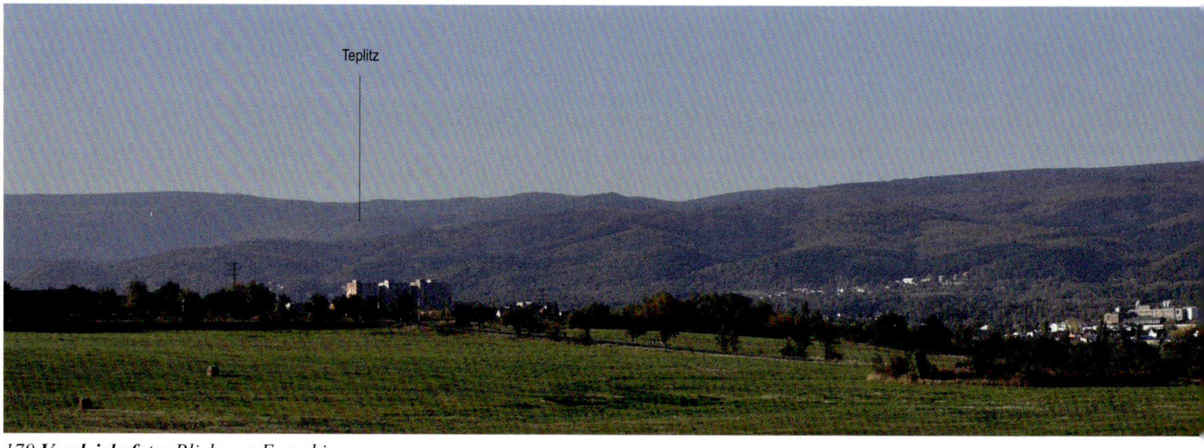

179 ***Vergleichsfoto:*** *Blick zum Erzgebirge*

Das Erzgebirge bildet eine breite Pultscholle, die von Sachsen her flach ansteigt und nach Böhmen steil abbricht. Von den Anhöhen der Ausläufer des Böhmischen Mittelgebirges aus wirkt es ungegliedert und bietet dem Auge kaum markante Punkte. Friedrich und später auch Carl August Richter haben es in ihren

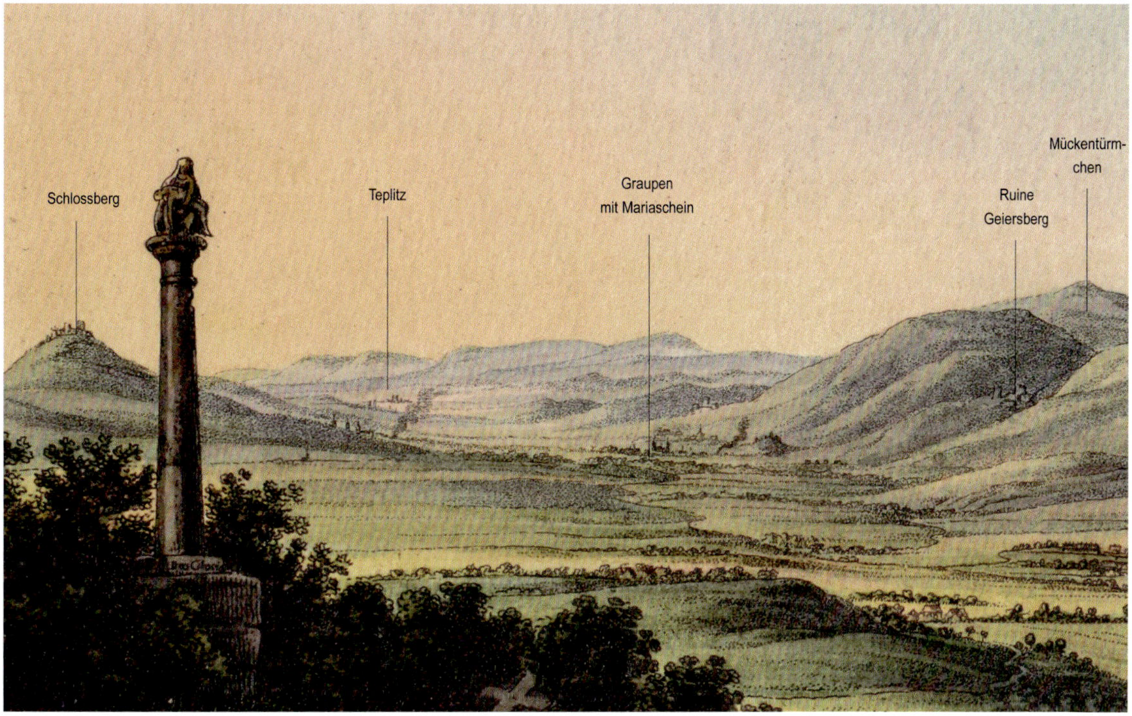

180 ***C. A./A. L. Richter:*** *Das Schlachtfeld von Kulm (Ausschnitt)*
aus den 70 Malerischen An- und Aussichten der Umgebung von Dresden, 1821, Privatbesitz

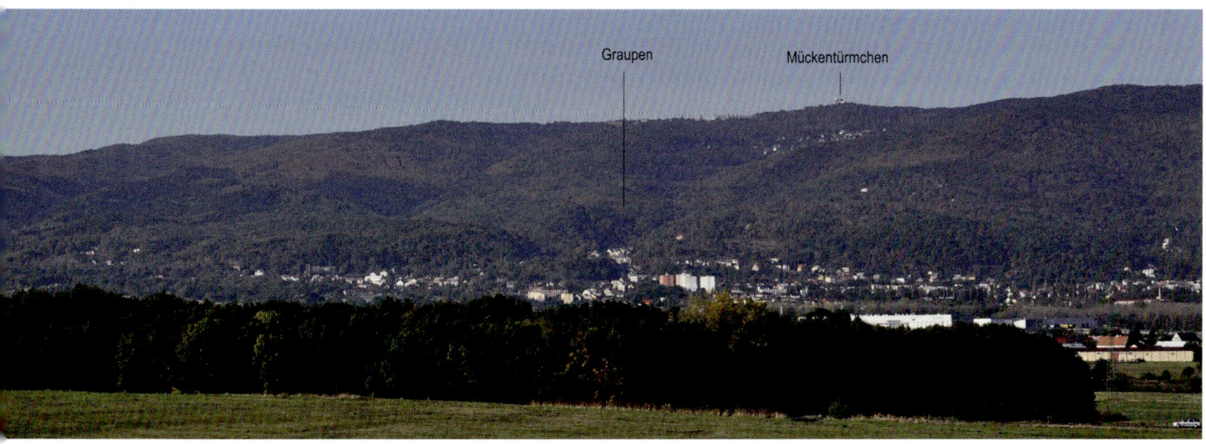

Ansichten deutlich überhöht. Beider Zeichenstandorte sind nahezu identisch. Das wundert nicht, denn bei Kulm/Chlumec fand die Schlacht statt, durch die 1813 Napoleons Niederlage eingeleitet wurde. Dieser Ort dürfte Friedrich, der auf Seiten der Napoleongegner stand, interessiert haben.

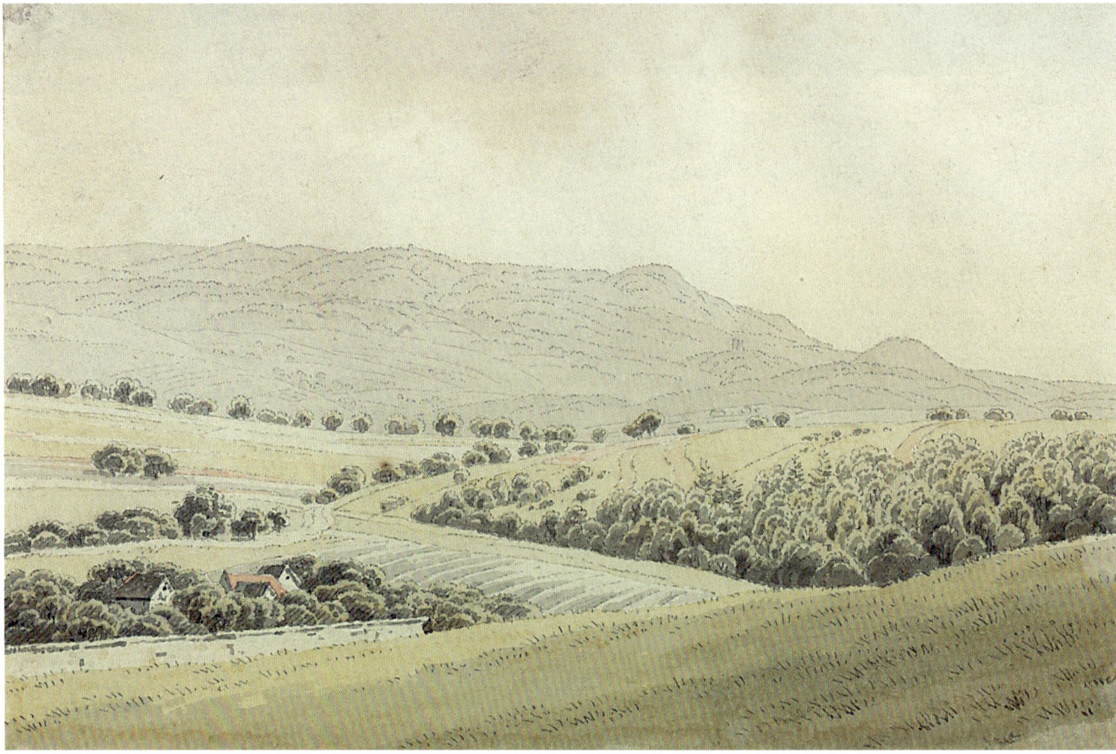

181 ***Caspar David Friedrich: (8)*** *Mittelgebirgslandschaft, um 1828, Aquarell, Bleistift (Grummt 923) Privatsammlung*

Mittelgebirgslandschaft: Bei aller Freiheit im Umgang mit den topografischen Gegebenheiten verleugnet die ausgeführte Studie jedoch nicht einige landschaftliche Fixpunkte wie den runden Klotzberg und die benachbarte Burgruine Kostenblatt. Nach Christina Grummts Datierungsvorschlag fügt sich das Blatt nahtlos in die hier behandelte Böhmenwanderung von 1828 ein. Vom Wacholderberg bei Teplitz/Teplice kommend, führt der Weg über die Höhen nach Pittling. Die Landschaft liegt weit ausgebreitet vor den Wanderern. Das Panorama reicht über die markanten Berge Kletschen, Milleschauer und Klotzberg weit hinaus. Friedrich wählte einen Ausschnitt zwischen dem Klotzberg und dem Bergkamm, der sich vom Steinhügel nach links zieht, und lässt ihn nach links hin ansteigen.

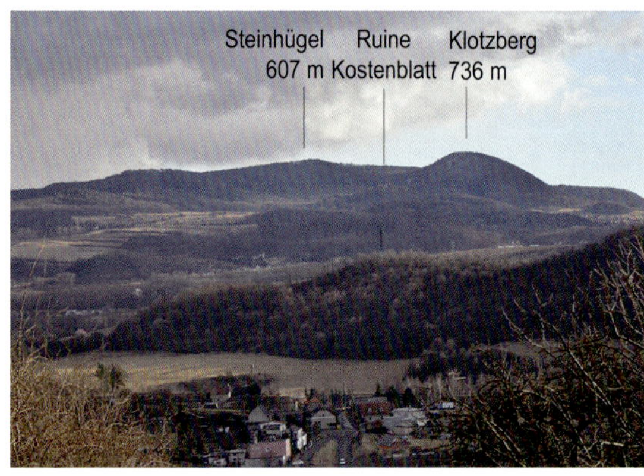

182 ***Vergleichsfoto:*** *Blick bei Pittling/Pytlíkov über Ließnitz/Lysec zum Klotzberg und zur Ruine Kostenblatt*

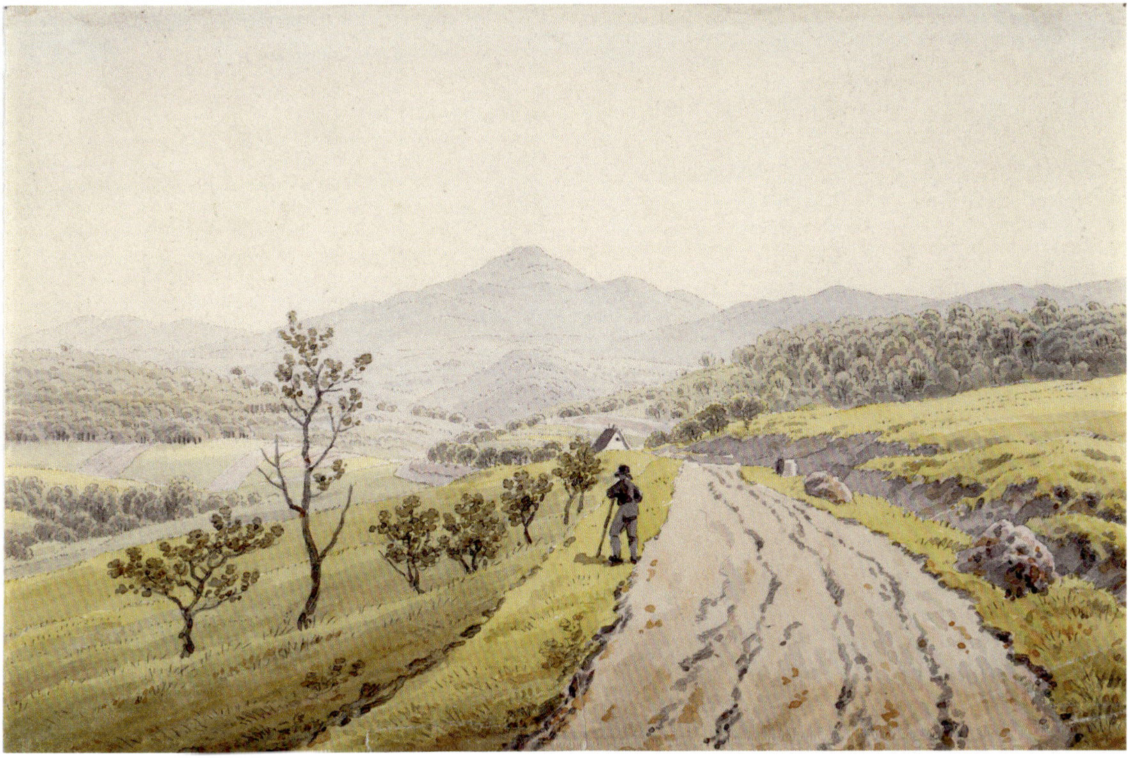

183 ***Caspar David Friedrich: (9)*** *Blick auf den Kletschen, um 1828, Aquarell, Bleistift (Grummt 913)*
Leipzig, Museum der bildenden Künste

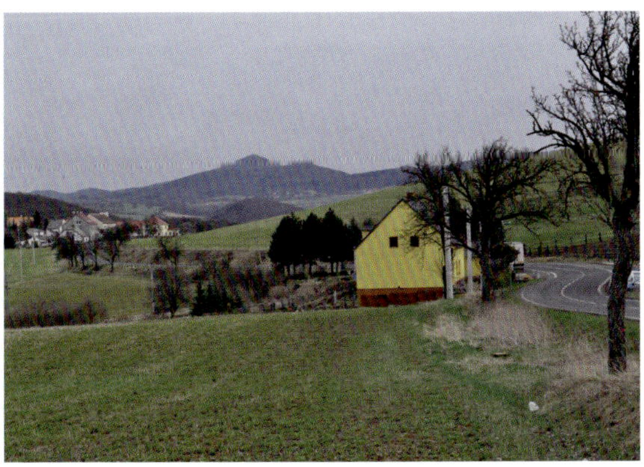

184 ***Vergleichsfoto:*** *Blick über Auperschin/Úpořiny zum Kletschen*

Blick auf den Kletschen: Die Lokalisierung dieses Blattes durch Karl-Ludwig Hoch ist eindeutig. Friedrich befand sich unmittelbar vor dem kleinen Dorf Auperschin/Úpořiny. Das Motiv „Blick zum Kletschen“ hatte er schon 1807 ohne das weitere Umfeld wie hier gezeichnet. Das Dorf hat sich etwas vergrößert. Am Straßenverlauf hat sich in fast zweihundert Jahren nichts geändert.

Zwischen der hier dargestellten Figur und der Figur auf dem Blatt mit Schlossbergruine *(Grummt 928)* bestehen gewisse Übereinstimmungen wie z. B. der Hut. Wahrscheinlich hat Friedrich auch hier August Philipp Clara als Rückenfigur dargestellt. Allerdings wirkt die Figur recht hölzern.

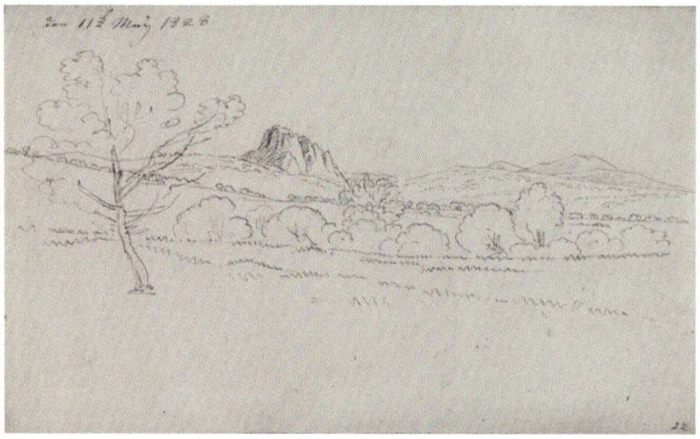

185 ***C. D. Friedrich: (7)*** *Blick zum Borschen bei Bilin, Feder in Grau über Bleistift, 11. Mai 1828 (Grummt 911), Oslo, Nat.gal.*

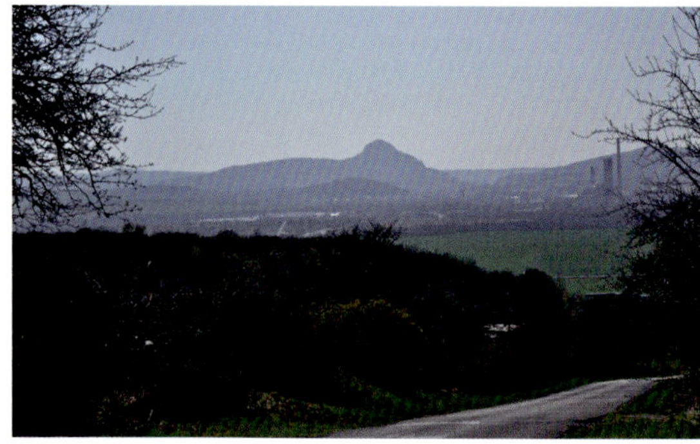

186 ***Vergleichsfoto:*** *Der Borschen vom Südhang des Wacholderberges bei Teplitz/Teplice*

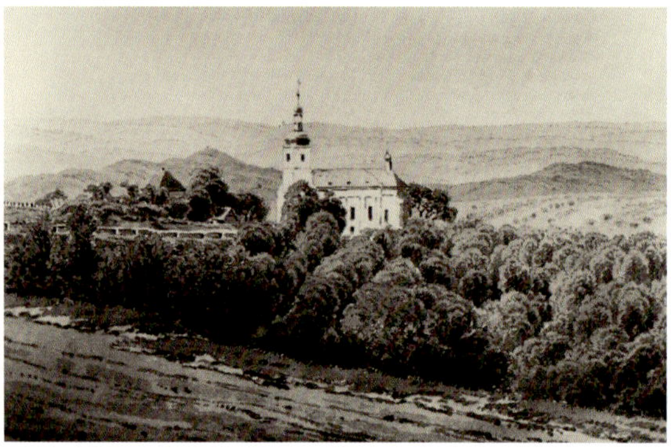

187 ***C. D. Friedrich: (11)*** *Barockkirche in bewaldeter Berglandschaft, Aquarell, um 1828 (Grummt 922), verschollen*

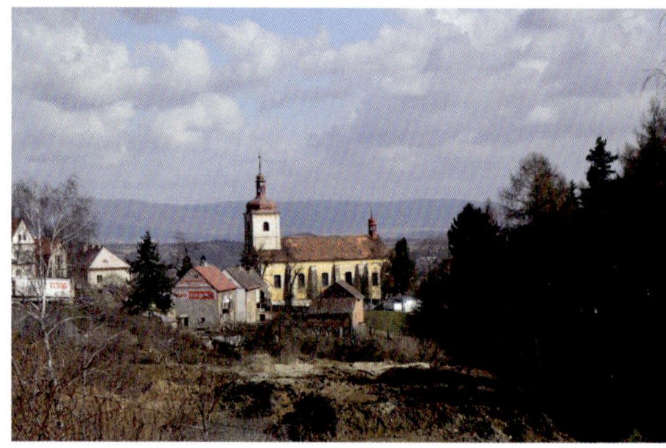

188 ***Vergleichsfoto:*** *Die Barockkirche von Boreslau/Bořislav*

Karl-Ludwig Hoch meinte, dass Friedrich und Clara eine weite Wanderung von Teplitz/Teplice nach Schwaz/Světec unternommen haben und dass dabei die ***Borschen-Studie*** entstanden ist.[67] Ich glaube nicht, dass sie diesen Umweg machten, um zum nächsten Ziel, der Ruine Kostenblatt, zu kommen. Vom Südabhang des schon damals sehr beliebten Wacholderberges hat man genau die Sicht zum Borschen, wie ihn Friedrich dargestellt hat.

Die ***Burgruine Kostenblatt*** hat die Zeiten überdauert und ist bis heute eine malerische Ruine. Gegenüber Friedrichs Zeit hat sie sich nur wenig verändert.

Von Kostenblatt bis nach Boreslau/Bořislav ist es nicht sehr weit. Dort zeichnete Friedrich die ***Barockkirche***, die er wohl in seinen beiden Milleschauergemälden verwendet hat.

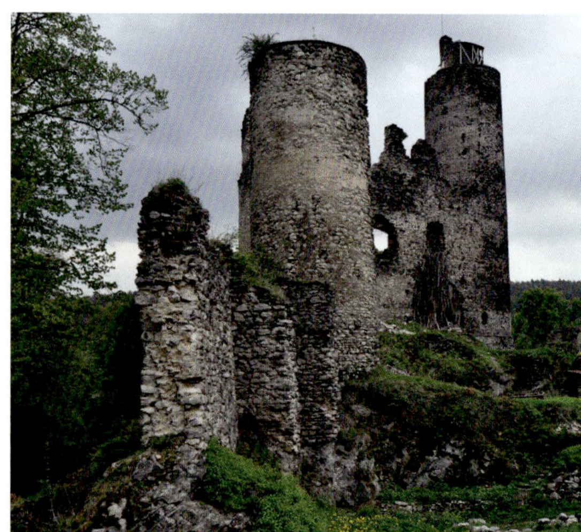

189 ***Vergleichsfoto:*** *Die Ruine der Burg Kostenblatt*

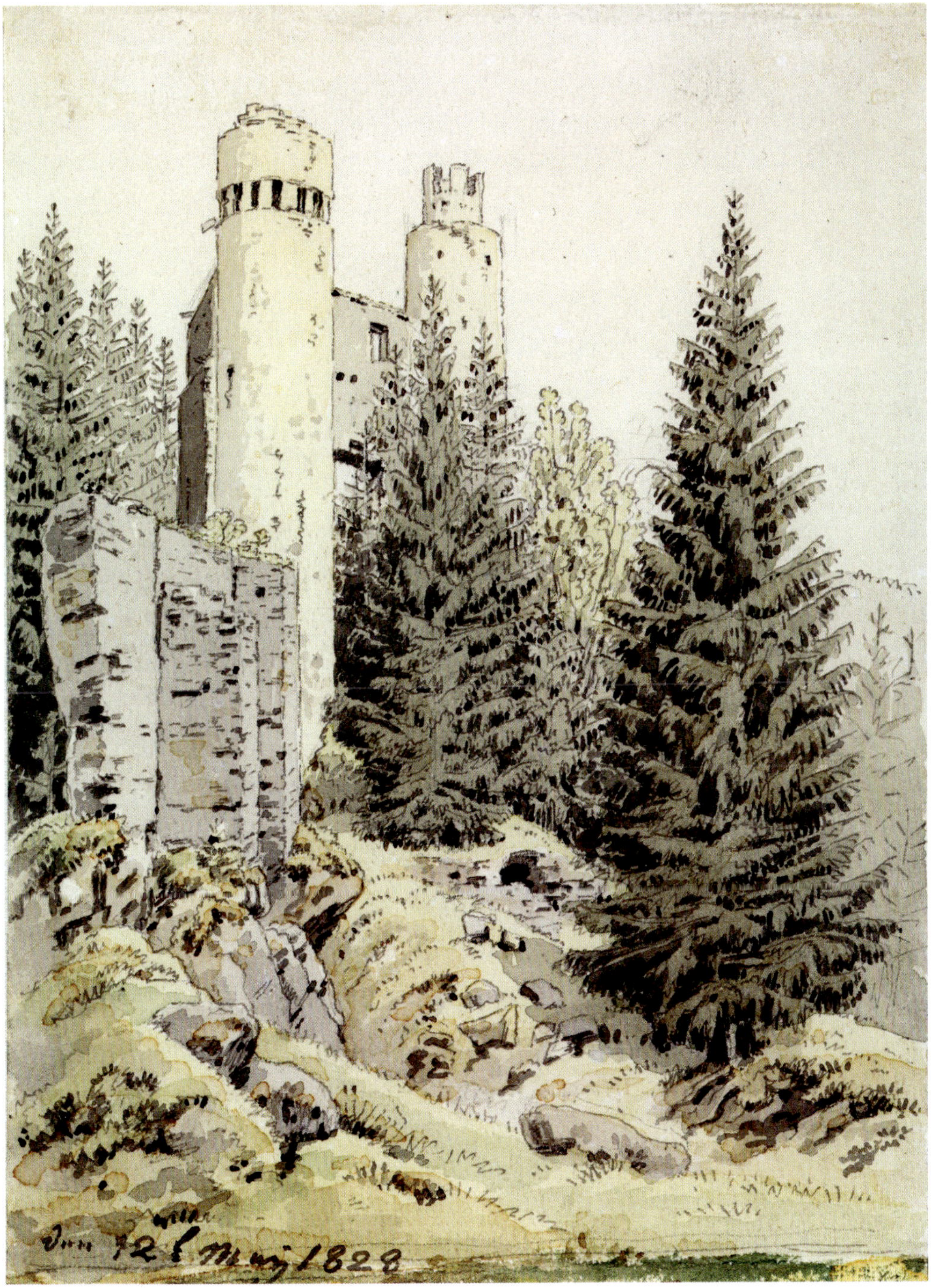

190 ***C. D. Friedrich: (10)*** *Ruine im Wald bei Teplitz, 12. Mai 1828, Aquarell, Feder in Grau (Grummt 931)*
Oslo, Nationalgalerie

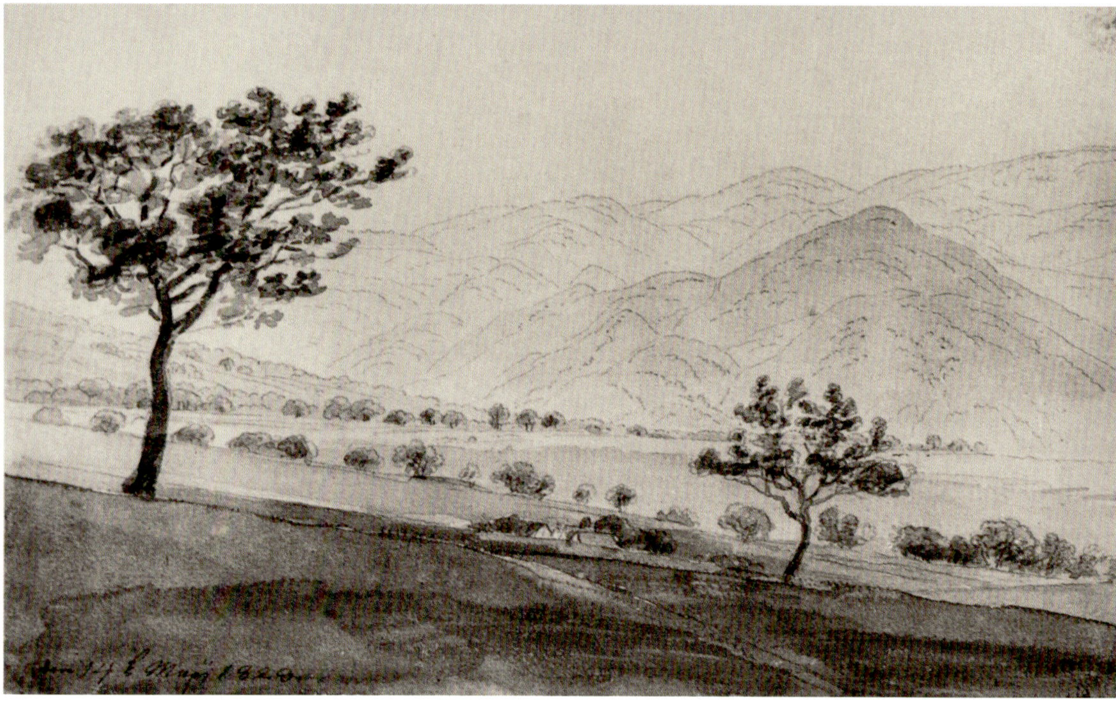

191 ***Caspar David Friedrich*****:** ***(12)*** *Blick auf das böhmische Mittelgebirge (Deblik), Feder in Schwarz, aquarelliert, 14. Mai 1828 (Grummt 932), Standort unbekannt*

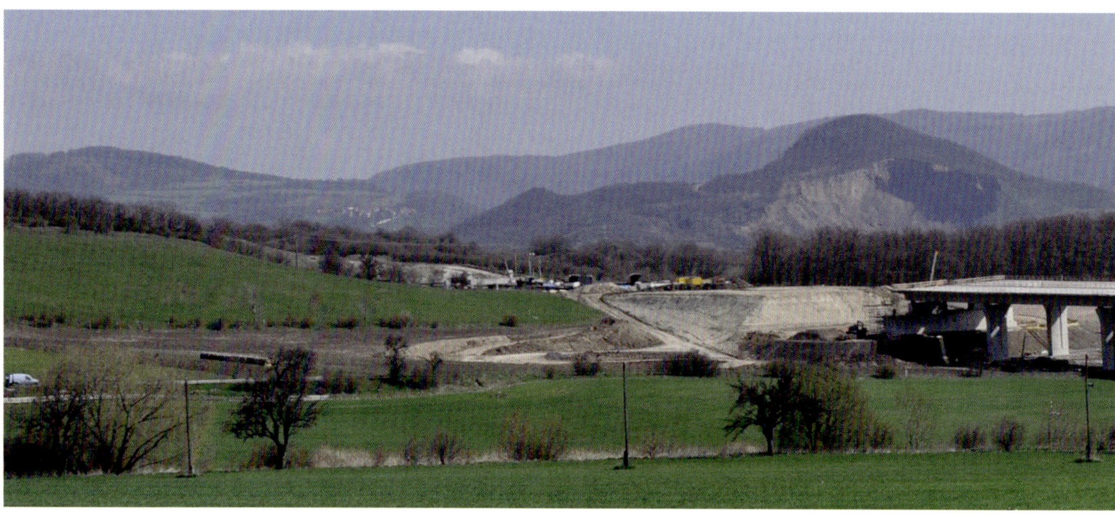

192 ***Vergleichsfoto:*** *Neben Friedrichs Motiv, dem Blick zum Deblik, zeigt das Foto gravierende Eingriffe in die Natur des böhmischen Mittelgebirges: am Deblik die Spuren jahrzehntelangen Steinabbaus und seit Kurzem den Bau der Autobahn Dresden-Prag.*

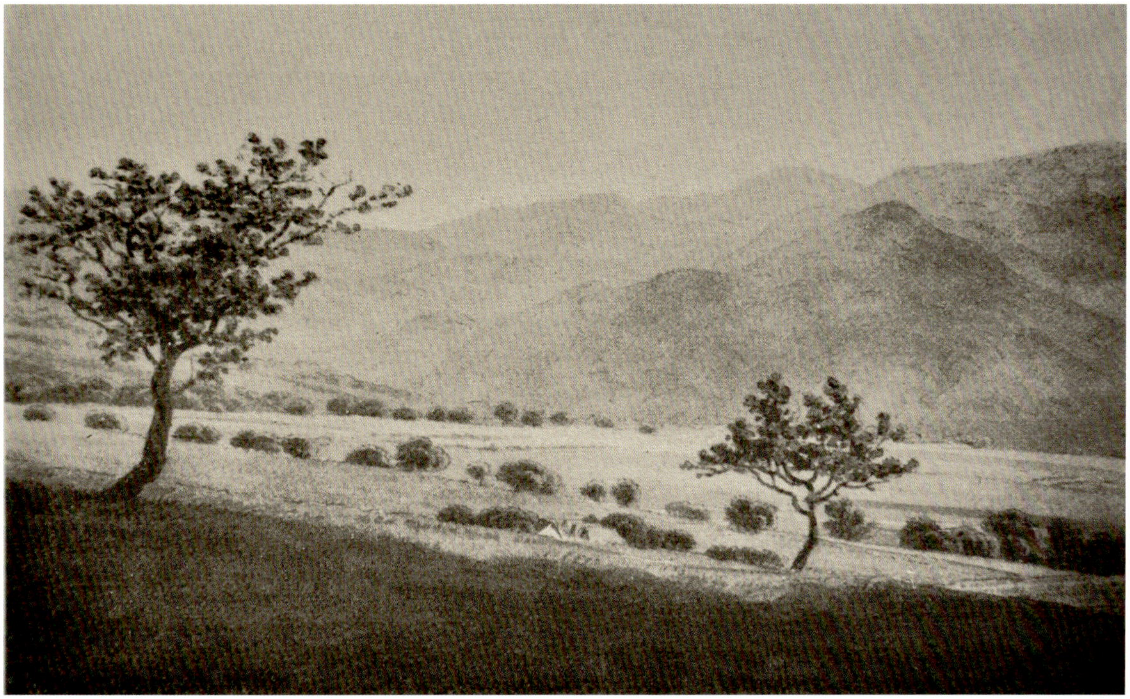

193 ***Caspar David Friedrich: (13)*** *Blick auf das böhmische Mittelgebirge (Deblik), Aquarell, Bleistift, um 1828 (Grummt 916), (Aquarell nach Grummt 932), Standort unbekannt*

Zwei datierte Blätter haben die Forschung bisher irritiert. Karl-Ludwig Hoch meinte, der *Blick auf das böhmische Mittelgebirge (Grummt 932)* zeige eher einen Blick zum böhmischen Erzgebirgskamm. Und zum anderen *„hat sich eine Zeichnung vom 18. Mai 1828 erhalten, die, wenn auch in recht eigenwilliger Gestaltung der Bergkonturen, einen Blick auf das böhmische Erzgebirge darzustellen scheint."* [68] Hochs vorsichtige Skepsis war berechtigt. Bei beiden Zeichnungen handelt es sich um den 459 m hohen Deblik, der sich gegenüber von Dubitz/Dubice jenseits der Elbe majestätisch erhebt.

Friedrich und Clara mögen von Boreslau/Bořislav gekommen sein. Sie nähern sich dem Elbtal und sehen den Deblik, wie er sich immer dominanter ins Bild schiebt. Zwei (!) Tage später zeichnet Friedrich den anderen Blick auf den markanten Berg *(Grummt 912)*, wie er in einem flachen Taleinschnitt, die Elbe ist wieder verdeckt, im Zentrum steht.

194 ***Karte 8****: Friedrichs Deblik – Zeichenstandorte*

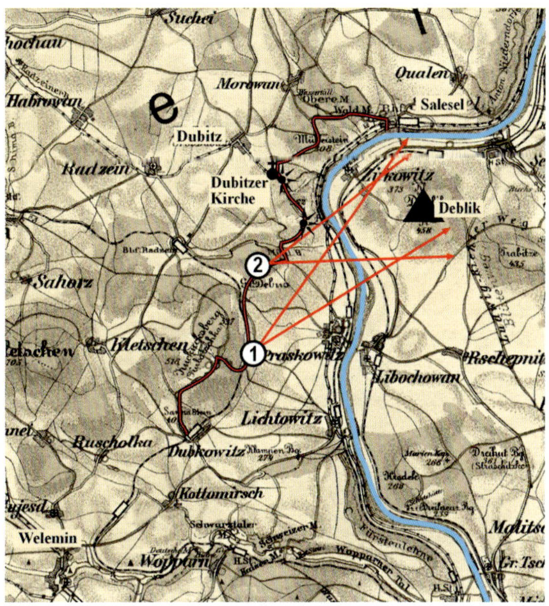

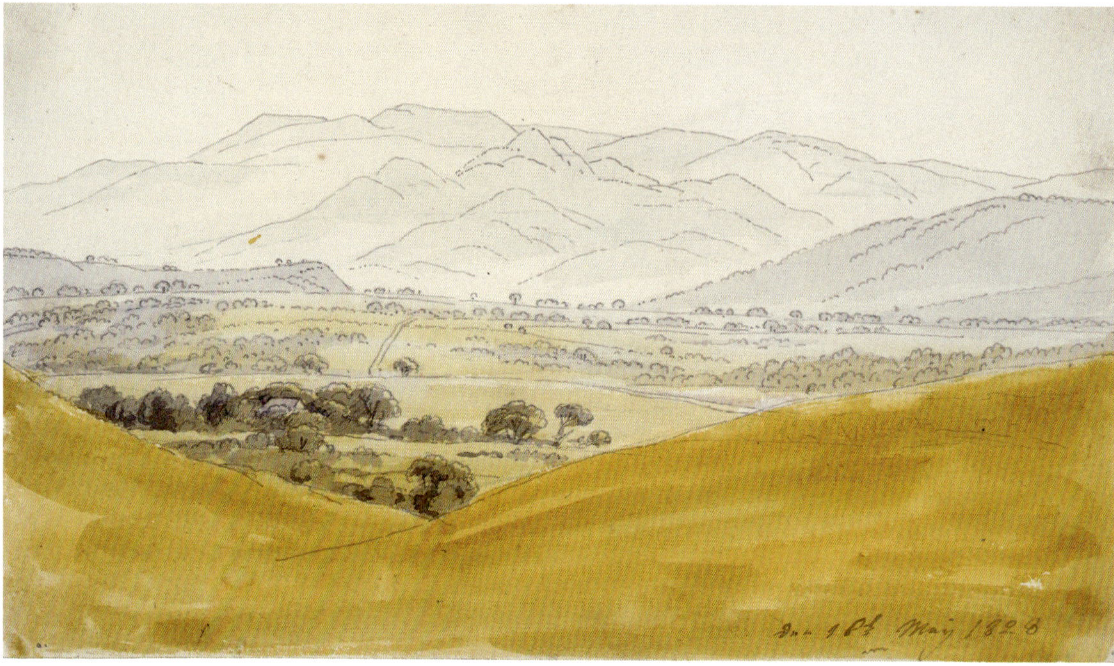

195 ***Caspar David Friedrich: (14)*** *Böhmische Landschaft im Mittelgebirge, 16. Mai 1828, Aquarell, Feder in Grau (Grummt 912) Kopenhagen, Statens Museum for Kunst*

Friedrich wird sicher am Dubitzer Kirchlein gewesen sein. Er sah dort das grandiose Elbpanorama mit dem Deblik. Und doch zeichnet er nicht diese spektakuläre Sicht, sondern sucht ein verhaltenes Motiv, wo sich die Berge aus einer harmonischen Landschaft heraus entwickeln, die man fast als Gartenlandschaft bezeichnen kann. Ob Friedrich und Clara ihren Rückweg wieder über Teplitz/Teplice nahmen, wissen wir nicht. Denkbar ist, dass sie hinab nach Salesel/Zálezly gingen und von dort mit einem Schiff nach Dresden fuhren, wie es Carl Gustav Carus im Frühjahr 1818 getan hatte: *„[...] den 29. April fuhr ich nach Teplitz und [...] befand mich auf der Nollendorfer Höhe trefflich, köstlich, dann den Himmelfahrtstag in Teplitz und Osek und ging d. Freitag über den Schloßberg nach Aussig, wo ich Mittags zu Schiff stieg (es war ein Wallfahrerschiff mit Landleuten, welche unter aufgepflanztem Kreuz die Fahrt betend und singend zurücklegten), und so [...] nach Schandau herabfuhr, wo ich abends (am 1.5.1818) verabredetermaßen mit Kummer und Friedrich nebst dessen Frau zusammentraf.“* [69]

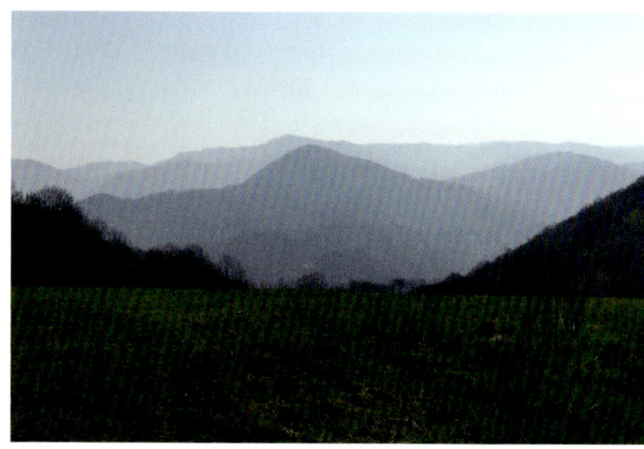

196 Böhmische Landschaft – der Blick zum Deblik

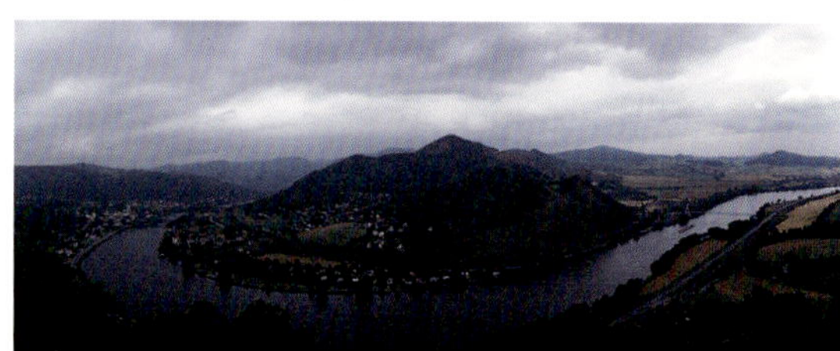

197 Der Blick von der Aussicht am Dubitzer Kirchlein auf das Elbtal mit dem Deblik

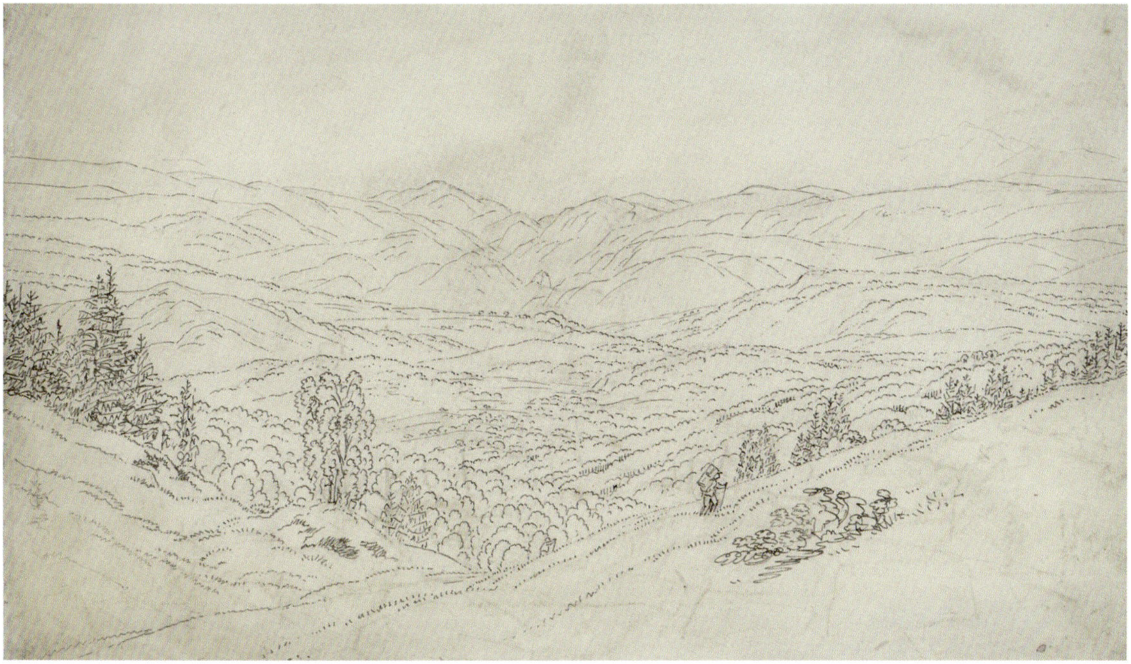

198 ***Caspar David Friedrich: (15)*** *Gebirgslandschaft mit bewaldetem Talkessel, Bleistift, um 1825 (Grummt 870)*
Staatliche Museen zu Berlin, Kupferstichkabinett

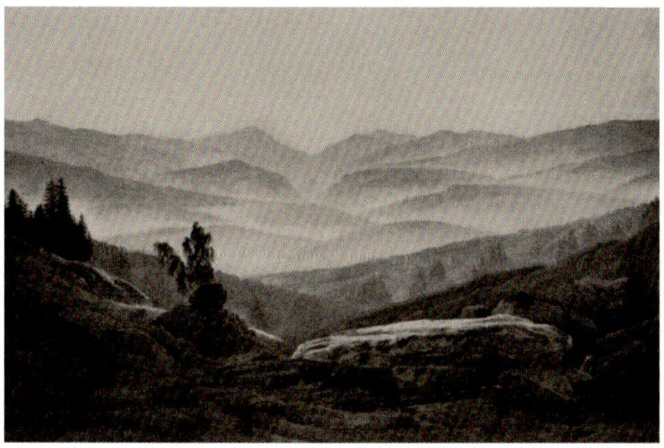

199 ***C. D. Friedrich:*** *Landschaft im Charakter des böhmischen Mittelgebirges, um 1834 (BS 413) ehemals Königsberg, verschollen*

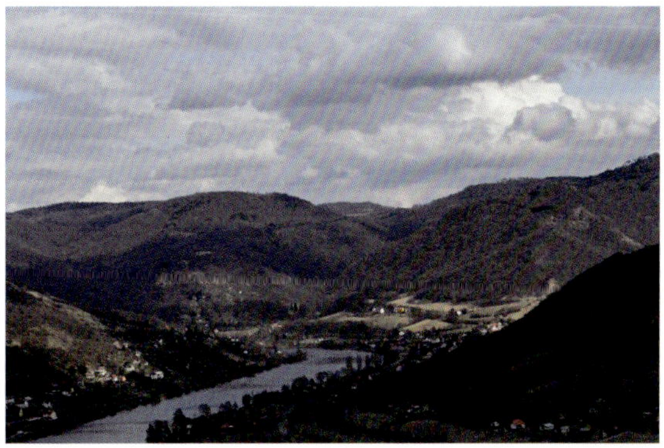

200 ***Lokalisierungsversuch:*** *Blick von Dubitz auf die Bergkette jenseits der Elbe*

Die ***Gebirgslandschaft*** ist sicher im böhmischen Mittelgebirge zu finden. Wahrscheinlich sogar bei Dubitz/Dubice. Der Blick richtet sich auf einen markanten Taleinschnitt. Die abfallenden Hänge im Mittelgrund verdecken die Elbe. Das Vergleichsfoto enstand bei Dubitz/Dubice aus einem etwas anderen Blickwinkel. Es ist somit denkbar, dass die Zeichnung 1828 am Ende der Böhmenwanderung mit August Clara entstand.

Im verschollenen Königsberger Gemälde variiert Friedrich den Vordergrund und verwendet Riesengebirgsmotive: eine kleine Felsgruppe *(Grummt 624)* und die große Felsplatte vom Kochelfall, die Carus zeichnete, als er 1820 das Riesengebirge besuchte.

1835
Zur Genesungskur nach Böhmen

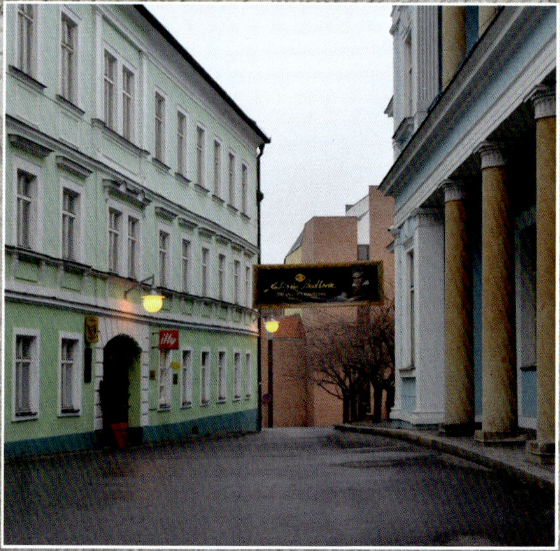

201 Gasthaus Zur Harfe in Teplitz/Teplice (Aufnahme 2011)

Am Morgen des 19. August 1835 rollt eine Postkutsche vom Nollendorfer Pass hinunter nach Teplitz. In ihr sitzt Caspar David Friedrich. Er reist zur Kur nach Teplitz/Teplice. Es begleiten ihn seine Frau Caroline und die Kinder Emma, Agnes und Adolf. Am 26. Juni dieses Jahres hatte er einen Schlaganfall erlitten. Immerhin war er im August so weit wieder hergestellt, dass er einen Kuraufenthalt in Teplitz/Teplice wagen konnte. Dieser war durch den Verkauf einiger Bilder an den russischen Zarenhof möglich geworden. In Teplitz/Teplice die übliche Prozedur, das Eintragen in das Anzeigeprotokoll der Stadt. Sie logieren im Gasthaus „Zur Goldenen Harfe". Im heute noch existierenden Gasthaus wirbt man mit Beethoven, der 1811 dort wohnte. Von Friedrichs Aufenthalt findet sich kein Hinweis am Gebäude.

Hinter ihm liegen schwierige Jahre. Die Freundschaft mit Carus ist zerbrochen. Seine Kunst ist immer weniger gefragt. Wäre nicht der treue Shukowski, der selbst immer wieder Bilder kauft und als Vermittler für den Zarenhof tätig wird, wäre die Not noch größer. In seiner Verbitterung verfasst Friedrich um 1830 seine berühmten *„Äußerungen"*, in der er schonungslose und manchmal auch ungerechte Urteile ausspricht. Er selbst ließ sich in seinen Kunstauffassungen von nichts und niemandem irritieren. Er malt zwar weniger, aber es entstehen solche Meisterwerke wie *Der Abendstern (389)* oder *Das Große Gehege (BS 399)*. Auch erinnert er sich an das Riesengebirge und malt die fünf bekannten Bilder.

Er hofft, dass ihm die Kur wieder zu Kräften und Mut verhilft. Im September 1835 schreibt er an seinen Neffen: *„Lieber Junge. Deine beiden Briefe hab ich in Teplitz erhalten [...] In Teplitz habe ich mich auf Anrathen des Arztes beinahe 6 Wochen aufgehalten aus den Dir bekannten Ursachen. Seit Vorgestern bin ich wieder zurück. Ich bin jetzt ziemlich gut auf den Füßn und hoffe das die Nachwirkungen des Bades auch meine Hand wieder fähig machen werden zur Arbeit. Die ganze Badezeit hindurch [ist] das schönste Wetter gewesen und die schöne Umgebung von Teplitz und das Wenige was ich der halb lamen Hand wegen habe machen können, kann dennoch für mich wen[n] anders ich je die Fähigkeit wieder erlangen werde mahlen zu können von nutzen sein.[...] Die Gegend um Teplitz ist schön wie du weist [...] Das Schreiben geht heute so schlecht von der Hand wie aus dem Sinne, so daß es besser ist ich schließe mit ein Herzliches – Leb wohl."* [70]

In die Zeit des Kuraufenthaltes fällt das große „Monarchentreffen", wo sich der Kaiser von Österreich, der Zar von Russland, die Könige von Preußen und Sachsen und 37 Landesfürsten treffen, um die Heilige Allianz von 1815 zu erneuern. Dieses Bündnis war nach der Vernichtung Napoleons geschlossen worden. In der Folge der 1830er-Revolution in Frankreich wurde die Allianz unter der Führung von Russland, Östereich und Preußen neu belebt. Anlässlich des Treffens wurde das russische Denkmal zur Erinnerung an die Schlacht von 1813 bei Kulm/Clumec eingeweiht.

Für Friedrichs Aufenthalt in Teplitz/Teplice bedeutete das einige Turbulenzen. Brachten die Fürsten doch alle ihren Hofstaat mit. Das bekam auch der große englische Maler William Turner (1775–1851) zu spüren. Er war in Dresden, hatte vom 21. oder 22.–24. September 1835 die Sächsische Schweiz besucht und reiste ein paar Tage später über Teplitz nach Prag. In Teplitz/Teplice bekam er kein Quartier. Welch eine Begegnung hätte das zwischen Friedrich und Turner werden können.[71]

Eine erste Zeichnung Friedrichs vom Kuraufenthalt trägt das Datum 2. September. Die Linien vom Erzgebirgskamm verraten seine geschwächte Hand. Am nächsten Tag zeichnet er denselben Blick erneut, diesmal weitaus sicherer. Er schien Hoffnung zu schöpfen, denn nun folgen eine Reihe von Zeichnungen aus der unmittelbaren Umgebung der Stadt. Erhalten haben sich elf Blätter. Ursprünglich waren es wohl noch einige mehr, wie ein Brief seiner Frau an den Neffen Heinrich nach Friedrichs Tod verrät: *„Beyfolgende kleine Bleystift Zeichnungen bitte ich, unter Alt und jung, wo Du auch mit darunter bist, als letztes Andenken von des Vaters Arbeiten zu vertheilen, besonders sind noch etliche von dem Jahre 1835 dabey als Du bey uns wahrest, und wir dann nach Teplitz reisten [...]"* [72]

Die Teplitzer Studienblätter von 1835

2. September 1835 *Grummt 957*
Wanderer auf Gebirgsweg, Bleistift
3. September 1835 *Grummt 958*
Höhenzüge und Niederung mit Baumbestand, Bleistift
3. September 1835 *Grummt 959*
Hügellandschaft mit Haus, Bleistift
3. September 1835 *Grummt 960*
Wiese in Teplitz (verschollen)
4. September 1835 *Grummt 961*
Hügellandschaft mit Steinen bei Teplitz, Aquarell
5. September 1835 *Grummt 962*
Höhenzüge u. Felshang bei Klostergrab, Bleistift
8. September 1835 *Grummt 963*
Felsgruppe mit kleiner Fichte, Bleistift
10. September 1835 *Grummt 964*
Mann auf Felsen in Teplitz, Bleistift
10. September 1835 *Grummt 965*
Wiesengelände mit Granitblöcken, Bleistift
12. September 1835 *Grummt 966*
Granitformation bei Teplitz
14. September 1835 *Grummt 967*
Höhenzüge bei Teplitz, Bleistift
22. September 1835 *Grummt 968*
Wolkenstudien
23. September 1835 *Grummt 969*
Berglandschaft bei Teplitz mit Milleschauer

Nach Sept. 1835 *Grummt 972*
Gebirgslandschaft bei Teplitz,
Pinsel in Braun, Bleistift
um 1835 *Grummt 985*
Böhmische Gebirgslandschaft,
Pinsel in Braun, Bleistift

Nach dem ersten tastenden Versuch am 2. September, ob das Zeichnen wieder geht, entstehen am nächsten Tag drei Studienblätter, von denen zwei erhalten sind. Die Hand ist deutlich sicherer geworden. Eine Hügellandschaft mit Steinen vom 4. September wird sogar aquarelliert. Am 5. September 1835 fährt Caspar David Friedrich mit seiner Familie nach Osseg/Osek und Klostergrab/Hrob. Auf der hier entstandenen Milleschauer-Zeichnung *(Abb. 44 auf S. 31)* ist seine Frau abgebildet. Auf der Rückseite zeichnet er den in beträchtlicher Ferne liegenden Borschen. Das eigenhändig notierte Wort „Ferne" auf der Zeichnung deutet auf die Verwendung eines Fernglases hin. Auf der Wanderung des Jahres 1828 hatte er diesen Berg schon einmal gezeichnet (Abb. 185 auf S. 120). Auch in den folgenden Tagen ist Friedrich produktiv. Eine größere Pause zwischen dem 14. und 22. September ist vielleicht den Turbulenzen durch das Monarchentreffen in Teplitz geschuldet.

Auf drei Zeichnungen notiert Friedrich die Gesteinsart: Granit! Das ist ungewöhnlich und sollte ernst genommen werden. Granit ist im Teplitzer Gebiet, das geologisch durch Vulkanismus, tertiäre Ablagerungen und Braunkohlenflöze geprägt ist, kaum zu erwarten. Und doch kommt Granit vereinzelt vor. Eine Störungslinie zieht vom Erzgebirge über Graupen/Krupka bis nach Teplitz/Teplice. Mehrere aus Quarz- und Granitporphyr bestehende Hügel ragten aus den Sedimenten hervor. Sie sind heute durch Überbauung (Teplitz) bzw. Braunkohlenabbau verschwunden.[73] Tina Grütter, die über die Bedeutung der Steine bei Friedrich geschrieben hat, stellte fest, Friedrich hat sich geirrt. *„In der Umgebung von Teplitz gibt es keinen Granit"*.[74] Wir wissen, dass sich Friedrich, der genaue Naturbeobachter, nicht irrte.

Abbildungen linke Spalte von oben ►
*202: **3.9.1835** - (Grummt 959) SKD, Kupferstichkabinett*
*204: **8.9.1835** - Grummt 963) SKD, Kupferstichkabinett*
*206: **10.9.1835** - (Grummt 965) SKD, Kupferstichkabinett*
*208: **5.9.1835** - (Grummt 962 recto) Borschen von Klostergrab Oslo, Nationalgalerie*

Abbildungen rechte Spalte von oben ►
*203: **4.9.1835** - (Grummt 961) Kunsthalle Mannheim*
*205: **10.9.1835** - (Grummt 964) SKD, Kupferstichkabinett*
*207: **12.9.1835** - (Grummt 966) SKD, Kupferstichkabinett*
*209: **Vergleichsfoto:** Der Blick von Klostergrab/Hrob über ehemalige Braunkohlengruben zum Borschen*

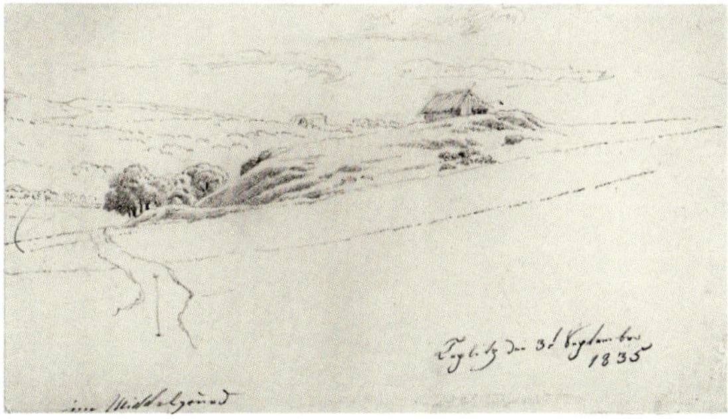

202: ***3.9.1835*** *- (Grummt 959) Hügel mit Haus*

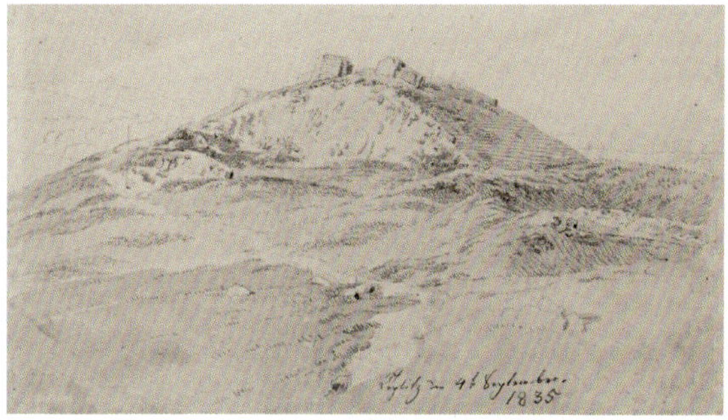

203: ***4.9.1835*** *- (Grummt 961) Hügel bei Teplitz*

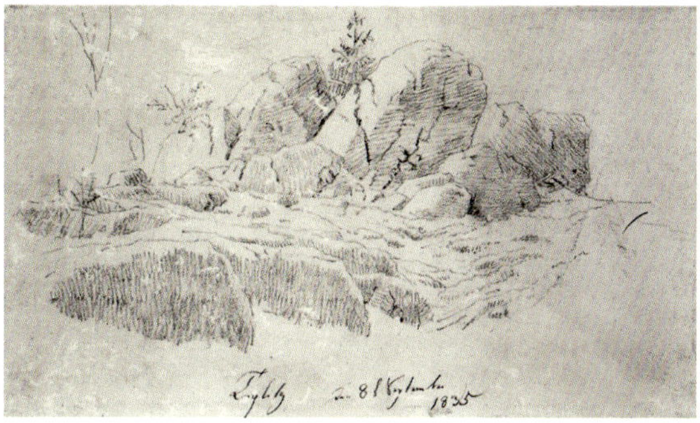

204. ***8.9.1835*** *- (Grummt 963) Steine bei Teplitz*

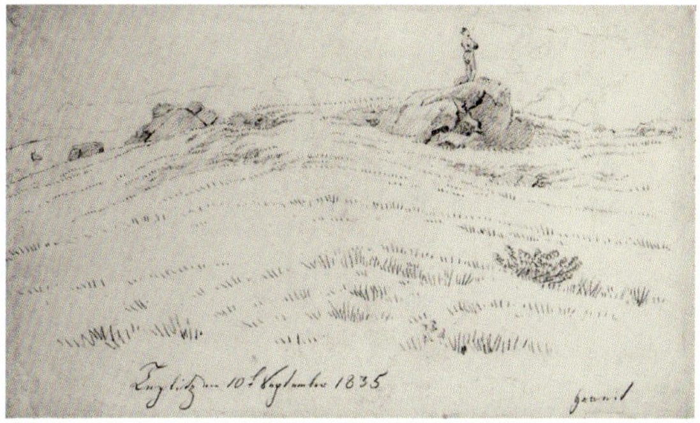

205: ***10.9.1835*** *- (Grummt 964) Steine mit Mann bei Teplitz*

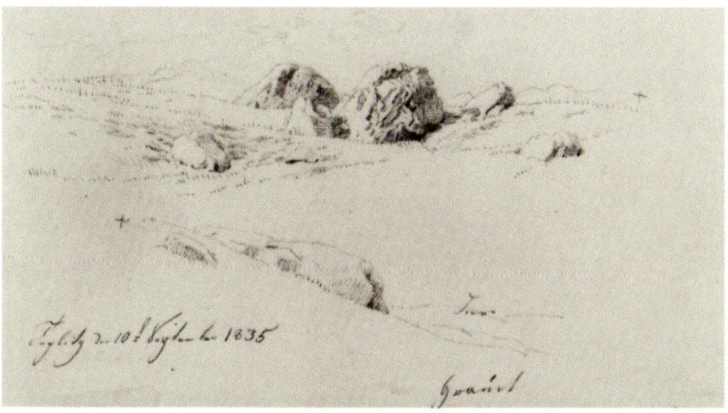

206: ***10.9.1835*** *- (Grummt 965) Steine bei Teplitz*

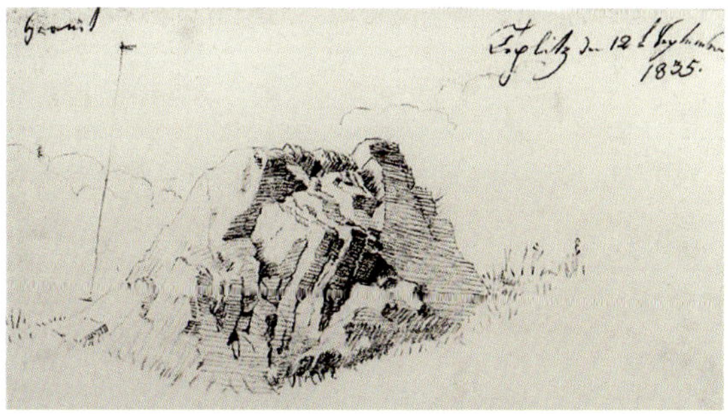

207 ***12.9.1835*** *- (Grummt 966) Felsen bei Teplitz*

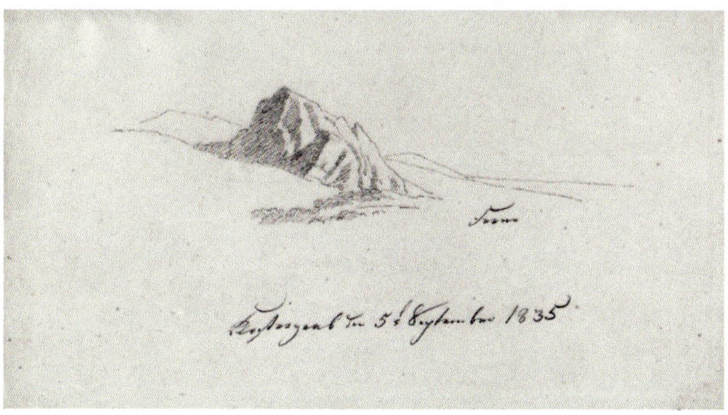

208: ***5.9.1835*** *- (Grummt 962 recto)*

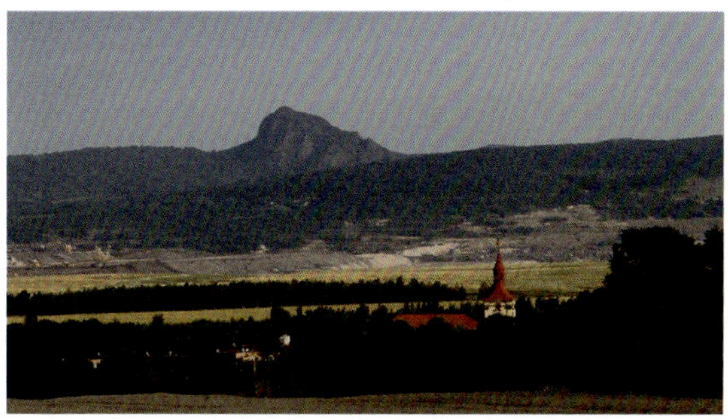

209 ***Vergleichsfoto:*** *Blick von Klostergrab/Hrob zum Borschen*

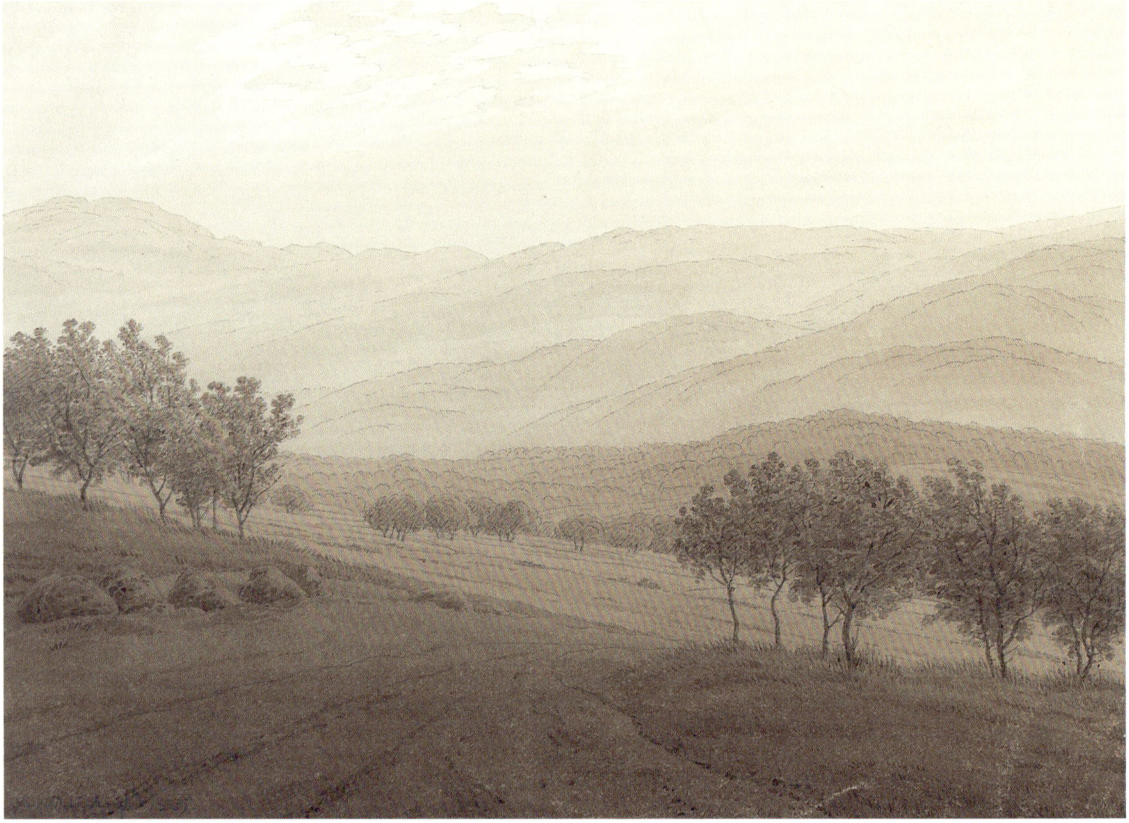

210 ***Caspar David Friedrich:*** *Böhmische Gebirgslandschaft, Pinsel in Braun, Bleistift, um 1837 (Grummt 985) Privatbesitz*

Christina Grummt bespricht diese Gebirgslandschaft Friedrichs: *„Zwei Dinge sind bei dem vorliegenden Blatt besonders auffallend: [...] die Schlichtheit des Gegenstandes als solches und [...] die Zartheit seiner künstlerischen Umsetzung. Verblüffend ist dabei, wie es Friedrich gelingt, den Betrachter hier auf eine denkbar stille Art und Weise zu faszinieren.“* [75]

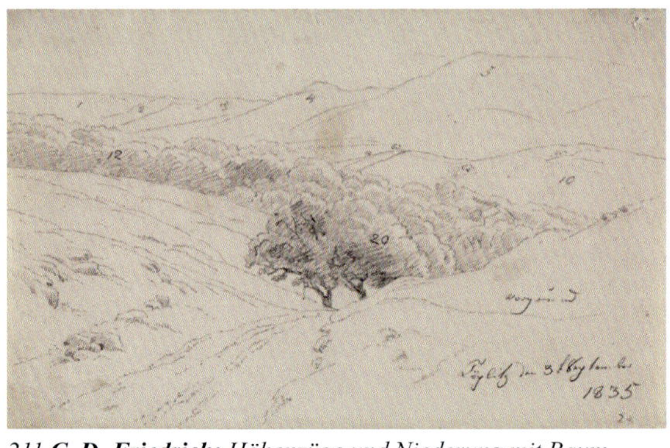

211 ***C. D. Friedrich:*** *Höhenzüge und Niederung mit Baumbestand, 3. September 1835 (Grummt 958) Oslo, Nationalgalerie*

Bedeutsam ist in dieser Zeichnung die Linie. Auf feinste Farbübergänge setzt Friedrich am Schluss die Beistiftlinien, um den Kontur zu betonen. Während sich auf nebenstehender Gebirgslandschaft *(Grummt 972)* die Bergkonturen senken, leiten sie bei diesem Bild unseren Blick aufwärts. Hier geht es um weit mehr als um das Erlebnis Berglandschaft. Es ist ohne Belang, ob sich das Motiv lokalisieren lässt. Es ist in einem höheren Sinn verortet.

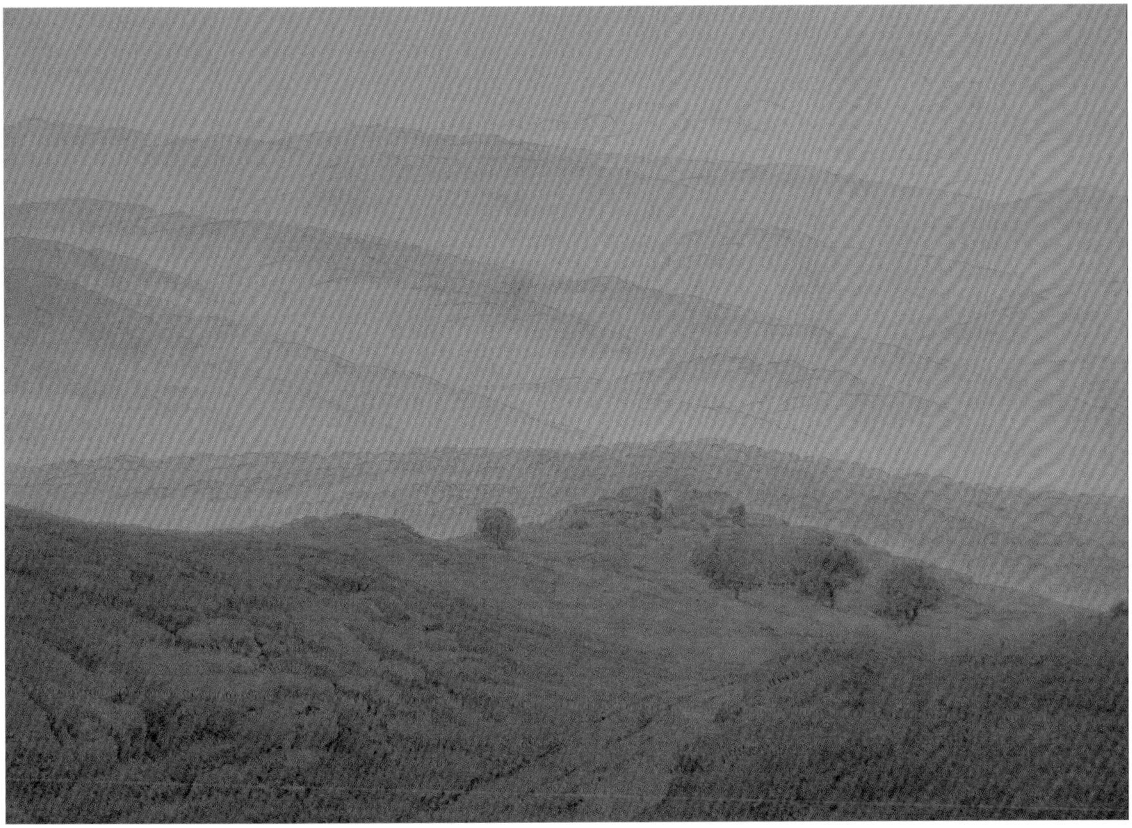

212 **Caspar David Friedrich:** *Gebirgslandschaft bei Teplitz, Pinsel in Braun, Bleistift, um 1835 (Grummt 972)*
Angers, Musée des Beaux-Arts

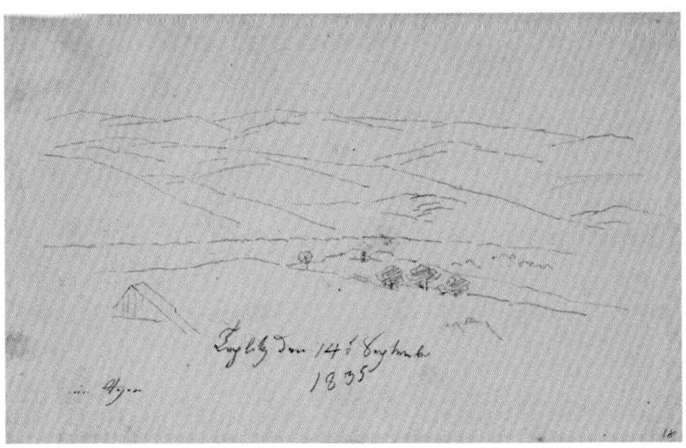

213 **C. D. Friedrich:** *Höhenzüge bei Teplitz, Bleistift, 14. September 1835 (Grummt 967)*
Oslo, Nationalgalerie

„Im Regen" ist auf der Skizze notiert, nach der später die *Gebirgslandschaft bei Teplitz* entstand. Erstaunlich, was Friedrich im Regen sah. Noch erstaunlicher, was er aus der kargen Vorlage machte. Ein subtil gestaltetes Blatt: dunkler Vordergrund mit einem gespaltenen Felsen und ein sich verlierender Weg. Bewaldete Höhenzüge im Mittelgrund, undurchdringlich scheinend. Dann blasser werdende Höhenzüge eines Gebirgskammes. Dass es sich um das Erzgebirge handelt, spielt auf dem Sepiablatt keine Rolle mehr. Die Kammlinie abfallend. Es neigt sich etwas dem Ende zu. Bei diesem Bild drängt sich mir Eichendorffs Liedstrophe auf:

„Und meine Seele spannte weit ihre Fügel aus,
flog durch die stillen Lande, als flöge sie nach Haus." [76]

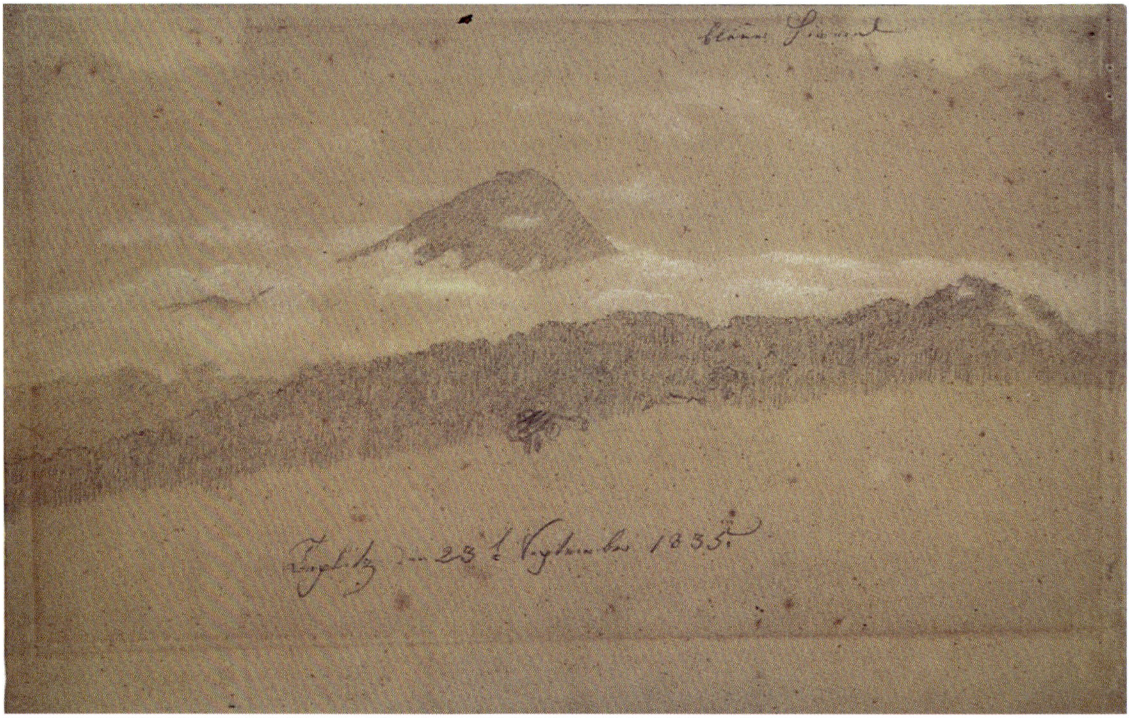

214 **Caspar David Friedrich:** *Berglandschaft bei Teplitz mit Milleschauer, 23. September 1835 (Grummt 969)*
Nürnberg, Germanisches Nationalmuseum

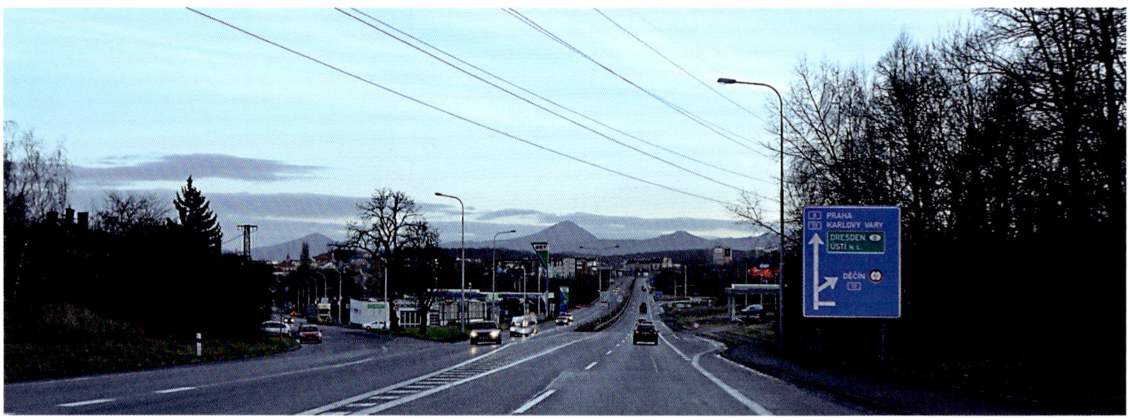

215 Direkt hinter Teplitz/Teplice scheinen sich Milleschauer und Kletschen zu erheben

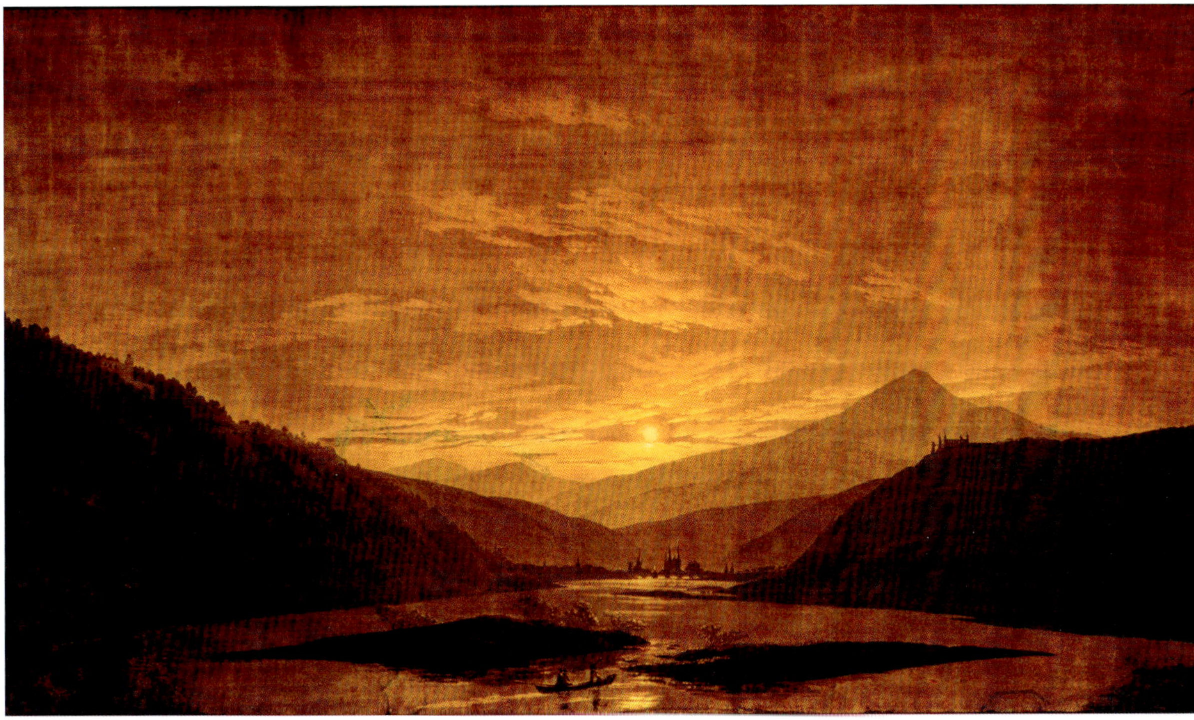

216 ***Caspar David Friedrich:*** *Gebirgige Flusslandschaft, 1830/35 (BS 463)*
Staatliche Kunstsammlungen Kassel

Berglandschaft bei Teplitz mit Milleschauer:
Ein letztes Mal zeichnete Caspar David Friedrich vor Ort in Teplitz/Teplice. Die Kur neigte sich dem Ende zu. Auf den 23. September 1835 datierte er einen Fernblick zum Milleschauer, dessen Gipfel aus einem Wolkenband ragt. Darüber ist der Himmel blau. Friedrich hat es notiert. Er verwendete den Bleistift und weiße Kreide. Das Blatt hatte er vorher getönt. Wie schon beim Borschen scheint er auch hier den fernen Milleschauer mit einem Fernrohr betrachtet zu haben.

Wenn man heute mit dem Auto auf Teplitz/Teplice zufährt, hat man den Eindruck, der Milleschauer würde sich unmittelbar hinter der Stadt erheben.

Gebirgige Flusslandschaft:
In dem späten und großformatigen Transparentbild (74 x 14) cm verwendete Friedrich noch einmal den Milleschauer. Bei der Beleuchtung von vorn sieht der Betrachter eine freundliche Morgenstimmung in hellem Braun. Ein Flusstal, es ist das Elbtal bei Schandau, wird von Bergen flankiert.

Bei Hintergrundbeleuchtung erscheint dem Betrachter eine Abendlandschaft. Ein Bergmassiv thront über dem Elbtal. Es ist der Milleschauer. Bei der Morgenstimmung ist er nicht zu sehen.

Die Transparentbilder sollten mit Musik gezeigt werden, so hatte es Friedrich seinem Freund Shukowski geschrieben.

Epilog

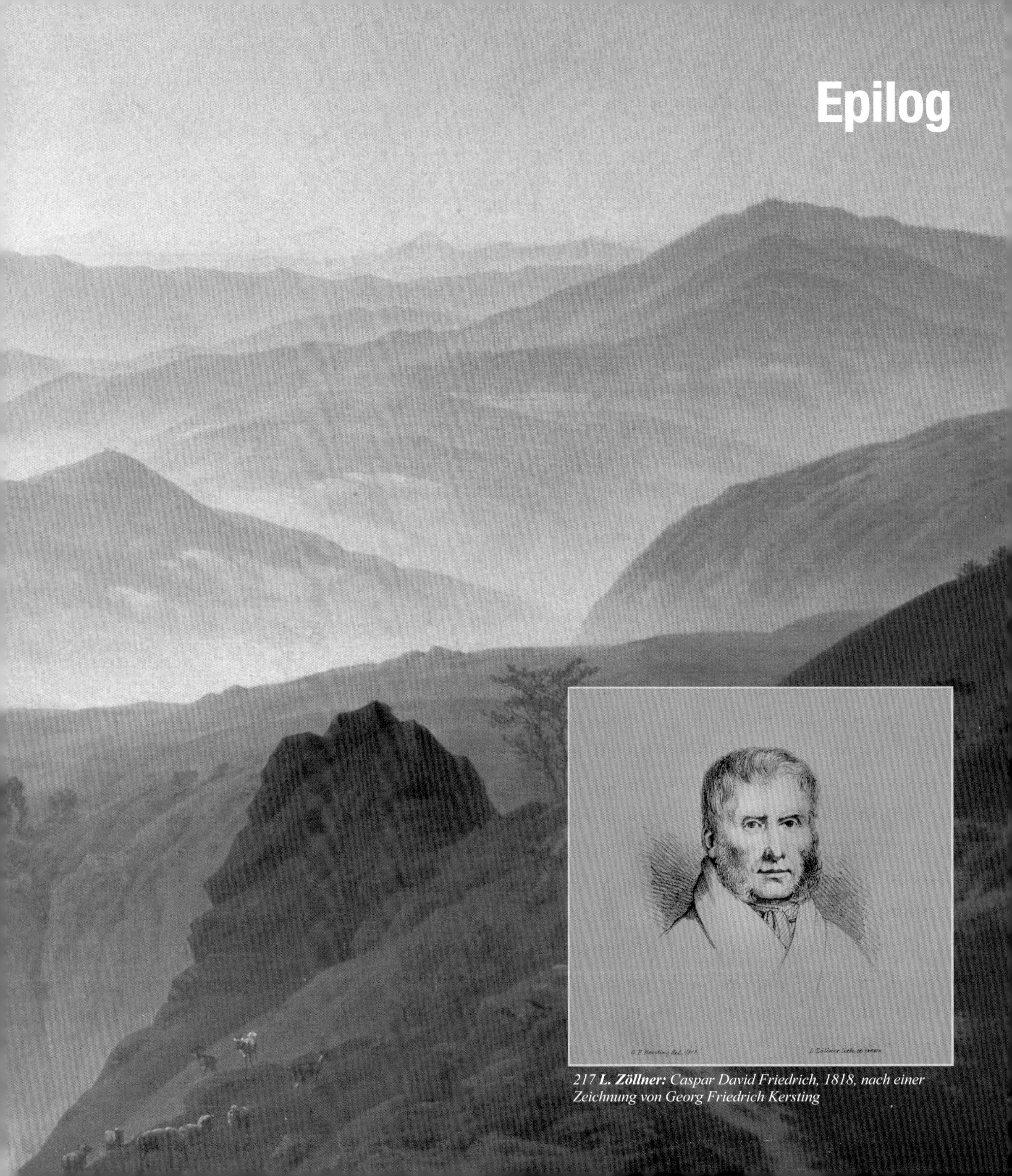

217 ***L. Zöllner:*** *Caspar David Friedrich, 1818, nach einer Zeichnung von Georg Friedrich Kersting*

Am 17. Dezember 1835 schrieb Carl Gustav Carus an seinen alten Freund Regis: *„Heute habe ich Friedrich und Dahl besucht. Ersterer hat doch noch für 1200 Tl. Bilder nach Rußland verkauft und kann nun mehr für seine Gesundheit thun. Das Malen will aber doch noch nicht wieder gehen.“* [77] Caspar David Friedrich konnte 1836 noch einmal zur Kur nach Teplitz/Teplice fahren. Zeichnungen von diesem Aufenthalt kennen wir nicht.

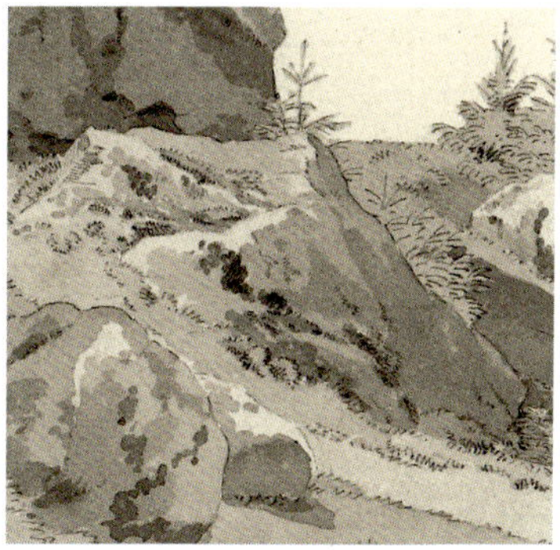

218 Detail von Abb.120

219 Detail von Abb.158

Blicken wir auf all das zurück, was Friedrich an Natur- und Landschaftseindrücken in Böhmen und vor allem im Riesengebirge empfangen hat, so können wir feststellen, dass beide Landschaftsräume für ihn neben der heimatlichen Ostsee zu den wichtigsten Inspirationsquellen zählten.

Er sammelte auf Studienblättern und in Skizzenbüchern zeit seines Lebens unermüdlich Material für seine Gemälde. Manchmal in sehr detailreichen Zeichnungen, manchmal in lapidaren Skizzen. Da sind Felsen und Berge, immer wieder Bäume, oft einzelne Äste, manchmal ganze Waldstreifen, manchmal lediglich Wurzeln. Da sind Flussläufe und kleine Bäche. Und Ruinen und Wolken. Er machte sich Notizen zu Farben auf seinen Skizzen, vermerkte die Größenverhältnisse eines Menschen zum dargestellten Gegenstand, notierte Distanzen in schlichten Zahlen oder gab die Horizontlinie an.

Manche Zeichnungen sind kräftig im Strich, manche so behutsam ausgeführt, dass das Vibrieren des Künstlers zu spüren ist. Zwei Dinge zeichnen sie alle aus, eine subtile Wahrnehmung des Gegenstandes und eine große Ehrfurcht vor der Natur und ihrem Schöpfer. Beim Versuch, die verwendeten Skizzen aus Friedrichs Gemälden „herauszulesen“ und ihre Umsetzung zu erfassen, wird man oft mit unwiderstehlichem Sog in die Bilder hineingezogen. Manchmal durchlaufen die Skizzen Verwandlungsprozesse. Da wird eine Bergspitze zum unbetretbaren Gipfelmassiv. Oder es verliert sich ein ferner Bergrücken unter einem transzendenten Himmel. Aus ein paar feinen Linien entwickelt sich an anderer Stelle ein unendlich scheinendes Meer von Bergkämmen, die am Horizont verdämmern. Auch in seinem Farbempfinden war er ganz eigen. Er bevorzugte *„braune Farbe, womit er Gras und Kräuter, Bäume und Felsen malte“*, [und] *daß die grüne Farbe kalt sei und sich nicht für die Landschaftsmalerei eigne, wie die alten Meister gar wohl gewußt.“* [78] Immer wieder beeindruckt, wie Friedrich das Licht einsetzte. Oft ein dunkler Vordergrund und dann in der Ferne immer heller werdende verschwimmende Konturen. Seine Lasurtechnik, die er schon bei den Sepiazeichnungen meisterhaft beherrschte, erfährt bei den Gemälden noch eine Steigerung. So wurden Friedrichs Wolken zu unglaublichen Psychogrammen. Wir erinnern uns an das Wort von seiner Frau: *„Den Tag, wo er Luft malt, darf man nicht mit ihm reden.“* [79]

Caspar David Friedrich verfasste um 1830 seine berühmten „Äußerungen“ über Kunst und Künstler. Die Künstlernamen sind verschlüsselt angegeben. Manchmal meint er sich selbst, manchmal schreibt er Grundsätzliches, wie z. B. wenn er sich über die Beurteilung von Bildern äußert: *„Ob ein Bild, (eine Landschaft z. B.) wirklich Charakter hat, und dieser überall richtig durchgeführt ist? Ob überhaupt der Beschauer dadurch in eine Stimmung versetzt wird oder sich ergriffen fühlt; ob Dunkelheit oder*

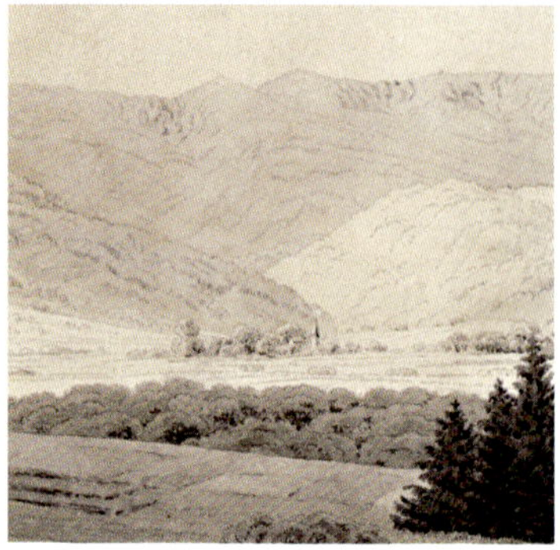

220 Detail von Abb.140

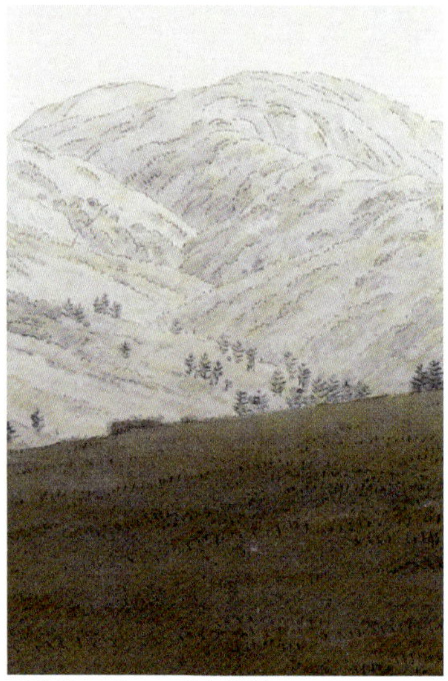

221 Detail von Abb.127

Hellheit gehörig gegen einander abgewogen; Ob die Linien schön und sanft ineinander greifen oder schön und schroff gegen einander stoßen, wie es der Charakter des Bildes eben fordert? Oder ob der Ton zum Charakter des Ganzen und die Farbe des einzelnen glücklich gewählt ist? Kurz, ob das Ganze richtig und tief empfunden, oder bloß kalt und tot erfunden. – Dieses kann der Mahler nicht zu jeder Zeit, und der Beschauer ebensowenig zu jeder Stunde beurteilen. Dazu gehört die rechte Stimmung so nicht in des Menschen Gewalt steht und [das] beruht auch nicht auf Regeln so der Verstand ergrübelt, sondern auf einem feinen Gefühl wofür ich keine Worte weiß, [es] auch vielleicht keine gibt [...]“ [80]

Friedrich verteidigte auch sein Kompositionsprinzip: „*Ihr tadelt und sprecht der Gegenstand ist in der Natur anders und XXX hat viel hinein gesehen was gar nicht in der Wirklichkeit ist. Ich ehre was ihr tadelt; denn was XXX hinein gesehen ist immer schön und bleibt den Charakter des Gegenstandes und der Natur getreu ja unterstützt und erhält denselben. Ihr aber habt nicht einmal aus den Gegenstand heraus gesehen was offenbar darin liegt; denn ihr seit geistig blind und ahmt bloß gefühlloß nach.*“ [81]

An anderer Stelle sprach sich Friedrich noch konkreter aus: „*Eigen war diesem Künstler, daß er, was ihn in der Natur besonders ansprach, oft ohne alle Rücksicht auf Zeit, Gegenstand und Ort anwandte. So liebt er zum Beispiel den Abendhimmel mit aller Farbenglut gleich nach Sonnenuntergang, aber seine Landschaft war immer noch im Sonnenlicht, und die Schlagschatten der Gegenstände oft ganz kurz wie am Mittag. Die Färbung eines Kiefernwaldes in der Natur entzückte sein Auge, und ohne Rücksicht wandte er auch dies auf Laubholzwaldung an. Verschüttete Ruinen, so er in Bergschluchten etwa gesehen und gezeichnet, versetzte er auf Felsengipfel, wo sie doch nicht verschüttet sein konnten.*“ [82]

Das Besondere an den Landschaften, in denen Caspar David Friedrich seine Motive fand, ist, dass sie real existieren. Wir können zweihundert Jahre, nachdem Friedrich dort unterwegs war, hingehen und nach dem suchen, was er gezeichnet hat. In den meisten Fällen finden wir seine Motive. Nicht immer auf den ersten Blick. Schwierig wird es bei einzelnen Steinen, die oft versteckt im inzwischen hochgewachsenen Wald liegen. Gerade diese Steine, die sich nicht finden lassen, sind die interessanten. Denn sie spornen unsere Sinne an. Wir bemerken, dass wir auf einmal mehr sehen als vorher. Unsere Sinne bei der Wahrnehmung von Natur haben sich geschärft. Das ist es, wo uns die Maler und Caspar David Friedrich in besonderem Maße ein neues Sehen lehren können.

Auch hierzu hat sich Friedrich in seiner unverwechselbaren Art geäußert: „*Ist der Mensch mit reicher Phantasie begabt, glücklich oder unglücklich? Er ist glücklich, denn wo die Menge stumpf und gefühllos vorübergeht, ist er zum Niedersinken voll Andacht und Anbetung zum Ewigen durchdrungen. Er ist aber auch unglücklich, denn da wo andere ruhig, ohne etwas zu ahnen, vorbeigehen, fühlt er sich tief erschüttert und gedrückt. Er ist empfänglich für alles Schöne und Gute; aber auch gequält von allem Häßlichen, Widrigen und Niedrigen, also im Gleichgewicht mit anderen Menschenkindern.*“ [83]

222 ▶
Unterwegs im Riesengebirge

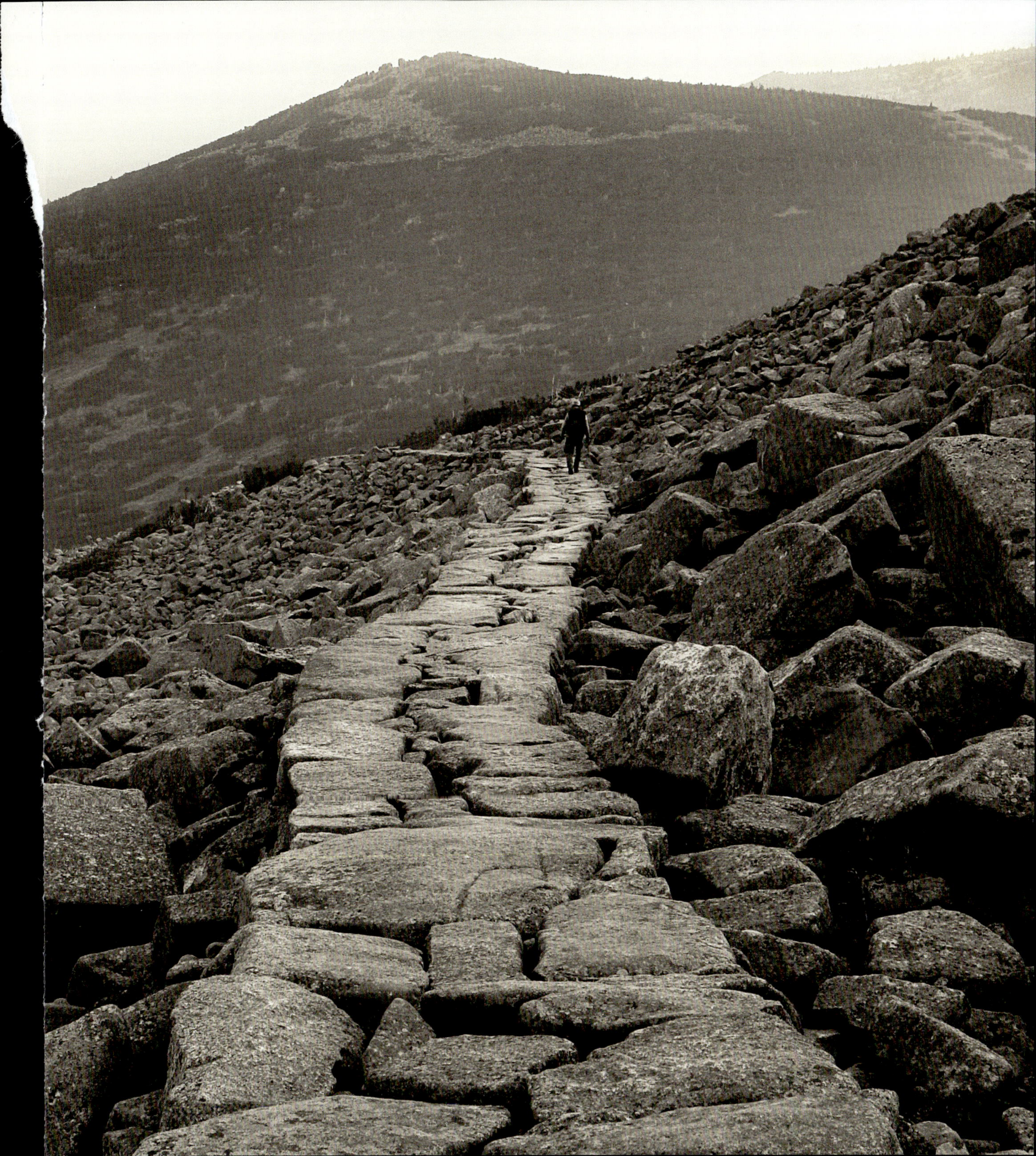

Anmerkungen

Abkürzungen der mehrfach zitierten Literatur:
Börsch-Supan 1973:
Börsch-Supan, Helmut und Jähnig, Karl Wilhelm: Caspar David Friedrich. Gemälde, Druckgraphik und bildmäßige Zeichnungen, München 1973
Börsch-Supan 2008:
Börsch-Supan, Helmut: Caspar David Friedrich. Gefühl als Gesetz, München, Berlin 2008
Grummt 2011:
Grummt, Christina: Caspar David Friedrich – Die Zeichnungen, München 2011
Grundmann 1965:
Grundmann, Günter: Das Riesengebirge in der Malerei der Romantik, 3. erweiterte Auflage, München 1956
Hinz 1987:
Hinz, Sigrid (Hrsg.): Caspar David Friedrich in Briefen und Bekenntnissen, Berlin 1968
Hoch 1987:
Hoch, Karl-Ludwig: Caspar David Friedrich und die böhmischen Berge, Dresden 1987
Hoch 1995:
Hoch, Karl-Ludwig: Caspar David Friedrich in der Sächsischen Schweiz, Dresden 1995
Zschoche 2006:
Zschoche, Herrmann: Caspar David Friedrich. Die Briefe, Hamburg 2006

BS xxx: Nummerierung der Gemälde nach dem Werkverzeichnis in Börsch-Supan 1973
Grummt xxx: Nummerierung der Zeichnungen nach dem Werkverzeichnis in Grummt 2011

Vorbemerkung
1 Hinz, 1968, S. 91

Caspar David Friedrich – Berge und Gebirge
2 Hinz, 1968, S. 235

1802 – Das böhmische Elbtal
3 Hoch 1987, S. 153
4 Zschoche 2006, S. 44
5 Zit. bei Winfried Werner: Ludwig Richter, ein sächsischer Künstler in Böhmen, in: Dresdner Hefte, Nr. 48, 1996, S. 25
6 Zschoche 2006, Brief 4, S. 24,
7 Hoch 1985, S. 23
8 Zschoche 2006, Brief 50, S. 107
9 Zschoche 2006, Brief 3, S. 19
10 C. v. Voss: Eine Reise nach Dresden 1822, Pfullingen 1986, S. 245
11 Zit. aus C. A. Graff – Brief nach Abschrift von K.-L. Hoch Die Bergspitze mit dem Kreuz ist sicher *Morgennebel im Gebirge (BS 166)*, wobei sich Graff mit der Großen Gans irrte.

1803 Wanderung ins Jeschkengebirge
12 Hoch 1987, S. 14
13 Reitharova, Eva in UMENI 38/1990, S. 141
14 Reitharova, Eva in UMENI 38/1990, S. 142
15 Grummt 2011, Kat.-Nr. 356, S. 355
16 Zit. bei Sumowski 1970, S. 80

Verwirrung um den Tollenstein
17 Hoch 1987, S. 37 ff.
18 Grütter, Tina: Melancholie und Abgrund, Berlin 1986, S. 132
19 Umeni 38 (1990)/2 S. 147–148
20 Schmied, Wieland: Caspar David Friedrich, Köln 2002, S. 6
21 Hasse, Dietrich/Stutte, Heinz-Lothar: Felsenheimat Elbsandsteingebirge, Wolfratshausen 1979, S. 41
22 Hoch 1996, Anm. 91, S. 85
23 Weisheit-Possél, Sabine: Adrian Zingg, Berlin 2010, S. 272

1807 Friedrichs Begegnung mit dem Milleschauer
24 Zschoche 2006, Brief 11, S. 38
25 Zschoche 2006, Brief 11, S. 39 (Anmerkung)
26 ebenda
27 Hoch 1987, S. 15
28 Hoch 1987, S. 108
29 Schmied, Wieland: Caspar David Friedrich, Köln 2002, S. 69
30–32 Chmelik, Otto: Caspar David Friedrichs Tetschener Bilder. In: Bohemia-Saxonia. Vybrané otàzky dějin českých zemí a Saska a jejich prameny v archivech obou zemí / Ausgewählte Probleme der Geschichte Böhmens und Sachsens und ihre Quellen in den Archiven beider Länder. Sammelband aus dem Tschechisch-Sächsischen Archivarstreffen in Tetschen 4.–6.6.2010, im Druck

1808 Wanderung ins Prebischtorgebiet
33 Diesen „Sandstein" vom Skizzenblatt *Grummt 565* verwendete Friedrich im *Morgen im Riesengebirge (BS 190)* links im Vordergrund.
34 Börsch-Supan/Jähnig 1973, S. 309

1810 Die Riesengebirgswanderung mit Georg Friedrich Kersting
35 Kaufmann, Sylke (Hrsg.), Goethes Malerin, Die Erinnerungen der Luise Seidler, Berlin 2003, S. 56
36 Kovalevski, Bärbel: Georg Friedrich Kersting, Berlin 2010, S. 39
37 Körners Werke, Leipzig 1903, Kap. 39
38 Intelligenzblatt der Allgemeinen Literaturzeitung, Halle 1804, S. 567
39 Der Verlag des Landes-Industrie-Comptoirs Weimar gab 1806 „Schlesische Ansichten aus dem Riesengebirge in XIV. Aquatinta-Blättern", gezeichnet von C. Nathe, gestochen von C. Haldenwang, J. B. Hoessel und L. Ebner heraus. Grundlage dieser Veröffentlichung waren die vom Kunst-

verlag Chalcographische Gesellschaft zu Dessau geplanten und begonnenen „Ansichten von Schlesien und dem Riesengebirge". Nach dem Konkurs im Jahr 1806 übernahm der Weimarer Verlag das Projekt.
40 Grundmann 1965, S. 57
41 Hoch 1987, S. 140, Anm. 343
42 Grundmann 1965, S. 71
43 Grundmann 1965, S. 72
44 Börsch-Supan/Jähnig 1973, S. 316
45 ebenda
46 Grundmann 1965, S. 79–87
47 Christina Grummt hat in ihrem Werkverzeichnis zu Friedrichs Zeichnungen von 2011 ausgeführt, dass es sich bei den Riesengebirgszeichnungen wahrscheinlich um eine Loseblattsammlung handelt und nicht um ein Skizzenbuch (Grummt 2011, S. 586).
48 Grummt 2011, S. 601
49 Altmann, A.: Entwurf zu einer Chronik oder Beschreibung von Warmbrunn und seinen Heilquellen (Transkription U. Junker 2009)
50 Zschoche 2006, Brief 129, S. 217 Das Bild wurde vom sächsischen König Anton für seinen Neffen Friedrich August erworben (Börsch-Supan/Jähnig 1973, S. 442).
51 Grundmann 1965, S. 98
52 Börsch-Supan/Jähnig 1973, S. 78
53 ebenda
54 Körners Werke, Leipzig 1903, Kap. 38
55 Grundmann 1965, S. 92
56 Börsch-Supan/Jähnig 1973, S. 311
57 Grundmann 1965, S. 96
58 Schmied, Wieland: Caspar David Friedrich, Köln 2002, S. 118
59 Börsch-Supan 2008, S. 58
60 C. D. Friedrich Betrachtungen
61 Börsch-Supan 2008, S. 40
62 Grundmann 1965, S. 96

1828 Kunstreise nach Böhmen mit August Philipp Clara
63 Börsch-Supan/Jähnig 1973, S. 80
64 Brief 138 vom 17. 9. 1829 aus: Briefe von Carus an Regis von 1818–1853, Maschinenschriftliches Typoskript nach den Handschriften von Carus, 3 Bände (SLUB, Mscr. Dresd. h 24)
65 Hoch 1997, S. 22
66 nach Hoch 1997, S. 20
67 Hoch, 1987, S. 24
68 Hoch 1997, S. 25
69 Regis-Brief 28 vom 15.5.1818 (siehe Anm. 64)

1835 Zur Genesungskur nach Böhmen
70 Zschoche 2006, Brief 131, S. 230
71 Powell, Celina: William Turner in Deutschland, München 2000, S. 70
Turner zeichnete auf den Bergen in der Umgebung von Teplitz 20 Blätter, aber nur sehr wenig in der Stadt selbst.
72 Zschoche 2006, Brief 138, S. 230
73 Hibsch, Joseph Emanuel: Über Quarz- und Granitporphyr von Teplitz und Nordböhmen, Wien 1928; bestätigt nach mündlichen Informationen von Prof. Klaus Thalheim vom sächsischen Landesamt für Umwelt und Geologie
74 Grütter, Tina: Melancholie und Abgrund, Berlin 1986, S. 114
75 Grummt 2011, S. 891
76 aus „Mondnacht", Gedichte von Eichendorff, Berlin 1902, S. 40

Epilog
77 Regis-Brief 206 vom 17.12.1835 (siehe Anm. 64)
78 Hinz 1968, S. 132
79 Börsch-Supan/Jähnig 1973, S. 146
80 Hinz 1968, S. 117
81 Hinz 1968, S. 95

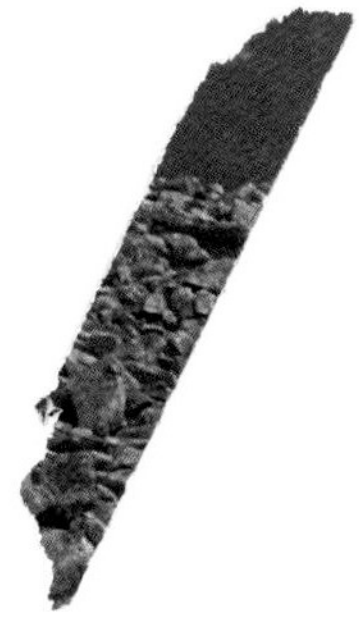

Weitere verwendete Literatur (Auswahl)

Busch, Werner: Caspar David Friedrich. Ästhetik und Religion, München 2003
Hofmann, Werner: Caspar David Friedrich. Naturwirklichkeit und Kunstwahrheit, München 2005
Koerner, Joseph Leo: Caspar David Friedrich. Landschaft und Subjekt, München, 1998
Sommerhage, Claus: Caspar David Friedrich. Zum Porträt des Malers als Romantiker, München 1993
Földeny, Laslo: Caspar David Friedrich. Die Nachtseite der Malerei, München 1993
Sumowski, Werner: Caspar David Friedrich-Studien, Wiesbaden 1970
Wolf, Norbert: Caspar David Friedrich, Köln 2007
Schmied, Wieland: Caspar David Friedrich, Köln 1992
Katalog Essen, Hamburg 2006: Caspar David Friedrich. Die Erfindung der Romantik
Äußerungen 1999:
Gerhard Eimer (Hrsg.): Caspar David Friedrich. Äußerungen bei Betrachten einer Sammlung von Gemählden von größtenteils noch lebenden und unlängst verstorbenen Künstlern, Frankfurt 1999

Ortsregister *(Abbildungen kursiv)*